The Personal Training Bible
パーソナル トレーニング・ バイブル

クライアントのあらゆるニーズに応える超実践メソッド

著 山本晃永、松田直樹

はじめに

『パーソナルトレーニング・バイブル』だなんて、タイトルとしてなんと大胆な、と批判的に思われる方もいるかと思います。「バイブル」には聖書や権威ある書物という意味のほかに、「個人が常に人生の指針として読み返す本」という意味もあるそうです。「トレーナーを志す方や若い後輩たちが、パーソナルトレーニングの指針や考え方として読み返してくれるような本をつくりたいですね」と、共著者の松田直樹さんと話しながら執筆してきました。

私と松田さんは30年以上「トレーナー」という職業をやってきました。出会いは2000年にJリーグのヴェルディ川崎というチームで、私はフィジカルコーチ、松田さんはフィジオセラピストという立場で共に戦いました。

その後、松田さんは国立スポーツ科学センターの中心的なアスレティックトレーナーとして、さまざまなナショナルチームの選手のリハビリを担当してきました。

私は「ワイズ・アスリート・サポート」という会社を起業し、スタッフを教育するとともにチームに派遣しながら、自分も多くのチームを担当してきました。サッカーではJリーグや育成年代の日本代表、大学や高校・中学、アメフトの大学や高校、ラグビーのトップリーグ、プロ野球など、たくさんのチームで指導してきました。また、チームトレーナーの仕事だけでなくパーソナルトレーナーとして、サッカー選手、野球選手、アメフト選手、競輪選手、柔道選手、プロレスラー、ダンサーやミュージカル俳優など、200人以上のトレーニングやリハビリを担当しました。

そして2023年から、松田さんは東京ヴェルディ、私はFC町田ゼルビアというJリーグのチームでメディカルスタッフとして働いています。お互いに会社やパーソナルトレーニングの仕事もあるので、フルタイムではありません。それでも、松田さんは以前、サッカーのU-15〜17日本代表でご一緒した城福浩監督から、私は青森山田高校サッカー部やサッカー日本高校選抜などでお世話になった黒田剛監督から、ともに切望していただき、チームの一員として熱い時間を過ごさせてもらっています。

結果が求められる厳しい契約社会でお互いに30年以上も生き残ってきたので、それなりに勉強もしてきましたし、また幸運にも多くの現場

経験を積めたことで、自分たちなりの成果が出るメソッドもつくり上げることができました。そうしたメソッドをパーソナルトレーナー、それも「クライアントのどんなニーズにも応えられるパーソナルトレーナー」の育成に生かせないかという思いで、力を合わせて一冊にまとめました。

生理学や解剖学、運動力学やスポーツ医学など分厚い辞典のような本を一生懸命学び、さらに大学院で研究して、その一方で、いろいろな現場でたくさんの経験を積まなければ「どんなニーズにも応えられるトレーナー」にはなれないのでしょうか?

いいえ、決してそうではありません。そんな私たちのような努力や経験はしなくても、「どんなニーズにも応えられるトレーナー」をたくさん増やすためには、私たちが体系化されたメソッドをつくり、無駄はなく、効果が高いことだけを身につけてもらうことが大切だと思っています。

実際に私の会社では、この本と同じ内容の講義と実技研修を行えば、新入社員でも約2週間でパーソナルトレーニングを普通に担当してい

ます。さらに2024年春からは、アルバイトの募集で入ってきてくれた30代や40代の女性スタッフも、デイサービスでセミ・パーソナルトレーニングを立派に実践してくれています。

この本は、アカデミックな内容の詳細や、数多くのトレーニングメニューを紹介したものではありません。その点に満足されない方がいるかもしれませんが、私たちは多くの科学やトレーニングメニューから、現場で効果が高いものを厳選してメソッド化しています。メニューの背景にある科学や、「科学をベースに考えたら、こんな体系化やメソッドもありでしょ?」というオリジナリティも、ぜひ参考にしていただきたいです。

本書が日本のスポーツ、健康、福祉に貢献してくれるトレーナーの育成に寄与し、またトレーナーが「バイブル」のように傍らに置いてくださる一冊になってくれれば、と心から願っています。

株式会社ワイズ・スポーツ＆エンターテイメント 代表
FC町田ゼルビア メディカル・コーディネーター

山本晃永

パーソナルトレーニング・バイブル

CONTENTS

はじめに ———————————————————————————————— 2

第1章 パーソナルトレーニングを考える ———————————— 7

　　コラム　トップランナーに聞く① 後関慎司 ———————————— 20

第2章 適応エクササイズ＆テクニック・前編 ——————— 21

第1節 筋力トレーニング ————————————————————— 22

第2節 有酸素トレーニング ———————————————————— 35

第3節 ファンクショナルトレーニング ———————————— 40

〈第1項〉　概論

　　対談　山本晃永×松田直樹　リハビリにおけるファンクショナルトレーニング ——— 41

　　胸椎後弯位の改善エクササイズ ————————————————— 43

　　胸椎回旋を促すエクササイズ —————————————————— 44

〈第2項〉　姿勢

　　矢状面で見るポイント ————————————————————— 50

　　前額面で見るポイント ————————————————————— 55

　　高齢者の意識すべきポイント —————————————————— 57

〈第3項〉　ワイズ・イレブンI

　　①アッパーボディ・プッシュ＆プル、②アッパーボディ・アップ＆ダウン ———— 60

　　◉上肢で行っている評価 ———————————————————— 62

　　◉代表的なエクササイズ ———————————————————— 63

　　ワイズ・イレブンII

　　③アッパーボディ・ソラシックツイスト、④アーム＆ハンド・コーディネーション ——— 67

　　対談　山本晃永×井上智恵　下部胸郭の動きとアスリートにも大切な"腹式呼吸" ——— 68

　　◉横隔膜式呼吸トレーニング —————————————————— 70

　　◉代表的なエクササイズ ———————————————————— 71

　　ワイズ・イレブンIII

　　⑤コア・スタビリティ、⑥コア・ダイナミック、⑦コア・スタビリティ＆モビリティ ——— 75

　　◉コア・スタビリティ 代表的なエクササイズ —————————— 77

　　◉コア・ダイナミック 代表的なエクササイズ —————————— 79

　　◉コア・スタビリティ＆モビリティ 代表的なエクササイズ ——— 82

　　ワイズ・イレブンIV

　　⑧エクステンサー・スラスト、⑨エキセントリック・コントロール ———— 85

　　◉エクステンサー・スラストの評価 ——————————————— 90

　　◉代表的なエクササイズ ———————————————————— 91

　　◉エキセントリック・コントロールの評価 ———————————— 94

　　◉代表的なエクササイズ ———————————————————— 95

ワイズ・イレブンV
⑩シングルレッグ・バランス、⑪フット・ファンクション —————— 100
● シングルレッグ・バランスの評価 —————————————————— 103
● 代表的なエクササイズ —————————————————————— 104
● フット・ファンクションの評価 —————————————————— 110

第4節 **ストレッチ** —————————————————————————— 111
パーソナルトレーナーが行っているウォーミングアップのストレッチ ———— 115
ウォーミングアップ＆クールダウンで行うセルフストレッチ ——————— 117

第5節 **ファッシア・アクティベーション**（松田直樹）————————— 118
各部位におけるフロッシングバンドの使用例
● 肩 ——————————————————————————————— 123
● 体幹（腰部）————————————————————————————— 124
● 股関節1（股関節屈曲時の詰まり）————————————————— 125
● 股関節2（ハムストリングの伸張）————————————————— 126
● 膝関節（膝蓋靭帯）—————————————————————————— 127
● 足関節（前方インピンジメント、アキレス腱）——————————— 128
各部位における振動グッズの使用例 ————————————————— 130
コラム　トップランナーに聞く② 城福浩 —————————————— 132

第3章 パーソナルトレーニングの実際 ———————————— 133

第1節 **ボディメイク、ダイエットが目的の場合** —————————— 134
【取り組み例】ケース1 ● 目的：ダイエット ———————————— 136
ケース2 ● 目的：ボディメイク ———————————— 137

第2節 **健康・体力の維持・増進が目的の場合** —————————— 138
【取り組み例】ケース3 ● 目的：肩こりの改善、運動不足解消 ————— 140
ケース4 ● 目的：膝痛改善、体力の維持・増進 ———— 141
ケース5 ● 目的：体力の増進 ——————————— 142
ケース6 ● パーキンソン病への対応 ——————— 143
コラム　トップランナーに聞く③ 黒田剛 —————————————— 144

第4章 適応エクササイズ＆テクニック・後編 ——————— 145

第1節 **アスレティックリハビリテーション** ——————————— 146
〈第1項〉 概論 ——————————————————————————— 146
トリートメント・モダリティの分類 ————————————————— 147
● 外傷における5つのステージ —————————————————— 150
● 障害における3つのステージ —————————————————— 152
〈第2項〉 部位別のアスリハ論と患部以外の「犯人捜し」（松田直樹）——— 153
部位別「犯人捜し」のアプローチ例
（1）肩 —————————————————————————————— 153
（2）腰 —————————————————————————————— 156
（3）股関節 ———————————————————————————— 160
（4）大腿 ————————————————————————————— 161
（5）膝 —————————————————————————————— 163

〈第3項〉 ケガや故障の回復トレーニングの実際 ——————————— 164

  事例1 ● 足関節内反捻挫 ————————————————————— 164

  事例2 ● 膝半月板損傷 ——————————————————————— 169

  事例3 ● ハムストリング肉離れ ———————————————————— 174

  事例4 ● グロインペイン（松田直樹）———————————————— 178

  事例5 ● 伸展型腰痛（松田直樹）——————————————————— 183

  事例6 ● 後上方インターナルインピンジメント（松田直樹）——————— 188

第2節 パフォーマンスアップ・トレーニング ———————————————— 192

〈第1項〉 概論 ————————————————————————————— 192

  フィールドテストの種目 —————————————————————— 193

〈第2項〉 スペシフィックムーブメント・トレーニング —————————————— 197

  （1）クロスモーション ——————————————————————— 197

  （2）ボディターン ————————————————————————— 200

  （3）シングルレッグ・バランス（松田直樹）———————————————— 202

〈第3項〉 パフォーマンスアップ・トレーニングの実際 ————————————— 207

  事例1 ● アマチュアゴルファー ——————————————————— 207

  事例2 ● 市民フルマラソンランナー （松田直樹）——————————— 210

  事例3 ● プロサッカー選手（ゴールキーパー）——————————————— 214

  事例4 ● 競輪選手 ————————————————————————— 216

第5章 パーソナルジムの事業展開例 ——————————— 219

  コラム トップランナーに聞く④ 小松尚 ——————————————— 231

主な骨格 ———————————————————————————————— 232

主な骨格筋など ———————————————————————————— 233

索引 ————————————————————————————————————— 234

参考文献 ———————————————————————————————— 237

おわりに ————————————————————————————————— 238

著者・協力者紹介 ——————————————————————————— 239

● 本書は、『コーチング・クリニック』の連載「ワイズ式新トレーニングメソッド　ファンクショナル筋トレ・MOVE★Y！」（2018年7月号〜2019年11月号）を基に、大幅な加筆修正を行って再構成したものです
● 目次において「松田直樹」の記名がある項目は松田氏による執筆、それ以外は山本晃永氏による執筆です

1

第 1 章

パーソナルトレーニングを考える

パーソナルトレーニングの
イメージ

　今でこそパーソナルトレーニングジムは都市部では当たり前のように存在しますが、ここ十数年で急増しました。

　私が30年以上前に就職したフィットネスクラブでは、パーソナルトレーニングという言葉はあまり使っていなかったと思いますが、多くのお客様を担当し、マンツーマン指導させていただいていました。

　そのようななか、1993年にJリーグが開幕しました。現役Jリーガーに指導し、大学サッカー部に所属する選手がプロの世界に入っていく姿を目にしたことで、この仕事の楽しさややりがいを感じられました。それと同時に向上心が湧き上がり、アスレティックトレーナー資格を取得するためにアメリカ留学したのは、今では懐かしい思い出です。

　帰国後は、チームトレーナーだけでなくパーソナルトレーナーとしてもJリーガー、プロ野球選手、アメリカンフットボール選手、ラガーマン、プロレスラー、さらには俳優やダンサーなどを対象に、たくさんのトレーニングやリハビリを行ってきました。本当にいい仕事です。

　現在、私はパーソナルトレーナーの育成を行っています。この素晴らしい仕事をもっと広く普及し、事業として展開していくことで、日本のスポーツや健康に貢献できると確信しています。

　養成のための講習会の冒頭で、私がいつも受講生に質問するのが、「あなたが思い浮かべるパーソナルトレーニングのイメージとは、どういうものですか?」ということです。その答えのほとんどが、次の3つの要素に集約されます。

（1）オーダーメイド、カスタマイズ
（2）マンツーマン指導
（3）お客様からの信頼、絆

　（1）はお客様のニーズに合わせ、プログラムがデザインされているということでしょう。（2）はマンツーマン指導することにより、プログラムの効果を上げるサポートができるということ。そして（3）は、病気などのときにいつもお世話になっている特定の医師を"かかりつけ医"というように、自分のパフォーマンスや健康を気軽に相談でき、そして委ねられる"かかりつけトレーナー"のような意味合いが含まれているように思います。

　パーソナルトレーナーに必須の素養として、「プログラムがデザインできる能力」「効果を高める指導スキル」「信頼関係を構築できる人間性」の3つが挙げられます。人間性というと少し堅苦しい感じがしますが、お客様が信頼してくださるのは、一生懸命寄り添おうとする姿勢＝情熱が最も重要であり、経験値は無関係です。あとは結果に近づいていけば、なお信頼してくださいます。

　さあ、本書を参考に、真のパーソナルトレーナーを目指しましょう!

巷のパーソナル
トレーニングジム

2013年、ある企業の出現によってパーソナルトレーニングという言葉が急速に広まりました。莫大な宣伝広告費を投入し、著名人を短期間でスリムにボディメイキングしていく、ビフォー・アフターのコマーシャルは衝撃的でした。

その成功によって、ボディメイキング、ダイエット、シェイプアップを目的としたパーソナルジムが後を追うように出店し、今では約8〜9割のパーソナルトレーニングジムがこの形態といわれています。

ビジネスでは顧客ターゲットを絞り、目的が明確であることが大切といわれます。「あそこのジムに行けば痩せられる」「自分は痩せてかっこよくなりたいから、あのジムに行く」というように、目的を持った人しか来ないので、その目的を確実に達成できるメソッドだけをつくることで、人材育成も効率化します。

こうしたジムの多くで取り入れられているメソッドは、有酸素トレーニングやストレッチなどは行わず、見栄えのよい大筋群を優先した筋力トレーニングと、糖質をコントロールする栄養指導です。

私も糖質コントロールをしてみたことがあります。確かに、みるみるうちに痩せていきましたが、疲れやすく、風邪を引きやすくなってしまったのでやめました。当然その後はリバウンドしてしまいました。

低糖質ダイエットによるリバウンドの原因は、行動学からも説明できます。スタンフォード大学行動デザイン研究所の創設者兼所長の B. J. フォッグは、著書『習慣超大全』（ダイヤモンド社）に、「行動はモチベーション・能力・きっかけの3要素があって起こる」と記しています。

ダイエットのためにジムに通うことを当てはめてみると、モチベーションは「期間が決まっていて、それまでに痩せたいというプレッシャーがある」「痩せなければ払ったお金がもったいない」「企画番組が成立しない」といった気持ちの部分なので非常に高いといえます。能力は、今までの生活や習慣を考えれば低いといえそうですが、それをサポートしてくれるトレーナーがいるので、なんとかその期間は行えるということです。そして、きっかけは「お気に入りのズボンが入らなくなった」、タレントの方なら「ダイエット企画の高額オファーをもらった」などでしょうか。

目標達成後も継続していくためには、モチベーションと能力の「行動曲線」が重要になります（p.10図1）。ところが、きついダイエットから解放され、ご褒美を手に入れることで「モチベーション」は低下します。また、もともと「能力」が高いわけではないですし、トレーナーは期間限定でサポートしてくれていただけです。つまり「行動曲線」を上回ることは難しく、リバウンドしてしまうということです。これがダイエットジムの壁といえるでしょう。

別の形態として、ダイエットやボディメイキングではなく、健康や体力の維持・増

進を目的としたパーソナルジムも出てきています。多くは治療の勉強をしたはり師・きゅう師、あん摩マッサージ指圧師、柔道整復師や理学療法士の方などが、ボディケアとミックスした事業としてパーソナルジムを行っているケースです。

その壁は「不健康はいろいろ」ということでしょう。肩こりや腰痛など、体の不調の改善は得意だと思います。しかし、そうなっている原因を改善するための専門知識（ファンクショナルトレーニングの領域）に乏しい。あるいは健康診断の結果として医師に運動を勧められた場合などに不可欠なのは、筋力トレーニングと有酸素トレーニングにもかかわらず、そのノウハウや設備などには弱いジムが多いようです。

パーソナルトレーニングのイメージのなかに、オーダーメイド・カスタマイズというものがありました。本書を読んでいる皆さんも、いかなるお客様のオーダーにも応えられるようなパーソナルトレーナーになりたくないですか？　私たちはそんなパーソナルトレーナーの育成を目指しています。そのためのノウハウや、最低限必要な設備などについても紹介しますので、ぜひ参考にしてください。

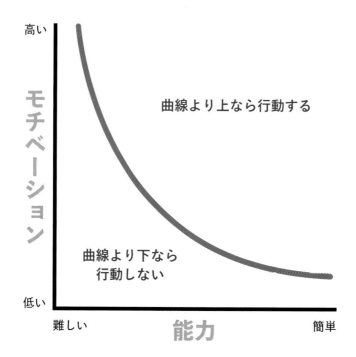

図1｜フォッグの行動モデル

モチベーションがあっても、その実行が難しければ行動にはいたらない
ⓒ2007 BJ Fogg Contact BJ Fogg for permissions

そもそも「トレーナー」とは？

　私はアメリカの大学でトレーナーの勉強をし、全米公認アスレティックトレーナーの資格を取得しました。通常、4年間で必要なカリキュラムに沿って学び、1500時間の現場実習を行うと受験資格が得られます。専門フィールドはスポーツチームやアスリートになるので、まさに私がやりたかったことに直結する資格であり、医科学を広く学ぶにはよかったです。

　日本では1998年に日本体育協会（現・日本スポーツ協会）の公認アスレティックトレーナー養成事業が認定されました。この資格は、2年間で数回の養成講習会を受講するか、協会認定の大学や大学院、専門学校で学ぶことにより受験資格が得られます。専門フィールドはスポーツになり、それまでのスポーツ界のトレーナーにおいて、まちまちだったバックグラウンドをスタンダード化する目的で始まり、国際競技大会やナショナルチームのトレーナーは資格取得が必須となっています。

　一方、パーソナルトレーナーに関しては、大学のカリキュラムや実習などで専門的に養成するということはありません。解剖学や生理学の基礎的なサイエンス科目を履修していれば、いくつかの協会のライセンスコースや認定試験を受けられることは、現在も変わらないのではないでしょうか。

　ただし、職業資格ではないので、それで仕事に就けるわけではありません。むしろパーソナルトレーナーはそうした資格がなくても行える職業であり、レベルはバラバラです。「トレーニング好きが講じて」「接客が得意」など、科学的な知識もまったくない状態で指導しているパーソナルトレーナーもたくさんいて、お客様からすると見分けもつきにくいというのが現状です。

　皮肉なもので、医科学をしっかりと学んだアスレティックトレーナーは、ごく限られた厳しいスポーツ界には職がなく、同じトレーナーでもパーソナルトレーナーは誰でもなれて職もある、というのが現実になっています。

　そうした現状に警鐘を鳴らすべく、「トレーナーなら基礎的な科学を、最低でもこの程度は学んでおくべき」ということで、日本体育大学教授の"バズーカ岡田"こと岡田隆先生は、「プロパーソナルトレーナー BODY MAKE 検定」という資格を設立し、公式テキスト（主婦の友社）を出版することで、パーソナルトレーナーのレベルの底上げと科学に基づく指導の大切さを訴えています。

　私もパーソナルトレーナーを育成するにあたって、解剖学、運動生理学、栄養学の基礎を学んでいない方には、事前にわかりやすくて簡単な推薦図書を紹介し、読んでもらうようにしています。

　パーソナルトレーナーが職業になるということは、アスレティックトレーナーとしてもチャンスだと思っています。スポーツ界は狭き門で、かなりのレベルや経験が求められます。スタッフの育成にも時間がか

かりますが、そのレベルを上げるには現場での経験に尽きます。そのため私の会社では、チーム指導はメソッドの研修を行った上で育成年代チームへの派遣から始めます。また、パーソナル指導は、アスリートでなくてもヒトの体を見ることにはなんら変わりはないので、一般の方のパーソナルトレーニングや、高齢者デイサービスでのパーソナルトレーニング担当などを経験させます。そしてレベルが上がってきたら、チャンスがあればプロチームなどにも派遣するようにしています。

ビジネス競争でもあるので、パーソナルトレーニングジムとして、他社に負けないメソッドをつくるのが私の仕事です。そしてメソッド、トレーナー、ジムをどのようにプロモーションしていくかが重要になります。

ニーズは4つに大別できる

私の会社では小学生から高齢者まで、そして一般の方からアスリートまでパーソナルトレーニングを行っています。高齢者においては、元気なアクティブシニアの方も介護認定されている方もいます。何らかの機能が低下して日常生活に支障を来している方や、パーキンソン病、脳卒中、片麻痺など、特定疾病の方のパーソナルトレーニングもデイサービスのなかで行います。

これだけ幅広く、全世代のパーソナルトレーニングを行っているので、あらゆるニーズに応えられるノウハウが蓄積され、それをベースにしてパーソナルトレーナーの

育成システムをつくってきました。

私たちの長年の経験から、パーソナルトレーニングの目的は以下の4つに大別できると考えています。

（1）**ダイエット、ボディメイキング、シェイプアップ**
（2）**健康・体力の維持・増進**
（3）**ケガや故障の改善**
（4）**パフォーマンスアップ**

（1）は、一般の方に多い目的で、「痩せたい」「脂肪を減らして筋肉質な体になりたい」「たるんできた体を引き締めたい」といったものです。筋肥大を目的としたボディビルなどは、（4）のパフォーマンスアップに分類されます。

（2）は「最近、運動不足で…」「健康診断で医師に勧められた」「肩や腰の張り、疲れがとれにくくなった」「筋力、体力が衰えてきた」「若い頃はもっと動けた」など、中高年や子育て世代に多い目的です。

（3）について、専門的には"ケガ"は"外傷"、"故障"は"障害"といいます。どちらも何らかの炎症があり、その症状である痛みや機能低下に対して物理療法や運動療法を用いてアプローチし、目的とする動作や、アスリートならパフォーマンスを獲得できるようにしていきます。痛みを抱える40代以上の方や、スポーツを行うジュニアからトップアスリートまで、さらにはスポーツ愛好家も対象になります。

そして（4）は、さまざまなレベル、年

代のアスリートやスポーツ愛好家などに多い目的といえます。競技力を向上させるために競技特異性を分析し、発育発達過程や競技レベルも考慮しながらトレーニングしていきます。

すべてのニーズに応えられるパーソナルトレーナーを目指し、私たちのアカデミーでは以下の4つのレベルで養成しています。

まずレベル1と2で上述した（1）のダイエット、ボディメイキング、シェイプアップと、（2）の健康・体力の維持・増進が目的のお客様を担当できるパーソナルトレーナーを養成します。次にレベル3では、（3）のケガや故障の改善が目的のお客様を担当できるパーソナルトレーナーを、そして最後のレベル4では、（4）のパフォーマンスアップが目的のお客様を担当できるパーソナルトレーナーを養成します。このレベル分けは、パーソナルトレーナーの単価設定や昇給など、人事評価にも使用しています。

お客様のニーズの90％以上は（1）のダイエット、ボディメイキング、シェイプアップと（2）の健康・体力の維持・増進です。つまり、レベル2まで合格すれば90％以上のお客様を担当できるので、アカデミーはなるべく短期で、ハードルを上げすぎないようにしています。

しかし、レベル3の（3）ケガや故障の改善は、医学的な知識やリハビリの方法を習得しなければならないので、少し時間をかけて学ぶ内容にしています。また、レベル4の（4）パフォーマンスアップになる

と、私の会社にもトップアスリートや日本代表選手がくるので、そうしたアスリートのニーズに応えていくには、プレッシャーや責任感を伴いますから、養成のハードルは上げています。

また、レベル以上の目的のお客様を担当しなければならなくなった場合は、決して背伸びせず、本書の共著者である松田直樹トレーナーか私に相談しながら、評価やプログラムデザインができる仕組みにしています。

すべてのニーズに応えるための「仕組み化」

2018年に、クラブビジネスジャパンが主催するセミナーと、その後のパネルディスカッションに呼んでいただきました。テーマは「成功する小規模ジムの経営・運営」でした。ほか数人のパネリストのなかに、カーブスジャパン代表取締役会長兼CEOの増本岳さんがいらっしゃいました。

ご存じの方も多いと思いますが、カーブスは新型コロナウイルスの影響で少し減ったものの全国1974店舗、会員数約80万人と、フィットネス業界5位の実績を誇ります。ビジネスとして大切な、ターゲットを絞り目的を明確にするという点で、中高年女性にターゲットを絞り、健康増進を目的としながらも、運動に対するイメージや時間の余裕がハードルになっていることから、短時間で仲間と楽しくできるサーキットトレーニングをビジネス化しています。

カーブス成功の秘訣は、ブルーオーシャ

ンと呼ばれる手がつけられていない市場＝中高年女性を開拓したことにあるといわれています。増本さんがおっしゃっていたことで、とても印象的かつ私にとって衝撃的だったのが、「拡大するためのカギは"標準化"」という言葉でした。

　幸運なことに、私はアスレティックトレーナーとしてたくさんのチームやアスリートを見てきて、それなりに結果を出すこともでき、そのメソッドを後輩たちに教えることで、広めてくれるようになりました。この素晴らしいアスレティックトレーナーという職業を生涯続けられるものにしていくためには、小規模ジムの活用に可能性を感じていたことから、全世代のパーソナルトレーニング・アスリートのリハビリテーション・高齢者のデイサービスの「三毛作」と、トレーナー派遣を行ってきました。しかし業務内容が多岐にわたりすぎて、"標準化"を困難にし、拡大とは逆行していることを痛感しました。

　そんなときに、『はじめの一歩を踏み出そう』（世界文化社）という本と出合いました。著者のマイケル E. ガーバーは、40年の間に世界145カ国、6万5000社のビジネス成長を手助けしたコンサルタントです。

　そのなかで、スモールビジネスを成功させるには「仕組み化」が重要になると力説しています。個人商店や中小企業は社長に依存しますが、大企業は社長に依存しているわけではなく、素晴らしい仕組みをもっています。

　アスレティックトレーナー業界は、個人事業主もいますし、数人〜数十人のトレーナーがいる中小企業もあります。しかし、フィットネス業界のカーブスのように全国展開している、大企業といえる会社はありません。パーソナルトレーニング業界でいえば、全国展開する大企業もありますが、私たちは全世代、すべてのニーズに応えられるパーソナルトレーニングを「仕組み化」し、そのジムを全国に置くことで、地域のスポーツや健康を活性化するという壮大なチャレンジをする決意をしました。

オーダーメイドには2種類ある

　前述したパーソナルトレーニングのイメージ（p.8）に、（1）オーダーメイド、カスタマイズというものがありました。

　ところで、皆さんはオーダーメイドでスーツなどを作ったことがあるでしょうか。お客様の寸法に合わせ、希望の素材や色で作り上げるものをフルオーダーといいます。当然ながら手間や時間、コストがかかります。一方、「形はここから、布地はここから、裏地はここから、裾はここから…」というように、あらかじめ決まったパターンのなかから選んで、自分だけのスーツを作ることをパターンオーダーといいます。

　私はフルオーダーでなく、パターンオーダーという考え方であれば、パーソナルトレーニングを「仕組み化」できるのではないかと考えました。

　例えば、"ダイエット"というオーダーが入ったとします。巷のジムの多くは、大

筋群優先の筋トレと、糖質をコントロールした食事指導の2つを選択するでしょう。しかしながら私たちは、リバウンドすることなく運動を継続していただくことを大切にするため、きつすぎる筋トレや低糖質の食事は行いません。筋トレはフリーウェイトばかりではきつく長続きしないので、自社で開発したマシンを使用します。また、本来ダイエットや健康にも大切な有酸素トレーニングを選択します。そして、継続するための能力を評価して、無理のないプログラム（メニュー、強度、量）を作成していきます。栄養に関しては、管理栄養士の指導を日々入れるとコストがかかりすぎてしまうので、AI栄養評価システムを導入しています。

別のケースとして「最近太り気味で、肩こりもひどく、コレステロールも高いと医者から言われた」というオーダーが入ったとします。その場合には、太り気味でコレステロールも高いので、健康のための2大運動である筋トレと有酸素トレーニング、そしてAIの栄養指導を選択します。加えて、肩こりで困っているということなので、一時期流行った筋膜リリースを松田トレーナーが理論化した、ファッシア・アクティベーションとして私たちは行います。また、肩こりは姿勢や動作に問題があることが多いため、ファンクショナルトレーニングを選択します。

このようにお客様のニーズごとに選択できる仕組みをつくり、さらに選ぶべきエクササイズやテクニックが「仕組み化」され

ていれば、すべてのお客様のニーズに応えられるオーダーメイドのパーソナルトレーニングができ上がります。

「適応エクササイズ＆テクニック」を体系化する

オーダーごとに選択した筋トレや有酸素トレーニングなどを、私たちは「適応エクササイズ＆テクニック」という言葉でまとめることにしました。今後、増えていく可能性はありますが、現在は以下の9つです。

①筋力トレーニング
②有酸素トレーニング
③ファンクショナルトレーニング
④ストレッチ
⑤ファッシア・アクティベーション
⑥物理療法
⑦栄養指導
⑧アスレティック・リハビリテーション
⑨パフォーマンスアップ・トレーニング

これらを、松田トレーナーと「仕組み化」しています。

松田トレーナーとは、2000年にJリーグのヴェルディ川崎（現・東京ヴェルディ）で、私はフィジカルコーチとして、松田トレーナーはフィジオセラピストとして一緒に働いて以来なので、二十数年もの長い付き合いです。松田トレーナーは2001年の国立スポーツ科学センター（JISS）の立ち上げから18年間、中心的なトレーナーとして日本スポーツを牽引してきました。

JISS には世界最先端の医科学情報が集まります。トレーニング方法やリハビリ、それらに付随する機器や用具なども選定していかなければなりません。そのような仕事を長年行っていた最強の目利きのプロが、「適応エクササイズ＆テクニック」の仕組み化をサポートしてくれています。

ネット社会の今は、情報が氾濫しています。トレーニングやリハビリの情報もしかりで、「解剖学的に間違っている」「きついかもしれないが、まったく効果がない」といったものがたくさんあります。しかしながら、私たちの提唱する「適応エクササイズ＆テクニック」は、科学的根拠があり、松田トレーナーと私の長年の経験から実際に効果が見られ、アカデミーでしっかりと学びさえすれば再現性が高い"評価""エクササイズ""テクニック"をまとめているので、間違いはないと自信を持っています。

「仕組み化」におけるこだわり（１）評価

仕組み化する上で、以下の3つにこだわっています。

（１）評価
（２）エクササイズ
（３）ハンドスキル

（１）は、筋トレは筋力で、有酸素トレーニングは最大酸素摂取量ですが、研究結果から相関のある心拍数で測定します。フィールドテストはタイムや到達ステージ数、ストレッチは柔軟性を角度評価や到達距離などで測定します。

パーソナルトレーニングジムでは筋力測定はあまり行わず、「このお客様だと、おそらく10回ならこのくらいの重さだろう」というような決め方をします。また、有酸素トレーニングは年齢、安静時心拍数、運動強度を入力する「カルボーネン法」から目標心拍数を算出し、時間はレベルに合わせて設定すると思います。

私たちの筋トレは、オリジナルマシンを主に使用します。2年間かけて、下町のマシン作り職人の方と開発しました。筋トレには筋力やパワーアップ、筋肥大のほかに、正しい運動を学習するという目的もあります。マシンは軌道が一定のため、誰にでも正しい運動を学習させることができ、なおかつ筋力やパワー、筋肥大の向上にも応えられるマシンを作ろうと取り組みました。

負荷は油圧式シリンダーを使っているので、「重さは何キロ」という筋トレの常識が壁だったのですが、ちょうどその頃に、VBT（Velocity Based Training）という新しい筋トレ理論が紹介され始めました。それは重さではなく速度によって筋トレの目的を決定していくもので、研究からのエビデンスもあり、海外のトップスポーツでは活用されているという内容でした。

それらはシャフトにセンサーを搭載して、フリーウェイト種目で行いますが、マシンにも搭載できるセンサーとタブレットで、リアルタイムに速度や、目的とするゾーンが見られるようなシステムを開発しました。

また、ターゲットスピードに合わせられるように、往復同一抵抗だったシリンダーを往復可変抵抗にできるダブルシリンダーも開発してもらいました。これからデータを収集していくなかで修正も必要とは思いますが、「VBTの理論を基に開発した、新しい筋トレの基準」というのは、面白いのではないかと思っています。

そのほかに現在、松田トレーナーがシリンダーに圧センサーを搭載し、それをボードPCで解析することにより、膝屈伸筋力と立ち上がり筋力のデータをアプリで見られるシステムを開発しています。これまでは大きな研究機関や病院などでしか測定できなかった膝の屈伸筋力が一般化されることは、非常に有益なことです。立ち上がり筋力に関して、アスリートはパフォーマンスに直結する股関節・膝関節の屈曲角度ごとの筋力計測ができるようになるかもしれません。また、高齢者のロコモ度テストに変わる、数値化できる測定としての活用も期待できます。

また、ファンクショナルトレーニングでの評価にもこだわっています。ファンクショナルトレーニングの評価で最も代表的なのはFMS（Functional Movement Screen）だと思います。ファンクショナルトレーニングは、もともと「目的とする動作を分解してパーツごとにトレーニングし、組み合わせることで目的動作のクオリティを上げる」という手法であり、動作の評価が必要です。FMSは動作に関わる各関節が正しく、同時に機能しているかどうかを評価す

るために考案されたテストで、オーバーヘッドスクワットやインラインランジなど5つのテストで点数化していきます。

私たちにもファンクショナルトレーニングで使用しているオリジナルの動作テストがあります。点数化ではなく、静止画や動画で評価を行ってきましたが、筑波大学発ベンチャーの株式会社Sportipに依頼し、松田トレーナーが開発責任者となり、AIによるシステムを完成させてくれました。

これまでは解剖学的に重要となる部位にマーキングシールを貼り、静止画や動画を撮影後、線を引いて角度を出すなど、かなり手間がかかり、動作の見方も属人的になっていました。今は経験の浅いスタッフが測定しても瞬時にAIによって解析され、ビフォー・アフターが可視化されるので、満足度アップにもつながっています（本書のなかでも、AIが解析した画像を掲載しています）。

「仕組み化」でのこだわり
（２）エクササイズ
（３）ハンドスキル

評価に関しては、誰でも簡単にできるAIを使った"標準化"ができました。ここからは、評価に基づいたオーダーメイドのメニューづくりになり、「適応エクササイズ＆テクニック」から選択していきます。ここは、パターンを選択していくトレーナーの目と、お客様に納得していただくコミュニケーション力が必要になります。

例えば、動作テストの1つ「片脚スクワ

ット」で、大きくバランスを崩してしまうお客様がいたとします。パターンとしては、①そもそもの姿勢において重心がずれている、②中殿筋が使えない、③体幹のインナーマッスルが入っていない、④足趾筋が働いていない、⑤過去にケガをしたことで機能低下しているなど、パーツごとの機能を評価して原因を探し、お客様にその改善方法を説明しながらメニューを作成していきます。この部分は、デジタル評価からアルゴリズムでエクササイズが選択されるよりも、リアルのほうが間違いやムダが少なく、お客様のモチベーションも上がり、絆が深まります。

パターンごとのエクササイズの「仕組み化」は、長年の経験のなかで「これを行えば間違いない」というものをまとめて、さらに段階性を明確にしています。そのため、「このメニューができるようになったから、次はこれをやってみよう」とプログラムをレベルアップしていくことができます。

本来はエクササイズの数をたくさん知っていることよりも、段階性を上げていけることのほうが大切です。なぜならエクササイズを行うこと自体が、能力を毎回評価していることになるので、その結果としてプログラムをレベルアップできれば、効果は必然的に上がっていることが確認できるからです。

次に、マンツーマン指導においては「ハンドスキル」にこだわっています。マンツーマン指導の意義は安全性のほかに、お客様のモチベーションアップと最大限の効果を引き出すことにあります。ただエクササイズのカウントを行い、フォームをありきたりに修正しているだけの指導ではなく、もっと効果を引き出し、顧客満足度を高めるために、ハンドスキルは大きな武器になります。同じ寿司でも、機械が握った寿司より職人が握った寿司のほうが絶対においしいですよね。

私たちが使っているハンドスキルは以下の12種類です。

①筋トレでのマニュアルレジスタンス（徒手抵抗）
②筋トレ時のイニシャルスティミュレーション（収縮筋を意識させる刺激）
③筋力が発揮されているかの確認
④筋トレの効果を上げるためのスポッティング（補助）
⑤パッシブストレッチ
⑥PNFストレッチ
⑦ROMエクササイズ（パッシブ）
⑧関節モビライゼーション
⑨ファンクショナルトレーニングでの正しい動きの学習をガイド、サポート
⑩バランストレーニングでの継続性サポート
⑪ファッシア・アクティベーションでのテクニック
⑫お客様と触覚でのコミュニケーション

"手"にはたくさんの役割があるのですが、こうしたハンドスキルをまとめ、部位や適応によって、どのスキルを使用するのかを

「仕組み化」してきました。スキルは効果的かつシンプルな方法を選んでいますが、数回実技を行っただけではなかなか習得しにくいものです。そのため、自主的に予習や復習を行えるよう動画を作成し、QRコードから閲覧できるようにしています。この方法は、大手回転寿司チェーンの職人養成を参考にしました。

アフターコロナは「デジタルとリアルの融合」

2020年から世界的に拡大した新型コロナウイルスの感染により、いろいろなことが変わりました。アスレティックトレーナー業界では、チームでの活動が制限されたり、仕事がなくなってしまったり、パーソナルトレーニングジムも閉店や時短営業、人数制限を行うなど、大変な時期を過ごしました。

とはいえ、苦しいときほど新しいものが生まれるチャンスでもあります。パーソナルトレーニングでは「オンライン・パーソナルトレーニング」に取り組むジムも多く出てきました。

これは私見ですが、オンラインはグループレッスンの場合、密を避けながらも楽しい時間を共有できるので、とても有効だと思います。しかしながらパーソナルトレーニングとしては随分と価値が下がり、リアルでのパーソナルトレーニングより単価を下げざるを得ません。そうなるとトレーナーの時間給も下がり、結果的にジムにとってもトレーナーにとってもよいことはない

と感じています。

再び寿司の例えになりますが、機械で握ったスーパーの寿司が食べたくなるときもあれば、回転寿司で職人さんが握った寿司を食べたくなるときもありますし、めったに行けなくても職人さんと対面するカウンターの寿司屋で食べたいときもあります。

パーソナルトレーニングのよさは、お客様を評価し、その結果からメニューを立案し、マンツーマン指導で最大限の効果を出すことであり、私たちはそのためのノウハウやスキルを発揮する職人です。しかし、毎回高級店の寿司を食べることができる人は少ないのと同様、毎回パーソナルではなくても、セルフで行えるメニューを立案してトレーニングを行ってもらったり、パーソナルの回数も予算によって選択できたりするようにしています。

運動は習慣化、それも週2〜3回以上が適切といわれています。パーソナルトレーニングをタイミングよく入れてもらい、そのときには「パーソナルはいいな」「もう少し増やそうかな」と思っていただけるよう全力を尽くします。

そのほか、会員管理などバックオフィスの業務効率化は、デジタルを最大限有効活用することや、本書で紹介した評価にAIを活用したり、トレーニングデータをICT活用したりすることを進めていく必要があると思っています。

パーソナルトレーニングは、デジタルとリアルをいかにうまく融合させていくかが重要なのです。

COLUMN

トップランナーに聞く「優れたトレーナーの条件」 1

▶ **後関慎司**（東京スポーツ・レクリエーション専門学校、立教大学）

相手を思う「優しい想像力」

学生と接するときにもよく言っているのですが、一流のトレーナーは「優しい想像力」を持っています。パーソナルトレーナーだったらクライアント、アスリートのトレーナーだったら選手というように、それぞれの立場で「相手」がいるでしょう。トレーニングなどを行う際、自分のやりたいことと相手の求めているものが必ずしも一致するとは限りません。そんななかでも、相手の求めているものを想像して、きっちりと提供できるのです。

今までは、クライアントに対してトレーナーが決めたメニューを行う流れが中心だったかもしれません。ですが、これからは相手の求めているものを感じながら提供することが、より求められるのではないでしょうか。提供の仕方も相手の想定内ではなくて、「こんなことまで？」と思われるような、想定を超えるサービスやホスピタリティが必要ではないかと思っています。

クライアントが求めるものは、アスリート、一般の方、高齢者といったカテゴリーで分類するのではなく、それぞれと向き合って感じ取ることが大切です。一般の方でも、健康を維持したい人もいれば、持病を改善したい人、さらにはアスリートのようにトレーニングをしたい人もいるでしょう。その点では時代とともに、トレーナーに求められるものが多岐にわたってきていると実感します。

だからこそ、「このカテゴリーだから、これを提供すればよいだろう」ということではなく、相手の求めているものを想像する。つまり、トレーナーが感受性を磨く必要があるのです。感受性を磨くことができなければ、トレーナーとして十分な成長は望めないのではないでしょうか。

感受性は現場に出て、いろいろな人と接することで育まれるものです。学校の机の上でやっていることだけが勉強ではありません。さまざまな現場に出て、感受性を磨くことにも取り組んでほしいと思っています。

私が活動し始めた頃よりも、トレーナーになるための道筋も少しずつ整い、活躍できる場も増え、業界全体が成長していると感じています。そのなかでも、相手のことを想像できるトレーナーが多く出てくることを期待しています。

ごせき・しんじ◎1968年、東京都生まれ。1995年からＪリーグクラブのアスレティックトレーナーを務め、2012年ロンドン五輪ではサッカー日本代表に帯同。フットサル、新体操のナショナルチームのサポート経験を持つほか、後進の指導にも長年携わる。現在は東京スポーツ・レクリエーション専門学校副校長、立教大学スポーツウエルネス学部准教授を務める。日本スポーツ協会公認AT、はり師・きゅう師、日本ライフセービング協会BLSインストラクター。

第2章

適応エクササイズ＆テクニック・前編

第1節　筋力トレーニング

筋肉の役割と新しい発見

　パーソナルトレーニングにおいて「筋力トレーニング」は、とても重要な要素です。筋肉の役割や、最近のトレンドなども整理しておきましょう。

　以前から、下記の4つが筋肉の役割とされてきました。

（1）体を動かすエンジン
（2）姿勢の維持
（3）熱産生（エネルギー消費）
（4）力学的なストレスからの保護

　現在では、もう1つの役割が注目されています。これまで筋肉は、脳からの指令を受けて動く受動的な器官とされていましたが、筋肉自体が内分泌器官としてメッセージ物質を能動的に発することがわかってきたのです。そのメッセージ物質は「マイオカイン」と呼ばれ、認知機能を高めたり、免疫細胞を活性化してがんを予防したりする効果があるなどといった研究報告も出てきました。

　がんは日本人の2人に1人がかかる病気といわれています。また、日本の超高齢社会はまだまだ続いていきますから、認知症の問題もさらに深刻化していくでしょう。その予防として、筋肉を萎縮させずに活性化し続ける筋トレや有酸素運動の必要性を、もっと広く声を大にして啓発していくことが、また、習慣化できるように無理なく個人に合ったプログラムをパーソナルトレーナーが作成することが重要になります。

筋トレの目的

　筋トレの目的は、以下の4つとされてきました。

（1）筋肥大
（2）筋力アップ
（3）パワーアップ
（4）筋持久力アップ

　これらの目的ごとに、強度や量が決まっています。筋力測定後に各自の目的に沿って強度や量を当てはめ、筋トレを進めるのがスタンダードな方法です。

　パーソナルトレーニングでは、目的がボディメイクやダイエットであれば、（1）の筋肥大の強度と量を設定します。（2）は健康・体力の維持・増進を、（3）（4）はパフォーマンスアップを目的に使用します。

　代表的な目的ごとの強度・量を見てみましょう（表1）。

　筋肥大は筋力アップほど強度が高くはないのですが、量といわれる回数やセット数

表1 | 筋トレにおける代表的な目的とそれぞれの強度のめやす

目的	％1RM	反復回数	セット	セット間休憩
神経筋促通	50%	25〜15	1〜2	30秒
筋持久力	60〜70%	20〜12	2〜3	30〜45秒
筋肥大	70〜80%	12〜8	3〜6	60〜90秒
筋力	80〜90%	8〜4	2〜6	2〜4分
パワー	85〜100%	5〜1	3〜5	2〜5分

が多く、セット間休息（インターバル）の時間を短くとるのが特徴です。筋肉になるべく長く、多くの刺激を与えて、休息は短いことが原則です。

筋力アップは、量はさほど多くなく、休息もしっかりととりますが、筋肉に強い刺激を入れて神経的な要因に働きかけるのが特徴です。

筋持久力アップは軽い負荷で反復回数を多く、そして休息時間を短くします。主に、ローパワーやミドルパワーが必要な競技のアスリートが使用します。

パワーは「力×速度」で表されます。最も効率よくパワーが発揮できる負荷は、最大筋力の30〜35％付近という研究があり、軽い負荷で、最大スピードで行うパワーアップのトレーニング方法もあります。しかし近年、パワーのある選手はコンタクト力やヒッティング力が強いというイメージがあるようで、最大筋力に近い負荷で、なおかつ最大スピードで行う（エクスプローシブパワー＝爆発的なパワー）、バリスティックな方法が主流になってきています。

筋トレの4つの目的をお話ししましたが、最近ではファンクショナルトレーニングの出現によって、5つめの目的が注目されています。それが「（5）正しい神経伝達の改善・学習」です。

筋肉の役割のなかに「姿勢の維持」がありました。姿勢にもよし悪しあります。悪い姿勢を維持してしまえば、筋肉は短縮や拘縮を引き起こし、血液循環が悪くなり、痛みを発することもあります。そういったことが起こらず正しい姿勢が維持できるように、筋トレによって正しい神経伝達を改善していこうとする考えです。

また、姿勢だけでなく機能的な動きも、正しい筋トレによって改善や学習していきます。

正しい動きで神経伝達を

姿勢の維持に関する悪い例を紹介します。男らしくかっこいい上半身をつくるため、あるいはもっとパワーをつけるために、大きな筋肉である大胸筋を鍛えようとベンチプレスを行ったことで、筋肉は確かに大きくなったものの肩を痛めてしまったり、痛みが引いた後に以前よりも腕が上がらなくなってしまったりするケースをたくさん見てきました。

ベンチプレスは、胸を張ったところから腕で重量を押す種目です。このとき機能的に正しいのは、肩甲上腕関節（肩関節）だけでなく肩甲骨や胸郭も動くことです。しかし、ベンチプレスはフラットなベンチに背中を押しつけたあおむけの状態で行うため、当然ながら肩甲骨は動きにくいものです。肩甲骨が動かなければ肩関節へのストレスが増し（ハイパーアンギュレーション）、関節を支持する腱板などの軟部組織を痛めてしまいます。これが野球やテニスなどオーバーヘッドスポーツのアスリートなら、致命傷になることもあります。健康・体力の維持・増進を目的とする方でも、五十肩などの原因になってしまえば本末転倒です。

また、スクワットでも「膝に負担がかからないよう、絶対に膝をつま先よりも前に出してはいけない」という定説的な指導を守り、機能的でない動きによって腰椎へのストレスが高まり、腰痛になってしまった選手をたくさん見てきました。あるいは、「つま先を少し外に向けたほうが安定するので、挙上重量が上がる」という指導も、膝が内側に入っていれば、ねじれながら屈伸を繰り返すことになり、半月板を痛めてしまったり、その動きの神経伝達が学習されてプレー中に靭帯損傷などの大ケガをしてしまったりすることもあり得ます。

パーソナルトレーニングでは、こうした機能的な動きのメカニズムを理解した上で、まずは正しい動きの神経伝達を学習させます。その上で、目的に合った強度や量で筋肉を鍛えていくことが重要です。

大切にしている筋トレの科学

書店に行くと、筋トレに関する科学の本がたくさん並んでいます。トレーナーは、科学的背景を学んだ上で独自のメソッドをつくっていくのですが、総合的な科学的知識はそうした書籍にお任せし、ここでは特に、私たちのメソッドで大切にしている科学的理論について説明していきます。

（1）強度、量、負荷を理解する

既に出てきていますが、あらためて説明します。

"強度"は、どの程度激しい運動なのかということで「単位時間内の運動の量」と定義されます。筋トレでは重量をイメージしますが、そこに時間という要素が加わります。同じ100kgを上げるのでも、1秒で上げるのと2秒で上げるのとでは、時間が短い1秒のほうが激しい＝強度が高い、となります。

"量"は、どれくらいの運動量なのかということで、筋トレでは回数、セット数、それから頻度が関係します。

そして"負荷"は、体にかかっている負荷のことで、「強度×量＝総負荷量」と表されます。筋トレのプログラムデザインをするときには"強度"と"量"、量には1週間の"頻度"も加えて、"総負荷量"を算出します。

（2）筋肥大のメカニズムを理解する

筋肥大に最も重要なのは、週単位の総負荷量です。強度が低くても量や頻度を多く

すれば、筋肥大も筋力アップもするという研究が報告されています。一般の方や高齢者でも週単位で、体に無理のない範囲で筋トレを行っていくことが大切です。

また、筋肥大の条件で、以下の3つの生理学的知識も重要になります。

①メカニカルストレス
②酸素環境
③代謝環境

①のメカニカルストレスが高いほど筋肥大しますが、メカニカルストレスが低いと筋肥大はしないといわれています。その理由として、生理学には「サイズの原理」というものがあります。簡単にいうと「筋力を発揮するときは、小さな運動単位である遅筋線維から動員され始め、強度が上がってくると速筋線維が加勢するように動員されていく」ということです。その結果、低強度負荷では遅筋線維のみが使われ、ただ疲労しているだけ、ということになります。筋肥大に不可欠な速筋線維を働かせるためには、ある程度の高強度負荷（1RM80％程度）に設定します。

しかし「サイズの原理」には、負荷が小さくても筋肥大する例外があります。それは、筋肉が伸張しながらブレーキをかけるように力を発揮するエキセントリック収縮で、軽い負荷でも速筋線維から動員されていきます。

例えば、大腿部前面の大腿四頭筋を鍛える場合に、マシンによるレッグエクステンションを選択するとします。膝を伸ばしていけばコンセントリック収縮に、重量をコントロールしながらゆっくりと下げていけばエキセントリック収縮になります。現場では、コンセントリックのメカニカルストレスが低いため速筋線維は動員されず、遅筋線維が疲労しているだけ、しかも疲労しているのでエキセントリックも意識できていない、ということがよくあります。また、膝のリハビリなどで行う場合は、負荷をかける場所が遠位になることから関節に負担がかかるリスクもあります。

私たちは大腿部前面を鍛える場合、スプリットスクワットやランジといった種目を選択することが多いです。これらは立位で足を前後に置き、前脚の膝を曲げながらブレーキをかけるようにエキセントリックを意識した筋トレです。エキセントリックはサイズの原理の例外で、低負荷でも速筋線維から動員されるため、安全に筋肥大を進めていくことができます。

私たちアスレティックトレーナーが筋トレを指導するときは、競技動作における筋収縮様式や筋収縮スピードを大切にします。動作として大腿部前面をエキセントリックに使うのは、生活のなかでは階段や坂道を下りるとき、アスリートではストップ動作や方向転換動作を行うときです。同じ大腿部前面を鍛える種目でも、サイズの原理とその例外といった生理学的な知識があることで、安全かつ効果的にエクササイズを選択できるようになります。

②の酸素環境は加圧トレーニングに応用

されています。低負荷の筋トレでも、ベルトを締めて上部の血液循環を止めることで筋肉内の酸素環境が悪化し、酸素を必要とする遅筋線維より、酸素が不十分でも働ける速筋線維が動員されるというメカニズムです。また、速筋線維の運動を繰り返すことで③の筋肉内の代謝環境も悪化して、乳酸によって重くなった感覚が中枢神経に届き、筋肥大に必要なホルモンが分泌されるといわれています。低負荷でも高回数にして追い込んでいく加圧トレーニングは筋肥大に効果があり、私たちも膝のリハビリでは早期から導入していきます。

筋トレにおける「段階性の原則」

先ほど、レッグエクステンションよりスプリットスクワットのほうがリスクは低いとお話ししましたが、ここでは筋トレにおける「段階性の原則」をまとめておきます（表2）。

7つの原則を知っておくと、同じ部位のトレーニングでも、どのエクササイズから行えばリスクが低いのか、そして段階性を上げていく方法と判断基準が明確になります。単に挙上重量や回数で筋力を評価するだけでなく、エクササイズ自体を段階的に変化させながら筋力を評価していく目を持つことは、マンツーマン指導のパーソナルトレーナーにとっては大きな武器になるでしょう。

（1）OKC（スタティック）～ CKC ～
　　　OKC（ダイナミック）

OKCとはオープンキネティックチェーン（Open Kinetic Chain）で、「運動連鎖が開いている＝遠位の関節が自由に動く」という意味です。また、CKCとはクローズドキネティックチェーン（Closed Kinetic Chain）で、「運動連鎖が閉じている＝遠位の関節が固定されている」という意味です。種目でいうと、レッグエクステンションはOKCに、スクワットはCKCになります。

OKCのスタティックは「関節が静止している」、ダイナミックは「関節が動いている」ということです。段階性の原則としては、まず関節が静止したOKCのエクササイズ、次にCKCのエクササイズ、その後に関節が動くOKCのエクササイズを行っていきます。

例えば大腿部前面を鍛える場合、関節が静止したSLR（ストレートレッグレイズ）を行い、次にCKCであるスクワット、その後に関節が動くレッグエクステンションを行っていく、という順番です。特に膝のリハビリなどで大腿部前面を強化する際は、関節へのストレスを考慮する点でもこの原則が重要ですし、高齢者の筋トレ指導でも

表2｜筋トレにおける段階性の7つの原則

（1）OKC（スタティック）～ CKC ～ OKC（ダイナミック）
（2）NWB ～ PWB ～ FWB
（3）アイソメトリック～コンセントリック～エキセントリック
（4）近位抵抗～遠位抵抗
（5）ターニングフォース　減少型～増加型
（6）ローインパクト～ハイインパクト
（7）シンプル～複雑（筋群、動作）

有効だと思います。

（2）NWB〜PWB〜FWB

NWB（Non Weight Bearing）は"非荷重"、PWB（Partial Weight Bearing）は"部分荷重"、FWB（Full Weight Bearing）は"全荷重"という意味です。大腿部前面を鍛える場合、SLRはNWB、全体重がかからないように手すりなどにつかまって行うスクワットはPWB、そして全体重をのせたスクワットがFWBになります。

（3）アイソメトリック〜コンセントリック〜エキセントリック

これは筋肉の収縮様式であり、アイソメトリックは"等尺性収縮"、コンセントリックは"短縮性収縮"、エキセントリックは"伸張性収縮"のことです。例えば、レ

筋トレに大切な「段階性アップの原則」

（1）OKC（スタティック）〜CKC〜OKC（ダイナミック）

膝のケガで大腿四頭筋を鍛える場合、関節を動かさず行うOKCスタティックのエクササイズとして「ストレートレッグレイズ（SLR）」（**1**）から、「スクワット」（**2**）などCKCエクササイズに移行し、その後「レッグエクステンション」（**3**）など、さらなる強化の目的でOKCダイナミックのエクササイズを行っていくなどして、段階性をアップさせる。

（2）NWB〜PWB〜FWB

初期段階は患部に体重負荷のないエクササイズ（**1**）を、その後の発展的なNWB（**2**）ではNWBの延長として重力に抗するだけでなく、徒手抵抗やチューブ、ウェイトなどを用いて筋力アップを図っていく。そして、患部に部分的な体重負荷をかけていくPWB（**3**）、全体重負荷をかけていくFWB（**4**）に段階性をアップさせる。写真は大腿四頭筋を鍛える際の段階性。

アンクルウェイトをつけている

ッグエクステンションをマニュアルレジスタンス（徒手抵抗）で行う場合、膝を伸ばして力を入れ、筋肉の収縮を確認したら、まずは関節を動かさずに行うアイソメトリック、次に膝を曲げた状態から伸ばすコンセントリック、さらに膝を伸ばした状態から押し込みながらゆっくりと曲げていくエキセントリックなどと、パーソナルトレーナーのハンドスキルとしても使えます。

（4）近位抵抗〜遠位抵抗

"近位"は体幹に近い、"遠位"は体幹から遠い、という意味です。レッグエクステンションをマニュアルレジスタンスで行う場合、足首に近い部分を押さえれば遠位抵抗、膝に近い部分を押さえれば近位抵抗になります。

近位から徐々に遠位へと押さえる位置を変えていくことで、関節へのストレスや筋力も段階的にアップさせられます。

（5）ターニングフォース
　　　減少型〜増加型

ターニングは"変化"を、フォースは"力"を意味し、力の変化には"減少型"と"増加型"の2種類あるという原則です。

筋トレに大切な「段階性アップの原則」

（3）アイソメトリック〜コンセントリック〜エキセントリック

筋の収縮様式

アイソメトリック（等尺性収縮）
筋の長さが変わらず力が発揮される

コンセントリック（短縮性収縮）
筋が短くなりながら力が発揮される

エキセントリック（伸張性収縮）
筋が長くなりながら力が発揮される

（4）近位抵抗〜遠位抵抗

「レッグエクステンション」の徒手抵抗の例。■1は膝下に抵抗を加えており（近位）、■2は、足首付近に抵抗を加えている（遠位）。

（5）ターニングフォース
　　減少型〜増加型

上腕二頭筋を鍛える「アームカール」では、スタートポジション（■1）から徐々にレバーアーム（支点から力点までの距離）が長くなり、地面の水平＝最長（■2）となり、その後、短くなっていく。このようにスタートポジションから長くなっていくものを「増加型」とし、膝のリハビリで初期に行う「SLR」などは挙上し始めが、レバーアームが最も長く（■3）、上げるにつれて短くなっていく（■4）。このようなタイプを「減少型」とする。

例えば、肩の筋トレで「サイドレイズ」を行うとした場合、立って行えば「増加型」（■5）になるので、まずは横向きに寝た状態（減少型、■6）から始めるとよい。さらに、ハムストリングの筋トレで、「ヒップリフト（片脚）」（増加型、■7）ができるようになってきたら、増加を強めるためにボックスに足をのせるとよい（■8）。さらに、プロプリオセプションの要素を入れるためにバランス器具に足をのせると段階性をさらに上げることができる。

例えばアームカールは、肘が伸びた状態からスタートし、筋肉をコンセントリックに収縮させながら最大限曲がった角度がゴールの回転運動です。力学的に、この動きのなかで最も負荷がかかるのは、レバーアームが長くなる地面と平行の高さです。このように、スタートから徐々に力が増加するエクササイズを「ターニングフォース増加型」と分類します。それに対してSLRのようなエクササイズは、上げた瞬間が最もレバーアームが長くなり、力は徐々に減少します。こうしたエクササイズを「ターニングフォース減少型」と分類します。

腹筋を鍛えるシットアップの場合、フラットな状態で行えば「ターニングフォース減少型」、頭が下がったデクラインベンチで行えば「ターニングフォース増加型」になります。体験的にも、デクラインベンチで行うほうがきつい（同じエクササイズでも減少型より増加型のほうがきつい）はずです。

このようにターニングフォースを理解すると、同じエクササイズでもポジションを変えることで段階性を上げることができる

ようになります。

肩の三角筋を鍛えるサイドレイズを例にとると、立位で行えば「ターニングフォース増加型」ですが、横向きに寝た状態で行えば「ターニングフォース減少型」になります。

同様に、大腿部後面や殿部を鍛えるヒップリフトもターニングフォースの原則で、足を地面よりもベンチに上げたほうがきつくなります。このように、同じエクササイズでもポジションを変えることで段階性を高めていけます。

（6）ローインパクト～ハイインパクト

インパクトは"衝撃"という意味です。大腿部前面をエキセントリックに鍛えるランジという種目でも、最初は足を前後に開いて踏み込む動作のないスプリットスクワットから開始し、踏み込む＝衝撃が入るフロントランジ、ボックスから降りながらのフロントランジ、アスリートならさらにハイインパクトなスプリットジャンプというように、段階性をアップしていきます。

（7）シンプル～複雑（筋群、動作）

"シンプル"は単一筋、単関節。"複雑"は多筋群、複合関節、目的動作に近づける＝複雑化する、といった意味です。例えば膝関節の屈伸のみで行うレッグエクステンション、膝だけでなく股関節も伸ばすスクワット、さらに足関節も伸ばすスクワットカーフやアスリートならスクワットジャンプなどというように、段階性をアップしていきます。

筋トレに大切な「段階性アップの原則」

（6）ローインパクト～ハイインパクト

大腿四頭筋を鍛える場合、踏み込む動作のないスプリットスクワット（**1**）から開始し、踏み込む動作が入る（衝撃が入る）フロントランジ、ボックスを下りながらのフロントランジ（**2**）などで段階を上げられる。

（7）シンプル～複雑（筋群、動作）

「レッグエクステンション」は膝関節の屈伸のみ（単関節）で行うが、「スクワット」であれば股関節の伸展も必要になり、「スクワットカーフ」や「スクワットジャンプ」（**1**）では足関節も伸ばすことになり（複合関節）、より段階性を上げられる。

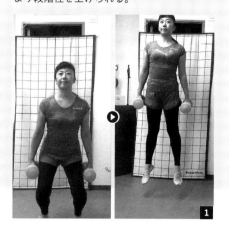

筋トレは全世代に必要

筋トレには神経伝達の改善・学習の目的もあり、その結果として正しい姿勢や動きをつくるとなると、アスリートのみならず健全な成長を促すためには子どもでも重要になります。また運動不足、成人病やがんの予防となれば一般成人にも、そしてロコモティブシンドローム、フレイル、サルコペニア、認知症の予防という観点では高齢者にも重要で、全世代において必要な運動といえます。

ところが、筋トレの実施率は男性で約30％、女性では約20％にとどまっています。一般的に「きつい」「疲れる」「筋肉痛」「危ない」などといったネガティブなイメージが先行しており、それを払拭するには、安全で効果的な筋トレを世代ごとに提案し、普及させていくしかありません。

安全性を考えると、筋トレで痛めてしまう原因は、「機能的な動きでないこと」と「過度な負荷」です。まずは機能的な動きを学習した上で、過度な負荷にも注意します。サイズの原理にあったように、コンセントリック時の強度は目的に合わせて高くてもよいのですが、エキセントリック時は強度が低くても十分に鍛えられるので、同じ負荷だと過度になっている可能性があります。仮に筋肥大を目的にベンチプレスを行うとしても、挙上重量を主眼に1人で行っていると、下降時は過度な負荷になっていて痛めるリスクがあるということです。

パーソナルトレーニングであればトレーナーがスポッターに入り、挙上時のコンセントリックは高い強度を正しく行えるようサポートし、下降時のエキセントリックは負荷を減らしながら、その分、しっかり効かせるようにゆっくりサポートするなど、挙上と下降を分けて、安全かつ効果を高めることができると考えます。しかし、毎回パーソナルトレーニングを行うのは、普及という面からいえば難しいものです。

セルフでも安全かつ効果的な筋トレを行うためにはどうしたらいいかと悩んだ末に、筋トレマシンの開発に行き着きました（p.32〜33）。

「VBT」理論の出現による新たな可能性

筋トレを行う場合、目的に合わせて負荷や回数、セット数を設定するのが一般的です。「1RMの〇％を〇回×〇セット」、これをPBT（Percent Based Training）といいます。それに対してVBTは、速度を基本として負荷を設定し、目的に合わせていくというものです。具体的には、速度を計測できるセンサーデバイスをウェイトシャフトに装着して、最大努力の挙上スピードが目的とするゾーンに入っているか、モニターで確認しながら筋トレを行います。

目的と速度の関係は研究によって確立されており、％1RMとの対応表（p.32〜33表3−1）もあります。また、VBTは目的に速度が達しなければ止められるので、無理なトレーニングが防止でき、コンディション評価にも活用できることから、海外の

トップスポーツチームなどではよく使用されているようです。

　私たちは、安全で効果的な素晴らしい筋トレマシンを作りました。ジムではアスリートも、主婦の方も、高齢者のデイサービスでもケガを出したことはなく、皆さん筋トレを行っています。

　しかしながら、欠点が1つだけありました。それは負荷が6段階のダイヤル式で、PBTが慣習となっている方には物足りず、評価としても曖昧な部分があったことです。そのようなときにVBTの書籍を手にしたことで、「速度で評価することによって解決できるのではないか」と考えました。

　VBTはフリーウェイトの種目を対象としているため、マシン種目のエビデンスは

表3-1 │ VBTと％1RMの対応表
（トレーニングの目的）

トレーニング目的	％1RM	スピードゾーン
最大筋力	80〜100%	〜0.5m/s
加速筋力	70〜80%	0.75〜0.5m/s
筋肥大	60〜80%	0.8〜0.5m/s
筋力・スピード	45〜75%	1.0〜0.75m/s
スピード・筋力	30〜50%	1.2〜0.9m/s
スピード	〜30%	1.2m/s〜

ありません。しかし、速度をモニタリングしながらトレーニングを行うという発想はマシンで試みても面白く、データを蓄積していく価値があるのではないかと考えたのです。

　試験的にシステムを開発し、直営店では"VMT"（Velocity Monitoring Training）

ファンクショナル筋トレマシン MOVE ★ Y

　筋トレをあまり行わない中高生から女性、高齢者、さらにはトップアスリートまでをターゲットとする新しい筋トレマシンを作ろうと、セノー株式会社と2年間かけて、7種の筋トレマシンを開発しました。

①スキャプラ・プッシュ＆プル
----
②スキャプラ・アップ＆ダウン
----
③ソラシックツイスト
----
④トリプルエクステンサー
----
⑤コア・ヒップフレクサー
----
⑥ニーエクステンサー＆フレクサー
----
⑦GMアブダクター＆アダクター

■ "安全性"と"効果"を求めたこだわり

● 自社ファンクショナルトレーニングのメソッドに基づき、大切な動作や姿勢を習得でき、また目的別にさらなる筋力アップや筋肥大、筋持久力アップも図れるようにする

● マシンの軌道は機能解剖学に基づいた正しい動きで、自然と神経伝達の改善と学習を行えるようにする

● 目的とする部位の動きを阻害せず、筋力を最大限高められるように、シートやパッドの形状や角度を機種ごとに工夫

● 過度な負荷にならないようにコンセントリック収縮のみで、なおかつスピードによって負荷が変わる"油圧シリンダー"を採用し安全性を確保する

● アスリート仕様も含むため、高強度のコンセントリック収縮トレーニングにも対応できる油圧シリンダーを開発

● 拮抗する動作では筋力に差があるため、往復可変抵抗の"ダブル・シリンダー"を開発

表3-2 | スピードゾーンと目的の対応

スピードゾーン	トレーニング目的
～0.5m/s	最大筋力
0.7～0.5m/s	エクスプローシブパワー
0.8～0.6m/s	筋肥大
1.0～0.8m/s	筋力・スピード
1.2～1.0m/s	スピード・筋力
1.2m/s～	スピード

目的別指標

- シニア(体力がある人)
  → 「スピード・筋力」から「筋力・スピード」
- シニア(体力がない人)
  → 「筋肥大」から「筋力・スピード」
- 一般(ボディメイク)
  → 「筋肥大」
- 一般(趣味などのパフォーマンスアップ)
  → 「筋力・スピード」
- アスリート(オフシーズン)
  → 「最大筋力」から「筋肥大」
- アスリート(プレ&インシーズン)
  → 「筋力・スピード」から「スピード・筋力」で競技特異性を考慮する

と名づけて使用しています。VBTの目的別速度(表3-2)を参考に作ったモニターを見ながらトレーニングを行い、速度がゾーンに入らなくなったら負荷を下げるなど、トレーニング中の強度をコントロールできるようになりました。

同じマシンでも、拮抗する動作では筋力に差があります。例えば、ベンチプレスのように押す動作とロウイングのように引く動作。あるいは、レッグエクステンションのように膝を伸ばす動作とレッグカールのように膝を曲げる動作もそうです。筋力が異なるので、強いほうが動作速度は上がります。とはいえ目的は一緒なので、速度を

(上)正しい動きで筋トレを行うという狙いの下、開発された7種のマシン (下)往復で抵抗が変わる「ダブル・シリンダー」が設置されている(ニーエクステンサー&フレクサー)

(上)モニターに表示される速度を見ながらトレーニングできる (下)モニターの表示画面

なるべく同じにするためには、それぞれで負荷を変えられる必要があり、往復可変抵抗"ダブル・シリンダー"を開発しました。

これにより、「機能的な動きで」「過度な負荷でなく」「速度をモニタリングしながら」すべての世代で安全に効果的な筋トレを、いかなる目的にも合わせて行えるようになりました。

筋トレマシンが測定機器にもなる

新たな可能性として、松田トレーナーがこの筋トレマシンに、トレーニングのみならず測定機器の役割も併せ持つ画期的な開発を行ってくれています。シリンダーに圧センサーを搭載することでトルク値を測定し、アプリの画面でモニタリングできるシステムです。現在は、膝の曲げ伸ばしの筋力をトレーニングする"ニーエクステンション＆フレクション"と、スクワットカーフまで行える"トリプルエクステンサー"の2種に搭載しています。

大きな大学や研究機関、病院などでは膝の屈伸筋力を計測する際、高額なアイソキネティックマシンの測定機器を使用しています。しかしながら広く普及するという意味では、かなりのハードルがあるのも事実です。それに比べればかなり安価で、操作もシンプルなので、クリニックやジムでも気軽に使用できます。リハビリの過程で、あるいはトレーニング効果を評価する際に、筋力を計測することも可能です。

また、トリプルエクステンサーに搭載したことで、ロコモ度テストでも行っている立ち上がり筋力」が高齢者でも安全に定量化できるようになりました。これは世界にも類がないそうです。加えてアスリートでは、股関節や膝関節の屈曲角度に応じた筋力を測定できることで、パフォーマンスに直結する評価が可能になるのではないか、とのことです。

松田トレーナーいわく「バレーボールのアタッカーは深い屈曲からジャンプするが、ミドルブロッカーは屈曲が浅く、陸上競技・走り高跳びの選手はさらに浅い。競技ごと、あるいはポジション特性ごとの屈曲角度での測定・評価やトレーニングにも応用できれば、パフォーマンスアップのトレーニングが効率化できるかもしれない」と、新たな可能性を感じているようです。

今後もパーソナルトレーニングの大切な要素として筋トレを全世代に普及させるため、さらに安全かつ効果的に行うためのメソッドづくりや開発を行っていきます。

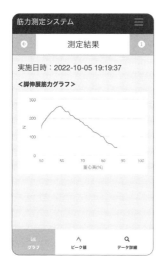

圧センサーが搭載されたマシンでは、トルク値を基に筋力を測定することもできる（アプリ画面）

第2章　適応エクササイズ&テクニック・前編

第2節　有酸素トレーニング

パーソナルトレーニングとしての有酸素トレーニング

　健康には「有酸素運動」がとても大切だということは、誰もが知っているでしょう。健康の維持・増進、肥満の解消、あらゆる疾患の死亡率の減少などと関連しているといわれています。特に最近では、認知症の予防や改善にも効果があるとの研究も報告されています。

　パーソナルトレーニングの目的がボディメイキングやダイエットであっても、ケガや痛みの改善であっても、目的を達成した後も運動が習慣化され、健康的な生活を送っていけることがとても重要です。そのため有酸素運動は、すべての方にメニューとして行ってもらいます。

　パーソナルトレーニングジムで行える主な有酸素運動は、トレッドミルとエアロバイクになると思います。ステップマシンなどを設置している施設もあるかと思いますが、私たちのジムではデイサービスも行っているので、『NUSTEP（ニューステップ）』という有酸素マシンを導入しています。デイサービスでは65歳未満でも、片麻痺やパーキンソン病などの特定疾病と呼ばれる病気やケガのため、リハビリや生活機能の維持・改善を目的として通われている方もいます。なかでも片麻痺の方の有酸

素運動とリハビリを兼ねて、手足を同時に動かすことができるニューステップはとても効果的です。

　トレッドミル、エアロバイク、ニューステップの選択に関しては、パフォーマンスアップが目的のアスリートは別にして、特に使用するマシンを決めてはいません。限られた施設、限られたマシンの数で運営しているマイクロジムでは、1つの機種に決めてしまうと、ほかの方が使用していたら使えないこともよくあります。

　それより、有酸素運動で大切なのは“強度”と“量＝時間”です。それさえしっかり指導し、管理できればよいと思います。

自覚的運動強度とMETs

　運動強度の表し方として、「自覚的運動強度（ボルグスケール）」があります（p.36 表4）。6〜20の15ポイントで、7が「非常に楽」、15が「きつい」、19が「非常にきつい」と分類され、高齢者の運動指導でも「10〜13くらいの運動を推奨しましょう」というように使われます。具体的には、有酸素トレーニングなら最大心拍数の60％程度の負荷で15〜20分、頻度は週に3〜5回行うのが理想的といわれています。

　そのほかに一般的なものでは「METs（メッツ）」という単位があります。安静時を1METsとして、歩行は3METs、早歩き

表4 ｜ 自覚的運動強度（ボルグスケール）

指数（Scale）	自覚的運動強度
6	
7	非常に楽である
8	
9	かなり楽である
10	
11	楽である
12	
13	ややきつい
14	
15	きつい
16	
17	かなりきつい
18	
19	非常にきつい
20	もう限界

表5 ｜ ジムでの有酸素運動とMETs

有酸素運動の例	METs
歩行	3.0
エアロバイク（30〜50ワット）	3.5
早歩き（5km/s）	4.0
かなりの早歩き（6.4km/s）	5.0
ゆっくりジョギング	6.0
エアロバイク（90〜100ワット）	6.8
ジョギング（7km/s）	7.0
ランニング（8km/s）	8.0
ランニング（9km/s）	9.0
ランニング（10km/s）	10.0
ランニング（11km/s）	11.0

は4METsなど、活動の種類で運動強度を表すものです（表5）。

有酸素トレーニングの運動強度と量の実際

　有酸素トレーニングにおける運動強度と量というと、「量」は「時間」ですが、「強度」としてまず頭に浮かぶのは「スピード」ではないでしょうか。パーソナルトレーニングでも、トレッドミルなどで「スピードは〇km/hで、〇分走ってください」という指導をよく見かけます。しかし、有酸素トレーニングの場合、強度の決定には少し注意する必要があります。スピードは「絶対的な運動強度」と呼ばれ、個人の能力に依存します。そのため、〇km/hのスピードが楽な人もいれば、逆にきつい人もいるということです。

　スポーツ指導の現場でもよくあるのです

が、例えば有酸素トレーニングにシャトルランという種目があります。チームなどで実施する場合、通常は走っているグループと、インターバルをとりながら待っている数グループとに分かれて行いますが、グループ内で足の速い選手はインターバルが長くとれます。しかし、遅い選手はその分インターバルも短くなります。走るのが得意な選手は楽で、苦手な選手にはストレスが高く、きついトレーニングになってしまいます。このようなトレーニングを行うなかで、苦手な選手がオーバートレーニングや熱中症などを発症してしまった場合、それは指導者にも問題があります。

　では、どのような強度設定をすればよいでしょうか。それには「絶対的な運動強度」に対して「相対的な運動強度」、すなわち、同等のストレスをかける方法があります。そのなかで最も簡易的な方法として、有酸素能力を示す最大酸素摂取量と相関があったことから採用された、「心拍数」を利用することが多くあります。昨今ではウ

エアラブルデバイスが進歩し、求めやすい価格のものも多く出ているので、マイ・ハートレートモニターを購入して日頃から活用するのはとてもよいと思います。

また、強度を設定する際には「カルボーネン法」というものが一般的に広く使われています。カルボーネン法は下記の計算式で求められます。

（[**最大心拍数＝220－年齢**] －
安静時心拍数）×**目標％＋安静時心拍数**

目標とするトレーニング強度を心拍数で決める場合、以下のような目安が紹介されています。

85％以上　レース体力向上
70〜85％　持久力向上
60〜70％　脂肪燃焼、健康増進
50〜60％　運動初心者

〈**カルボーネン法の計算例**〉
● 20歳、安静時心拍数60、健康目的＝60％
　（[220－20] －60）×0.6＋60＝144
● 40歳、安静時心拍数70、健康目的＝60％
　（[220－40] －70）×0.6＋70＝136
● 60歳、安静時心拍数70、健康目的＝60％
　（[220－60] －70）×0.6＋70＝124

オリジナルの「有酸素トレ・メソッド」

私たちはパーソナルトレーニングにおいて、有酸素トレーニングの運動強度を心拍数で決める場合、以下のようにしています。

〈**有酸素トレ運動強度の目安**〉
70〜85％　持久力向上、パフォーマンス向上
60〜70％　ダイエット、健康増進
50〜60％　運動初心者
50％〜　　高齢者

私たちも、基本的にはカルボーネン法を使って目標心拍数を設定していますが、最大心拍数の求め方を「220－年齢」から「208－0.7×年齢」にしています。研究からいろいろな数値が出てきていますが、現段階ではこの数式が最大心拍数に一番近いとされているからです。いくつかの計算例と「220－年齢」との比較です。

● 20歳
208－0.7×20＝194
　（194－60）×0.6＋60＝140.4（－3.6）
● 40歳
208－0.7×40＝180
　（180－70）×0.6＋70＝136（±0）
● 60歳
208－0.7×60＝166
　（166－70）×0.6＋70＝127.6（＋3.6）

効率化するために、計算式をあらかじめタブレットに入れてあるので、パーソナルトレーナーは年齢と血圧計測時に表示される安静時心拍数、目的とする運動強度を入力すれば、自動的に目標心拍数が表示されるようになっています。

量に関しては、以下に基づきながらも体力レベルやコンディションを見ながら無理なく行える時間を、コミュニケーションをとりながら決めています。

〈有酸素トレ運動量の目安〉
30分〜　持久力向上、パフォーマンス向上
20分〜　ダイエット、健康維持・増進
15分〜　運動初心者
10分〜　高齢者

最新の情報として、指や腕に挟むパルスオキシメーターで血中酸素飽和度を計測することにより、中強度の運動を「見える化」していこうとする研究と開発が行われているそうです。「呼気ガス分析法（VT）」と血中酸素飽和度で測定した「酸素飽和度性作業閾値（ST）」を比較したところ、良好な一致が立証されたことから、手軽に運動強度がモニタリングできるデバイスとアプリを開発していくそうです。

有酸素から無酸素に近づく運動強度である予備心拍数40〜60％は「中強度」と呼ばれ、健康のための運動強度として推奨されることが多いものです。心拍数に変わる新しいモニタリング方法になり、さらに手軽で、高齢者の方などはかなり汎用性があるのではないかと期待しています。

サーキットトレーニングの可能性

最近では、HIIT(High Intensity Interval Training：高強度インターバルトレーニング）をビジネスモデルにしたマイクロジムなども広がりつつあります。

タバタ式でも一躍注目を浴びた HIIT ですが、何よりトレーニング時間が短い割に、呼吸・循環系機能の向上はもちろん、筋トレとしての効果、また「アフターバーン」と呼ばれ運動後も多量の酸素摂取・消費が持続するＥＰＯＣ（Excess Post-exercise Oxygen Consumption：運動後過剰酸素消費量）による減量効果もあると紹介されています。

アフターバーンの効果は、かなり高強度の運動でないと現れないといわれますが、このような効率的な運動は大きな可能性があると思っています。

健康のためには筋力トレーニングと有酸素トレーニングが欠かせません。また、ファンクショナルの要素を加えることが大切ですが、そこに介護予防などの目的が加わると、必ずしも運動にポジティブな方ばかりとは限りません。その場合には、「気軽さ」「安全性」「楽しさ」なども条件に加えていかなければ、きっかけもありませんし、継続性にもつながりません。運動は目的をしっかりもったポジティブの対象者だけに必要なものではなく、むしろ運動に対してネガティブな方に対して習慣化できるようなプログラムをつくっていかないと、健康に関する社会問題が変わっていくことはないでしょう。

私たちは、ファンクショナル筋トレマシンを使った「ワイズ・サーキット」をジムプログラムとしてはもちろん、日本の社会

問題解決にも役立てたいと思っています。そのカギは、楽しい有酸素トレーニングです。マシンでの筋トレの間に行うステップ台などの有酸素運動を、楽しいミュージック・ダンスにしてしまおうということでプログラム開発を行っています。

　運動に音楽やダンスの要素を組み合わせることで、楽しく体が動かせます。しかし音楽は、世代や個人の趣味によって嗜好が変わるものです。そこで、世代や趣味に応じた心の躍る音楽を使い、楽しい有酸素ダンスを作ることができれば、あらゆる世代の運動にネガティブな方や、時間がなく運動ができない方の健康にアプローチできるのではないかと考えました。

　とはいえ、私たちアスレティックトレーナーにそれは不可能です。音楽やダンスに関する専門家の力が必要と考えました。現在は、元・劇団四季のトップ俳優である井上智恵がスタッフとして入社し、プログラム開発を行っています。以下のような、さまざまな世代向けのサーキット用ミュージック・ダンスを既に作っており、今後はこちらも展開していく予定です。

（1）アクティブシニアの健康・体力の維持・増進、介護予防を目的とした「コーディネーションダンス・サーキット」（写真1）
（2）中・高・大学生の運動離れの解決を目的とした「女子学生・アイドルダンス・サーキット」「男子学生・クラブダンス・サーキット」（写真2、3）
（3）主婦層の健康＆ダイエットを目的とした「燃焼系ダンス・サーキット」（写真4）
（4）企業の健康経営・職場環境の活性を目的とした「テンションアップ・サーキット」

写真1　コーディネーションダンス・サーキット

写真2　女子学生・アイドルダンス・サーキット

写真3　男子学生・クラブダンス・サーキット

写真4　燃焼系ダンス・サーキット

第3節 ファンクショナルトレーニング

〈 第1項 〉概論

ファンクショナルトレーニングを考える

「ファンクショナルトレーニング」という言葉が、いろいろなところで聞かれるようになってきました。しかしながら、実際にどのようなトレーニングかというと説明が難しく、イメージが独り歩きしてしまっていることもよくあります。ここで明確にしておきましょう。

ファンクショナルトレーニングを一言でいえば「戦略的な動きのトレーニング」で、トレーニング方法に特徴があります。ファンクショナルトレーニングは、もともとリハビリテーション領域から生まれたといわれています。理学療法士が問題となっている動きを分解し、それらを個別にトレーニングし、組み合わせてさらにトレーニングしていくことで、結果的に動きの質を改善し、向上していくトレーニング方法です。

こうした方法で行うものをファンクショナルトレーニングといいますが、各トレーナーや理学療法士の考え方、戦略によって動きの分析やトレーニングのアプローチ方法が異なるため、「これこそがファンクショナルトレーニング！」といった唯一無二のものはありません。そのような背景から考えると、巷でファンクショナルトレーニングと称されるもののなかには、動きの分

解や組み立てなどの意図がなく、単に体幹トレーニングや自重での筋力トレーニング、バランストレーニング、スリングトレーニング、ケーブルトレーニングなどを行っているだけのものもあります。

ファンクショナルトレーニングの素晴らしさは、目的とする動作の改善や向上ができることです。アスリートなら競技動作、一般の方なら健康な生活を送るための姿勢や動作、高齢者であれば日常生活を健康に、介護の必要がなく暮らしていけるための動作です。そうした目的別の動作の改善、向上ができるということになります。

ファンクショナルトレーニングは全世代の方々に万能なトレーニングです。私たちも、そんなファンクショナルトレーニングをもっと多くの方々に広めていけたら素晴らしいことだと思っています。

次のページからは、共著者である松田トレーナーが実践しているファンクショナルトレーニングについて紹介します。長年、日本のトップアスリートのリハビリを行ってきた松田トレーナーの戦略、動きの分析、個別のトレーニング方法は、とても論理的です。一般的にいわれるファンクショナルトレーニングの目的は、「パフォーマンスアップ」「外傷・障害予防」です。しかし、松田トレーナーは「リハビリテーション」にも応用しています。

山本晃永 × 松田直樹 対談
リハビリにおけるファンクショナルトレーニング

山本 松田トレーナーはアスリートのリハビリをどのような考えで行っていますか。

松田 患部においては早期かつ安全に機能回復を目指して、物理療法や運動療法を行います。そして私が大切にしているのは、患部以外の周囲のマイナス要因を分析して、改善または強化することです。

山本 よくいわれる内的要因の分析ですね。

松田 私は内的要因のなかでも特に、その選手の競技動作を分析することで、外傷や障害の因果関係を推測します。患部以外の身体部位が機能的に作用しているか。作用していなかったとしたら、どういった動きの連鎖が起こり、結果的に患部にどのようなストレスをかけているか、ということです。

山本 その例をいくつか紹介していただけますか。

松田 あるテニス選手の右膝半月板損傷のリハビリを行った際も、また、卓球選手の第5中足骨疲労骨折のリハビリを行った際にも、患部外に同じ身体的な特徴を感じました。それは「胸椎の回旋モビリティ」が低いのではないか、ということでした。

山本 その機能が低いことで競技動作にどのように影響し、患部にストレスをかけているのではないかと予想したのですか。

松田 まず、テニスのフォアハンドのスイング（写真5）を考えた場合、強いストロークを打つためには、テイクバック時にコアのスタビリティと上部の胸椎の回旋モビリティが必要になります。また、右脚からの体重移動で得る推進パワーを、左脚の股関節上で回旋パワーに変換していくことも重要です。胸椎の回旋モビリティが低くなると、右股関節での回旋が必要になってきます。胸椎や股関節のモビリティの低下がある場合、膝に荷重と同時に、過剰な回旋ストレスが加わり、半月板損傷の1つの要因になる恐れもあります。

山本 卓球の選手のケースはいかがですか。

松田 この選手の場合は、バックハンドの動きに原因があると思いました。強くて速いボールを打つためには、回旋力が必要になります（写真6）。

©Getty Images

写真5
テニスのフォアハンドストローク（イメージ）

腰椎の回旋制限で膝に回旋力が生じる

©Getty Images

写真6
卓球のバックハンド（イメージ）

胸椎回旋モビリティが低いと、テイクバック時に右足外側荷重となって回外し、ねじれのメカニカルストレスが慢性的にかかる

けれども胸椎の回旋モビリティが低いので、それを股関節で補おうとして、最も衝撃が強くなる踏み込み時に、右足部外側にねじれのメカニカルストレスが慢性的にかかっていて、結果的に第5中足骨の疲労骨折になってしまったのではないかと考えました。

山本 ケガは異なるものの、根本的な要因の1つは同じではないかと推測されたわけですね。1つの機能がほかの部分にもいろいろな影響を与えることが理解できました。胸椎回旋モビリティの評価をどのようにして行っているか、教えてください。

松田 評価に際しては股関節の要素を取り除きたいので、選手をトレーニングベンチに後ろ向きに座らせ、両下肢で軽く挟ませます。そして両手を胸の前で合わせ、頭部ごと同じ方向に回旋させて、その角度を評価します（写真7）。頭の位置や椎体のアライメント、肩甲骨の動きなども同時に評価します。

山本 とてもシンプルですがわかりやすいですね。トレーニング前後で評価を行い、それぞれの静止画を並べると、効果が一目瞭然です。では、改善エクササイズについて紹介してください。

松田 私がポイントにしているのは、①胸部前面、頸部周囲のファッシアをアクティベートする、②胸椎の後弯位を改善する、③胸椎回旋を促すために、体幹や肩甲骨の機能を協働させる、の3点です。

山本 それぞれ具体的なエクササイズを教えていただけますか。

松田 エクササイズの順番は、①のファッシアのアクティベートからでよいと思います。徒手または市販のグッズなどを用いて、ファッシアをアクティベートします。次に②の後弯位の改善ですが、胸椎回旋モビリティを向上させるには、このポジション修正が前提になると考えています。もう1点はモビリティ改善のためのポジション修正ですから、土台となる体幹部のスタビリティと下肢の安定性も大切なので、ドローインや股関節・膝関節軽度屈曲位を保持したフォームになっています。エクササイズを3つ紹介しましょう（写真8～10）。

山本 ポイント③の「胸椎回旋を促すために、体幹や肩甲骨の機能を協働させる」エクササイズについてもご紹介いただけますか。

松田 では、これについても3つ例を紹介します（p.44写真11～13）。

写真7　胸椎回旋モビリティの評価
トレーニングベンチに後ろ向きに座り、両下肢で軽くベンチを挟む（**1**）。その後、手を胸の前で合わせ、頭部ごと同じ方向に回旋させて角度を評価する（**2**）

胸椎後弯位の改善エクササイズ

写真8　いないいないばぁ

股関節・膝関節軽度屈曲位を保持したまま、体幹前面で両肘をつける（**1**）。その際、下肢のポジションが変わらないよう注意し（特に股関節の前方偏移や骨盤後傾）、両肘をつけたまま両肩関節を屈曲して上肢を挙上し、5秒程度保持する（**2**）。腹部の安定化と、胸椎での伸展が生じていることを確認する。

写真9　チューブ・アップライトロウ

股関節・膝関節軽度屈曲位で、両足でチューブを踏み、チューブをクロスさせて両手で持つ（**1**）。下肢のポジションが変わらないように注意し、両上肢を挙上させる（**2**）。胸椎が後弯しないように5秒程度保持することを繰り返す。

写真10　チューブ・サイドロウ

股関節・膝関節軽度屈曲位で、垂直な柱などにチューブを固定し、両手でチューブを持つ（**1**）。肘関節は約90度を保持したまま、肩甲骨を内転させてチューブを後ろに引く（**2**）。その際に肘関節が屈曲したり、胸椎が後弯したり、下肢のポジションが変わったりしないように注意する。ロウイングポジションを5秒程度保持し、それを繰り返す。

胸椎回旋を促すエクササイズ

写真11 フロントショルダープレス
（腹部安定化と深部体幹筋の協働）

トレーニングベンチに腰かけ、10～20kg程度のバーベルなどを胸の前に持つ（**1**）。その姿勢から、胸椎が後弯しないようにショルダープレスを行う（**2**）。視線はシャフトを見る。プレスの際には胸椎が後弯しやすいので注意し、プレスの最終肢位ではドローインを意識。最終肢位からさらに背伸びをするようにプレスを行う。

写真12 チューブ・サイドプルダウン
（胸椎後弯位改善と
肩甲骨下方回旋・内転の協働）

頭上の水平バーにトレーニングチューブを固定し、両手で持つ。そこから胸椎が後弯しないように注意しながら、横方向に引く（**1**）。肘関節は90度以上曲げないようにし、肩甲骨を内転・下方回旋させる（**2**）。そして、肘を脇腹につけるように5秒程度保持し、それを繰り返す。

写真13 チューブ・ツイストプル
（胸椎回旋と肩甲骨の協働）

トレーニングベンチに座り、片手でチューブを持つ。反対側の上肢は、肘関節屈曲位で肩甲骨内転・下方回旋させる（**1**）。その姿勢から頭部が動かないように注意し、①反対側の上肢を挙上・伸展させ、②チューブ側の上肢を引き、③チューブ側の上肢と反対側の肘を引き離す（**2**）。頭部が動かず、脊柱の軸が前後に動かないように気を付ける。

アライメントと
キネティックチェーンで
動きを見る

　私たちアスレティックトレーナーは選手の身体特性を、アライメントという見方を使って評価します。アライメントとは「骨や関節の連結」のことです。

　まずは、静的なスタティックアライメントです。立位姿勢時の円背（猫背）や腰骨が曲がっている側弯、反り腰、X脚・O脚、肘や膝の反張、足部の回内足・開張足・外反母趾などが、代表的なスタティックアライメントの不良です。

　スタティックに対し、動きのなかで骨や関節の連結を見ていく、ダイナミックアライメントという見方もよく使われます。スクワット動作でつま先が外側に、膝が内側に入ってしまう「ニーイン・トウアウト」、片脚立位やスクワット時に股関節筋力が弱く、骨盤が横ブレしてしまう「トレンデレンブルグ肢位」、その弱さを代償するために支持脚側に重心を傾けてしまう「デュシェンヌ肢位」などが代表的なダイナミックアライメントの不良です。

　これらのアライメント不良はマル・アライメントと呼ばれ、補助具を用いたり、補強的なエクササイズなど行ったりして修正していきます。修正のためのエクササイズを、コレクティブ・エクササイズと呼びます。

　アライメントに加え、松田トレーナーはキネティックチェーン（運動連鎖）に基づ

いた評価を行って身体特性を見ていきます。

　機能解剖学をベースに、各部位の身体機能の特徴を考慮して目的とする動作を組み合わせていった場合、どのような動きの連鎖が起こっているのでしょうか。また、外傷・障害が起きてしまった場合やパフォーマンスが向上していかない場合に、どの基本動作や身体機能が問題となってキネティックチェーンを狂わせてしまっているのでしょうか。

　私たちも、こうしたキネティックチェーンという見方を大切にしています。アスリートはもちろん、高齢者のデイサービスの身体評価でも用いることで、コレクティブ・エクササイズを作成しています。

動きのなかで重視している
11項目

　長年、いろいろな競技のアスリートや一般の方々、高齢者、ジュニアの身体評価とファンクショナルトレーニングを行ってきて、松田トレーナーが挙げた胸椎回旋モビリティのように、姿勢や基本動作、身体機能のなかで大切に見ている部分には、かなり共通性があると考えるようになりました。

　それらを実際にまとめてみると、全部で11個になったので、「ワイズ・イレブン」と名づけ、私たちの戦略のベースとして、世代にかかわらず使用しています（p.46表6）。

　11項目の正しい見方を知っておくことで、悪いアライメントやキネティックチェーンにつながる身体特性が明確になります。

表6 | 動きのなかで重視している11項目（ワイズ・イレブン）

アッパーボディ	コア	ローワーボディ
①プッシュ＆プル ②アップ＆ダウン ③ソラシックツイスト ④アーム＆ 　ハンド・コーディネーション	⑤スタビリティ ⑥スタビリティ＆モビリティ ⑦ダイナミック	⑧エクステンサー・スラスト ⑨エキセントリック・コントロール ⑩シングルレッグ・バランス ⑪フット・ファンクション

また、修正するためのアプローチ方法やコレクティブ・エクササイズも選択しやすくなっていきます。

「ワイズ・イレブン」を使った分解例

実際にアスリートのみならず高齢者でも、どのようにワイズ・イレブンを用いて動きを分解しているか紹介します。ここでは、サッカー選手のキック動作のパフォーマンスアップを目的にします（写真14）。

まず、キック動作においては「立ち脚の安定性」が重要になります。そこはワイズ・イレブンのなかの「シングルレッグバランス」という基本動作を評価し、問題があれば修正・強化します。原因として中殿筋の筋力不足を評価し、強化することは多いと思います（写真15）。

また「フットファンクション」も、支持基底面としてバランス能力に影響を与えるので、しっかり機能しているかを評価し、強化していきます（写真16）。

このような修正によって安定性を改善し

ていくと同時に、四肢を動かす際にバランスを保つためには、体幹のインナーマッスルの働きが重要になるため、評価し、強化していきます。これはワイズ・イレブンの「コア・スタビリティ」にあたります。

次は「コア・スタビリティ」をベースに、蹴り脚の股関節の可動性、その上に位置する胸椎や肩甲骨の可動性などの「コア・スタビリティ＆モビリティ」を評価し、強化していきます。単に協働しながら動かせるかどうかだけでなく、キック力を上げるためには動的なパワーが必要となることから、メディシンボールなどを用いて積極的に強化します（写真17）。

最終的に、そうした機能が連結した「クロスモーション」の動作を評価し、習得・強化していきながらキック動作を完成させていきます（写真18）。

対象が高齢者で、歩行動作の改善が目的であっても、同じような方法で行います。

歩行時の立脚相で、中殿筋がしっかり機能していなければトレンデレンブルグ歩行になってしまうので、「シングルレッグバ

ランス」を評価して強化します（p.48写真19、20）。

また、支持基底面としてのバランス、推進力としても働く「フットファンクション」と、四肢が動くときのバランスを保つ「コア・スタビリティ」について評価、強化していきます（p.48写真21）。

膝がしっかりと上がるためには、体幹が安定した状態での股関節屈曲が重要になるため、「コア・スタビリティ＆モビリティ」を評価し、強化していきます。

そして下り坂の歩行や階段下りなどでの

動きの分解例と改善例　　目的 ▶ キック動作の改善

写真14 サッカーのキック動作

写真15 股関節筋力の安定性をチェック

写真16 足部の機能をはだしでチェック

写真17
メディシンボール・ヒップフレクション

あおむけになり、両肘を床について上体をやや起こす（**1**）。足にメディシンボールを挟んだ状態で、脚を伸ばしたまま上げる（**2**）

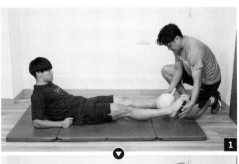

写真18
うつぶせのクロスモーションで可動性と筋力の強化

うつぶせになる。トレーナーが対側の肩甲骨と太腿裏を押さえる（**1**）のに抵抗するように、押さえられた側の腕と脚を上げる（**2**）

ブレーキング筋力を考えると、「エキセントリック・コントロール」が重要なので、評価と強化を行います（写真22、23）。

あとは、それらの前提として立位姿勢を評価します。不良姿勢は正しいキネティックチェーンに悪影響を及ぼしてしまうことから、評価して改善しておきます。

特に高齢者の場合、胸椎後弯の増強は腰椎などほかのアライメントや重心位置なども狂わせ、その結果として動作にも影響を及ぼします。そのため、根本の原因である不良姿勢の改善やその予防を並行して進めることが大切です。

ファンクショナルトレーニングのメソッド化

サッカー選手のキック動作と高齢者の歩行をワイズ・イレブンで分解しましたが、動きのベースには共通性があり、その上にそれぞれの目的とする動作が位置するピラミッドのような構造になっています（図2）。

「ワイズ・イレブン」はピラミッドの土台となる基礎の動きなので、ベーシック・ヒ

動きの分解例と改善例　　目的 ▶ 歩行動作の改善

写真19　片脚バランスチェック

写真20　股関節筋力の安定性をチェック

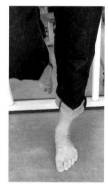

写真21　足部の機能をはだしでチェック

写真22　スプリットスクワットで筋力評価

写真23　エキセントリック収縮をガイドし、内側広筋を刺激する

ューマンムーブメントとしています。その上に、高齢者であれば日常生活動作＝デイリームーブメント、アスリートでは競技特異性動作＝スポーツ・スペシフィックムーブメントというように、目的別の動作が位置しています。

ファンクショナルトレーニングは、戦略的な動きのトレーニングです。目的とする動作を修正したり向上させたりするために、パーツであるワイズ・イレブンをまずは修正しますが、それにとどまらず、目的とする動作の改善や向上につなげられるよう、さらにアプローチを行います。こうした考え方を基にファンクショナルトレーニングのメソッドを作成しました（「MOVE ★ Y!」と名付けています）。

「ワイズ・イレブン」の
スクリーニングテスト

ワイズ・イレブンは目的とする動作を分解し、修正や向上させていく方向性を示してくれます。このワイズ・イレブンを簡単にスクリーニングするためのテストを作成しました。

ファンクショナルトレーニングのスクリーニングテストでは、1995年にアメリカで生まれた FMS が有名です。姿勢や動きといった身体特性を把握し、コレクティブ・エクササイズまで導けるという点では同様ですが、ワイズ・イレブンのスクリーニングテストは、アスリートはもちろんのこと、子どもから一般成人、高齢者まで全世代で簡単に使えるので、有効に使っても

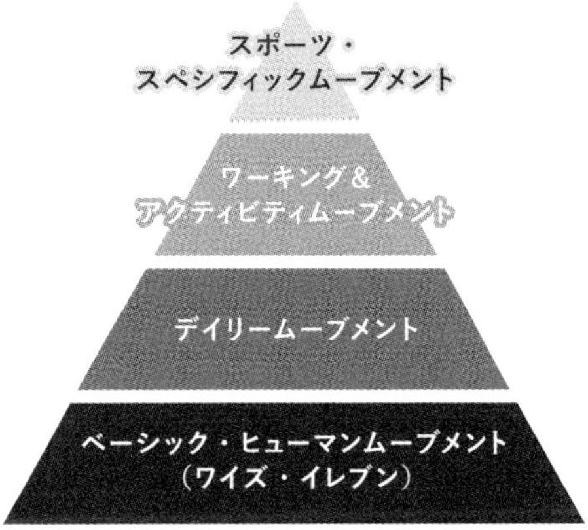

図2｜「MOVE ★ Y!」ピラミッド

アスリートのパフォーマンスでも、一般的な日常動作でも、動きのベースには共通性があり、その上にそれぞれ目的とする動作がある

らえたらと思います。

方法は、タブレット端末を使って静止画や動画の撮影を行います。以前は方眼のように線を引いた壁の前で、お客様の膝や骨盤などにマーキングシールを貼り、撮影後はアプリを使って線を引いたり、角度を測定したりしていました。現在は松田トレーナーが、筑波大学発ベンチャー企業の株式会社 Sportip に依頼し、ワイズ・イレブンのスクリーニングテストが AI 解析できるシステムを開発し、使用しています。

評価時間が大幅に短縮され、属人的になりやすい数値も定量化され、わかりやすく可視化されるので、お客様も一目瞭然。顧客満足度アップは間違いありません。また基本機能として、関節可動域や歩行、ランニング、競技動作など、ワイズ・イレブン以外の動きも AI 評価できるので、動きを連携させていく私たちのファンクショナルトレーニングでも効果を発揮してくれています。

第3節｜ファンクショナルトレーニング

〈第2項〉**姿勢**

「動き」の前に「姿勢」を評価する

第1項で挙げた「ワイズ・イレブン」の各項目について具体的に説明する前に、姿勢の評価についてまとめます。

まず、不良姿勢は筋と筋膜のインバランスといわれます。その原因は同一姿勢や同一動作の繰り返しから生まれ、筋肉は拘縮し、ひどくなるとその周辺組織からは、痛みのもととなる物質が分泌されます。また、不良姿勢によって重心位置が変わり、正しい動きを阻害する原因にもなるので、事前に修正しておくことが大切です。

一般的ではありますが、私たちは姿勢を自然・立位姿勢で「矢状面」と「前額面の前方と後方」に分けて静止画で撮影し、評価しています。

矢状面で見るポイント（不良姿勢、改善ポイント）

（1）重心線を引いて、理想的には耳垂・肩峰・大転子・膝関節前部（膝蓋骨後面）・外果の2〜3cm前を通っているか
（2）上前腸骨棘（ASIS：Anterior SuperiorIliacSpine）と上後腸骨棘（PSIS：Posterior SuperiorIliac Spine）の延長線を結んだ角度で、骨盤の前後傾はどのくらいか（ASISがPSISより2.5〜3.5横指上が平均）〔**1 2**〕
（3）典型的な不良姿勢パターンはないか
　特に大切に見ているパターンは、動きにも影響してくる、以下の2点。
　①頭部前方位と胸椎後弯
　②骨盤の前後傾
　改善のポイントとしては、硬くなった部分は緩め、拮抗する部分は鍛えることが基本となる

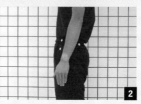

AIによる評価

理想姿勢と代表的な不良姿勢

理想姿勢　　後弯前弯型　　後弯平坦型　　平背型

第2章　適応エクササイズ&テクニック・前編

1｜頭部前方位と胸椎後弯について

さまざまな動きに影響する。肩甲胸郭関節の動きが悪くなるほか、腰椎にも負担がかかる。高齢になって症状がひどくなると、股関節や膝が曲がり、歩行も小さくなってしまう。また、噛む力も弱くなる。

［戦略のポイント］

1. 大胸筋や小胸筋、特に肩甲骨に付着する小胸筋を緩める
2. 胸郭肋間筋を緩める
3. 肩甲骨内転固定を強化
4. 胸椎伸展位をキープしての肩甲骨エクササイズ
5. 土台となる体幹のインナーマッスルの強化

代表的なエクササイズ

■ 小胸筋を緩める

ファッシア・アクティベーション

うつぶせになり、マッサージボールを小胸筋（鎖骨の片側の下あたり）に当てて緩める

小胸筋ストレッチ　ハンドスキル

膝立ちになり、肩と肘を90度屈曲して肘を後方へ引く。トレーナーは後ろに立ち、両手で上腕を押さえて後方へ引く動作をサポートする

小胸筋ストレッチ　セルフ

壁ぎわに立つ。壁に近いほうの腕を後方に手を伸ばし、手のひらを壁につけて、小胸筋が伸びるように上半身をひねる

■ 胸郭・肋間筋を緩める

胸郭ストレッチ　側屈

バランスボールに横向きに上半身を預け、上側の腕を頭上に伸ばしてストレッチする

胸郭ストレッチ　座位

イスに座り、左右いずれかの腕を挙げ、挙げた肘は自然に曲げ、上体を傾ける。トレーナーは手を添えて側屈動作をサポートする

51

矢状面で見るポイント（不良姿勢、改善ポイント）

肩甲骨の内転強化

ロウイング　チューブ

膝立ちになり、チューブの両端を握る（**1**）。背すじを伸ばして脇を締めた状態でチューブを引く（**2**）。引いたときに胸をしっかりと張る

インナーマッスルの強化

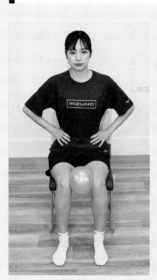

ドローイン・プッシュ　座位

イスに浅めに腰かけ、息を吐きながら両膝で挟んだボールを押しつぶす。へこんだおなかは膨らもうとするが、それを手で押さえながら小刻みに10回プッシュする

ドローイン・プッシュ　ハンドスキル

あおむけになって膝を立て（**1**）、頭を上げて息を吐きながら両膝で挟んだボールを押しつぶす（**2**）。へこんだおなかは膨らもうとするが、トレーナーはそれを手で押さえる

ドローイン・プッシュ　セルフ

あおむけになって両膝を立てる。両膝の間にゴムボールを挟み、腹部の左右に手を当てる（**1**）。頭を上げ、息をゆっくりと吐きながらおなかをへこませて上背部を上げる（**2**）

52　第3節｜ファンクショナルトレーニング

第2章　適応エクササイズ＆テクニック・前編

2｜骨盤の前後傾について

　前後傾どちらも、体幹のインナーマッスルである腹横筋や骨盤底筋の強化が重要。アスリートは前傾が、高齢者は後傾が強くなるケースが多い。

［戦略のポイント］
- 前傾
1. 股関節屈筋を緩める
2. 大殿筋の強化
3. 下部腹筋を強化
- 後傾
1. 股関節伸筋を緩める
2. 腸腰筋の強化

代表的なエクササイズ

〈前傾〉股関節屈筋を緩める

膝屈曲・股関節伸展ストレッチ　ハンドスキル

うつぶせになる。トレーナーはストレッチしたいほうの脚の膝を腕にのせて、反対側の太もも裏に手を置く。もう一方の手で、ストレッチしたいほうの足首あたりを押さえる（**1**）。その状態から、膝をのせた腕で膝を押し上げながら足首を押さえて、股関節屈筋を伸ばす（**2**）

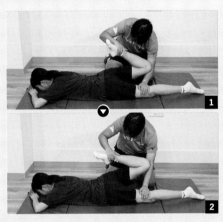

膝屈曲・股関節伸展ストレッチ　セルフ

片膝立ちになり、両手を後ろに回してストレッチしたいほうの足部を持つ（**1**）。後ろ側股関節を伸ばし、さらに両手で持った足部をおしりに引きつけて、股関節屈筋を伸ばす（**2**）

〈前傾〉股関節伸筋の強化

リバースSLR　マニュアル

うつぶせになる（**1**）。トレーナーがお尻の上あたりと踵に手を置いた側の脚を、股関節を伸展させてまっすぐ上げる（**2**）。トレーナーは軽く抵抗をかける

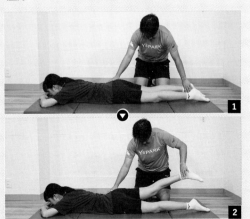

リバースSLR　アンクルウェイト

うつぶせになる（**1**）。足首にアンクルウェイトを装着した脚の股関節を伸展させてまっすぐ上げる（**2**）

矢状面で見るポイント（不良姿勢、改善ポイント）

〈前傾〉下部腹筋を強化

ヒールアップ

あおむけになり、両脚を上げる。床から浮かせるように腰を上げ、トレーナーの手のひらに踵でタッチするイメージで脚を上げる

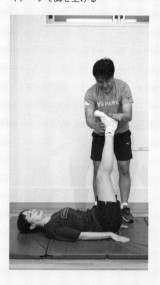

〈後傾〉股関節伸筋を緩める

SLR ストレッチ　ハンドスキル

あおむけになり、伸ばしたいほうの脚を上げる。トレーナーは伸ばすほうの脚の踵と、反対側の脚に手を添えて、股関節屈曲を促す

SLR ストレッチ　セルフ

立位で、伸ばしたいほうの踵をイスの座面に置く（**1**）。上体を前傾して股関節伸筋を伸ばす（**2**）

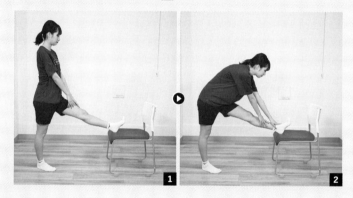

〈後傾〉腸腰筋の強化

ヒップフレクション　マニュアル

腰の下にバランスボールを入れてあおむけになり、左右いずれかの脚は股関節・膝・足首を屈曲し、足裏をトレーナーの胸につける（**1**）。その姿勢から、反対側の脚を引き寄せる（**2**、**3**）

ヒップフレクション　セルフ

両足にリング状のゴムバンドをかけて、あおむけになる（**1**）。左右いずれかの脚を引き寄せる（**2**）

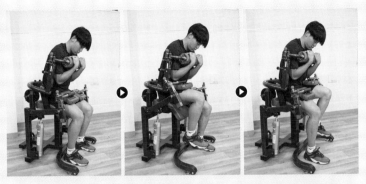

マシン
コア・ヒップフレクサー
体幹を固定させた状態で左右交互に脚を引き上げる動作を行う

前額面で見るポイント（不良姿勢、改善ポイント）

前方
（1）頸椎、胸椎、腰椎の並びが垂直か
（2）肩や骨盤の高さが左右同じか
（3）膝のO脚やX脚はないか（O脚は膝が2横指以上、X脚は内果が2横指以上離れている）
（4）X脚が強そうな場合は、Qアングルを確認する（ASIS〜膝蓋骨中央、脛骨粗面〜膝蓋骨中央）
　　あおむけで大腿四頭筋が収縮した状態では、男性10度、女性15度が平均だが、立位で大腿四頭筋が弛緩した状態では、男性20度、女性22度といわれている
（5）足部の外反母趾や浮指はないか

後方
（1）頸椎、胸椎、腰椎の並びが垂直か
（2）肩や骨盤の高さが左右同じか
（3）脊柱側弯などがないか
（4）足部の回内や回外はないか
（5）特に回内が強そうな場合は、LHA（レッグ・ヒール・アングル）を確認（下腿中央〜踵骨隆起、踵骨中央〜踵骨隆起）。正常角度は5〜10度外反位（回内位）

特に大切に見ているのは、動きにも影響してくる以下の2つ。
① X脚
② 足部アライメント

AIによる評価

1 ｜ X脚について

膝の屈伸動作時にニーインになってしまうと、重篤な傷害の原因にもなりかねない。また、膝蓋骨を外側に牽引してしまう力も働いてしまう。

[戦略のポイント]
1. 外側広筋や大腿筋膜張筋を緩める
2. 内側広筋の強化する
3. 中殿筋での外側部を強化しバランス力をアップ

前額面で見るポイント（不良姿勢、改善ポイント）

代表的なエクササイズ

外側広筋や大腿筋膜張筋を緩める

ファッシア・アクティベーション＆ストレッチ

脚をクロスさせて立ち、前側の脚の外側広筋や大腿筋膜張筋にマッサージガンを当てて緩める

レッグエクステンションアイソメトリック

イスに座り、両手でイスの座面の端を持つ。左右いずれかの脚を伸ばし、トレーナーが脚を下ろそうとかける力に抵抗する。トレーナーが内側広筋に触れることで、力を入れる意識を促す

内側広筋の強化

スプリット・スクワット

脚を前後に開く（**1**）。前足に体重をかけて膝を屈曲し、元の姿勢に戻る（**2**）

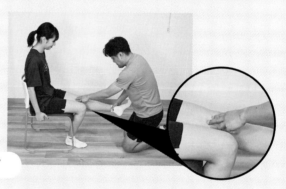

中殿筋の外側部を強化しバランス力をアップ

中殿筋エキセントリック　マニュアル

横向きに寝て、上側の脚を上げる。トレーナーは中殿筋と足部に手を当てる（**1**）。トレーナーの押さえる力に抵抗しながら、ゆっくりと脚を下ろしていく（**2**）

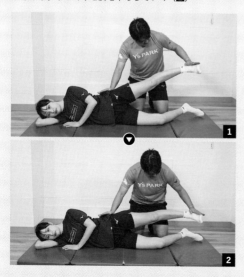

中殿筋コンセントリック　セルフ　チューブ

横向きに寝て、両足首にリング状のゴムバンドをかける（**1**）。上側の脚をゆっくりと上げ、ゆっくりと下ろす（**2**）

マシン
GM アブダクター＆アダクター

マシンに座って、股関節の外転・内転を繰り返す。外転動作で中殿筋を、内転動作で内転筋を鍛えることができ、骨盤の安定につながる

2 | 足部アライメントについて

　足部のマル・アライメントはバランス能力の低下や、足部よりも上位のキネティックチェーンに影響を及ぼす。例えば、外反母趾や浮指があれば足趾をうまく使えず、支持基底面が小さくなってしまう。踵がねじれてしまえば、下腿や大腿もねじれ、膝や股関節にメカニカルストレスがかかる（ポイントも含め、第3項で解説）。

高齢者の意識すべきポイント

ここまで紹介したものは一般の方に対するチェックポイントだが、
対象者によって特徴を把握しておく必要がある。
ここでは、高齢者を対象としたときに意識すべきポイントを紹介する。

　高齢者は筋量の減少などで、どうしても適切な姿勢を保つのが難しくなる。高齢者の典型的な悪姿勢として、以下の4つの特徴が挙げられる。

①胸椎後弯が強くなる
②腰椎前弯が減少〜全体的に後弯
③骨盤後傾
④重心バランスをとるために股関節と膝を屈曲し、膝が外を向く

　脊柱、股関節、膝にも負担がかかる。脊柱管狭窄症、腰痛、股関節痛、膝痛や変形性膝関節症、また肩甲骨の動きが悪いために肩痛、頭が前方位になるので首の痛みの原因や、噛む力、発声にも影響する。姿勢の維持が、若さの維持といえる。
　戦略ポイントはp.58を参照。

高齢者の典型的な悪姿勢（例）

前額面で見るポイント（不良姿勢、改善ポイント）

[戦略のポイント]
1. 肩甲骨内転固定を強化
2. 胸椎伸展位をキープしての肩甲骨エクササイズ
3. AO関節上のポジション確認
4. 土台となる体幹のインナーマッスルの強化
5. 腸腰筋を強化
6. 歩行動作につながるよう大殿筋、中殿筋、大腿四頭筋を強化

代表的なエクササイズ

肩甲骨内転固定の強化

ロウイング　チューブ

胸椎伸展位をキープしての肩甲骨エクササイズ

アップライトロウ

土台となる体幹のインナーマッスルの強化

ドローイン・プッシュ

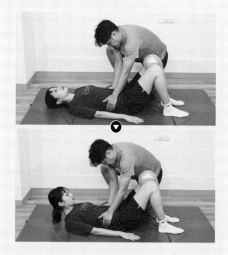

腸腰筋の強化

ヒップフレクション　チューブ

大殿筋、中殿筋、大腿四頭筋の強化

ヒップリフト（大殿筋）

あおむけになり、両膝を立てる。両手は体側に置く（**1**）。お尻を持ち上げ、肩から膝までが一直線の姿勢をキープする（**2**）

中殿筋エキセントリック　マニュアル

横向きに寝て、上側の脚を上げる。トレーナーは中殿筋と足部に手を当てる（**1**）。
トレーナーの押さえる力に抵抗しながら、ゆっくりと脚を下ろしていく（**2**）

スプリット・スクワット（大腿四頭筋）

第3節｜ファンクショナルトレーニング

〈 第3項 〉 **ワイズ・イレブンⅠ**
①アッパーボディ・プッシュ＆プル、②アッパーボディ・アップ＆ダウン

上肢の動きの基本

「押す（プッシュ）／引く（プル）」「上げる（アップ）／下げる（ダウン）」は、日常生活でも競技スポーツでも、基本の上肢の動きです。これらの動きを行う上で大切にしているのが肩甲上腕関節と肩甲胸郭関節との関係性です。これらがしっかりと機能し、連動していることでパフォーマンスは上がりますが、機能せずに動きが悪ければ、パフォーマンスは上がらないどころか故障の原因になります。

特に大切に見ているのが、肩甲胸郭関節上にある肩甲骨の動きです。

肩甲骨はどのように動くのか

私がアメリカでトレーナーの勉強をしていた30数年前は、「上肢は肩甲上腕関節と肩甲胸郭関節が2：1の割合で動きながら180度まで上がる」「それを肩甲上腕リズムという」と習いました。

しかし現在では、X線とCTを組み合わせた生体内3次元動態分析という技術で、正確に関節や骨の動きが解析できるようになり、挙上時の肩甲骨の動きもはっきりわかるようになってきました。

挙上時における肩甲骨の動きを3Dで見ると、前額面上で上方回旋、矢状面で後傾、水平面上で外旋します。

上方回旋に関しては、挙上に比例して最大50度に到達し、下降時は比例しながら下方回旋していきます。

後傾に関しては、やや前傾ポジションから挙上120度あたりで0度となり、最大挙上に向かってやや後傾のポジションになっていきます。下降時はその反対です。

外旋は、35度内旋ポジションから挙上90度までは内旋が強まります。その後に外旋が始まり、最大挙上で内旋25度近くのポジションになります。下降時は内旋が強くなり、90度あたりで最大45度ほどの内旋ポジションになり、外旋しながら元の35度内旋ポジションになっていきます。

私たちアスレティックトレーナーは、"EBAT（Evidence Based Athletic Training）"が大切だとよくいわれます。これは、根拠に基づくアスレティックトレーニングを実践していこうという意味で、根拠とは研究のことです。肩甲骨の動きはわかりにくい分、いろいろな情報が錯綜していることと思いますが、現段階で正しいとされる研究報告に基づいて説明を続けていきます。

肩甲骨が動く役割と "Scapular dyskinesis"

肩甲骨が動く最大の役割は、肩峰下スペースの狭小化の防止です。それも、上腕骨

頭が動く前に肩甲骨が追従する動きが大切になるといわれます。それができないと上腕骨頭は上方変位し（＝せり上がり）、圧縮ストレスが生じてさまざまな肩の障害につながってしまいます。

肩甲骨の運動異常を"Scapular dyskinesis（スキャピュラー・ディスキネシス）"といいます。前述した通り、肩甲骨は挙上・下降時には3Dで動きます。しかしながら、正しい動きを行うためには"可動性"と"安定性"を併せもっている必要があります。それらが機能しないと、運動異常が起きてしまうのです。

運動異常の分類としては、以下の2つに大別されるといわれます。

（1）挙上時の肩甲骨挙上と早い上方回旋
（2）下降時の内側縁や下角、あるいは両方のウィンギング

運動異常の原因

運動異常の大きな原因は、以下の3つだと考えています。

①悪姿勢
②小胸筋の短縮
③前鋸筋と僧帽筋下部の筋力不足

①の悪姿勢で特に見なければならないのが、胸椎後弯の増強です。胸椎の後弯が強くなると肩甲骨の外旋と後傾がしにくくなり、その結果、肩峰下スペースも狭小化するという研究報告があります。

また、姿勢は動きを映し出すということもあるので、しっかりと観察する必要があります。オーバーヘッドアスリートを対象にして、前額面後方から静止画を撮影すると、肩甲骨の左右差や位置などは"Scapular dyskinesis"を映し出していることがあるので、よく紹介されています。

ただ、アスリートでなくても次のようなことがありました。あるときパーソナルトレーニングにいらした眼科医の方で、骨盤の高さに左右差なし、側弯などもないのに肩の高さに左右差があったのです。仕事柄、照明の光を当てるために左腕は上げたまま、右手で細かな作業をするとのことでした。僧帽筋上部に硬縮があり、その動作をしてもらうと"Scapular dyskinesis"の①のパターンでした。

次に②の小胸筋の短縮です。小胸筋は第3～5肋骨から肩甲骨の烏口突起に付着しています。肩甲骨を動かす筋肉ですが、動きは下方回旋・前傾・内旋です。すなわち挙上時の上方回旋・後傾・外旋とは真逆であり、この筋肉が短縮してしまうと、肩甲骨の動きは確実に悪くなります。しかし現代人の生活はPCやスマホ、ゲームなどで猫背姿勢になりやすく、小胸筋や大胸筋は硬くなりやすいといわれています。

最後に、③の前鋸筋と僧帽筋下部の筋力不足です。これは"Scapular dyskinesis"の②のパターンである下降時のウィンギング（＝翼状肩甲）に関係してきます。

ウィンギングの原因は、長胸神経の伸張から前鋸筋が機能しない状態になり、肩甲

骨の内側や下角が浮いてくることといわれます。改善するためには前鋸筋の筋力トレーニングが必要ですが、併せて僧帽筋下部の筋力トレーニングも行っていきます。

ワイズ・イレブンで行っている評価

1｜上肢の外転

前額面前方と後方、側方から静止画の撮影を行う。前方からは動きの左右差、可動域などを見ている。後方からは肩甲骨の動きを見ており、特に後傾が不十分だと腕がまっすぐ上がらず、前方に代償してしまう。

AIによる評価

2｜上肢の前方挙上（屈曲）

前方挙上は軽い重さの鉄アレイを持って行う。"Scapular dyskinesis"の②のパターンはエキセントリック収縮時に起きやすいといえる。前方挙上は、特に後方から"Scapular dyskinesis"がないかどうかを確認する。異常がありそうな場合は、触診もしながら確認する。

スローイングやラケットのスイングなど、パフォーマンスで上肢が重要となるオーバーヘッドアスリートには、この評価も行う。

第 2 章 適応エクササイズ＆テクニック・前編

エクササイズ解説

評価別の分類
1．関節拘縮
2．悪姿勢
3．Scapular dyskinesis　挙上時
4．Scapular dyskinesis　下降時

[戦略のポイント]
1．関節拘縮の改善
　●周辺組織も含めたアクティベーション
　● JNT モビライゼーション
　● ROM エクササイズ
2．悪姿勢の改善
3．Scapular dyskinesis　挙上時　正しい動きのサポート
4．Scapular dyskinesis　下降時　前鋸筋、僧帽筋下部の筋トレ

代表的なエクササイズ

関節拘縮の改善

アクティベーション

マッサージボールもしくはマッサージガンを当てて、緩めていく

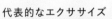

ROM エクササイズ　ウォールウオーク

壁に向かって立ち、左右いずれかの手を壁につく（**1**）。壁をのぼるように手指を動かし、手が届く限界まで行う（**2**）

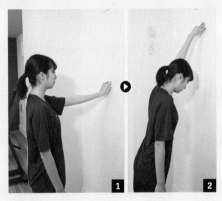

ROM エクササイズ　バランスボール

膝立ちになり、左右いずれかの手をバランスボールにつく（**1**）。バランスボールを転がすように上体を倒していく（**2**）

悪姿勢の改善

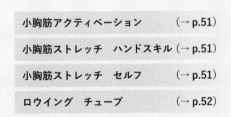

小胸筋アクティベーション	（→ p.51）
小胸筋ストレッチ　ハンドスキル	（→ p.51）
小胸筋ストレッチ　セルフ	（→ p.51）
ロウイング　チューブ	（→ p.52）

ワイズ・イレブンで行っている評価

伸展位 プルダウン

膝立ちになり、チューブの両端を持って（1）真上から腕を引く（2）。肩甲骨の動きを意識する

伸展位 アップライトロウ

チューブの両端を持ち、両足で踏んで固定（1）。肘を先行させながら両手を引き上げる（2）

チューブ・プッシュ

肩90度外転位で肘を90度屈曲させ、チューブを保持し（1）、まっすぐ押し出す（2）

前方から

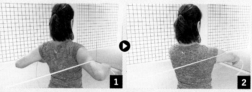
後方から

Scapular dyskinesis 挙上時

肩甲骨上方回旋&後傾のサポート

腕を外転させる動きに合わせ、トレーナーが肩甲骨の上方回旋および後傾を誘導する

Scapular dyskinesis 下降時

前鋸筋の筋トレ

前鋸筋フロントブリッジ

肘を肩の真下に置き、体幹をまっすぐキープしたまま（1）、背中を丸めるように肩甲骨を動かす（2）

第 2 章　適応エクササイズ&テクニック・前編

肩甲骨エキセントリック

よつばいの姿勢で肩甲骨を外転してから、トレーナーが押し込んでいく

僧帽筋下部の筋トレ

ベントオーバー・シュラッグ

肩甲骨を内側上方に寄せるイメージで、チューブを垂直方向に引き上げる

前方から

後方から

■正しい動きを習得後の強化

プッシュアップ　壁押し

壁際に立ち、手幅は肩よりやや広めにして両手をつく（**1**）。肘を曲げて体を下ろしたら、両手で壁を押して体を押し上げ、元の姿勢に戻る（**2**）

プッシュアップ　膝つき

手幅は肩よりやや広めにして、膝をついて最初の姿勢をつくる（**1**）。肘を曲げて体を下ろしたら、両手で床を押して体を押し上げ、元の姿勢に戻る（**2**）

プッシュアップ

手幅は肩よりやや広めにして、プッシュアップの姿勢をつくる（**1**）。肘を曲げて体を下ろしたら、両手で床を押して体を押し上げ、元の姿勢に戻る（**2**）

ワイズ・イレブンで行っている評価

横グリップ

マシン　アップ＆ダウン

マシンに座ってグリップを握り、持ち上げる動作と引き下ろす動作を繰り返す。腕と肩甲骨を連動して強化できることにより、正しい姿勢の維持につながる。グリップを変えることで、横グリップは背中、縦グリップは肩を強調することができる

縦グリップ

マシン　プッシュ＆プル

マシンに座ってグリップを握り、押す動作と引く動作を繰り返す。肩甲骨の可動性が向上でき、正しい姿勢の確保につながる

プッシュアップ　エキセントリック

プッシュアップで肘を曲げて体を下ろす動作をゆっくりと行い、負荷を高める（スライドボードを使用）

第2章　適応エクササイズ&テクニック・前編

第3節｜ファンクショナルトレーニング

〈 第3項 〉 **ワイズ・イレブンⅡ**
③アッパーボディ・ソラシックツイスト、④アーム&ハンド・コーディネーション

"胸椎の回旋" と
"前腕から手指" の動き

　胸椎、胸郭を捻じる「ソラシックツイスト」は、上半身の動きのなかでは非常に重要で、パワーの源になります。また、呼吸時にも動くはずの胸郭ですが、アスリートのみならず現代人は動きづらくなっているといわれます。胸郭の動きを解説した上で、腹式呼吸法についても紹介します。

　そして「アーム&ハンド・コーディネーション」は、前腕や手指の機能です。一般的なパーソナルトレーニングではあまり着目されませんが、私たちは日頃から上肢をパワフルかつ繊細に使うアスリートや、機能が落ちることで日常生活に支障を来してしまう高齢者の方もトレーニング指導していますので、大切なパーツの1つと捉えています。

胸椎回旋モビリティ

　ファンクショナルトレーニングの基本理論として、スタビリティ（安定性）とモビリティ（可動性）について、よく説明されます。簡単にいうと、体の構造はとてもうまくできていて、スタビリティに適した関節構造の上下の関節構造は、モビリティに適した関節構造になっている、というものです。

　また、パフォーマンスがなかなか上がらなかったり、ケガや故障をしたりするのは、それらの特性と相反する動きをしていることが多いという考え方もあります。

　その代表として、腰椎と胸椎の関係があります。野球やゴルフのスイングでは、以前は「腰が回っていない」「腰を回せ」とよく指導されていました。しかし腰椎は左右にそれぞれわずか5度しか回旋できません。一方、その上の胸椎は左右に30度ずつ回旋できます。

　このことから腰椎部はインナーマッスルをしっかりと鍛えて固め、胸椎の可動性を出すことでさらにパワーアップしていくことが効果的です。加えて、腰椎の下の股関節は、可動性に適しているモビリティ関節なので、体重移動で得たパワーを股関節上での回旋パワーに変えていこうというのが近年の指導になります。

　本来ならば回旋のモビリティに適した胸椎ですが、可動性がうまく出ない原因の多くは猫背姿勢をはじめとした後弯の増強にあります。そうならないためには、胸椎を支えて回旋と伸展をコントロールするローカル筋を鍛えること、そして肩甲骨を内転させると胸椎は伸展するように、周囲の筋活動でいいポジションをつくることが必要です。

　そこで、ローカル筋を鍛える伸展と回旋

の筋トレ、伸展位をとった上で肩甲骨の動きを意識した筋トレ、伸展位での可動性向上エクササイズを行います。可動性の向上エクササイズは特に、アクティブよりもパッシブのほうが効果は高いので、パーソナルトレーニングではトレーナーがハンドスキルを使って積極的に行います。

胸郭の動きにも注目

胸椎から肋椎関節を経て肋骨がつき、前方で胸肋関節を経て胸骨につながり、胸郭を形成しています。胸郭によって大切な呼吸循環器が守られていますが、上半身の大きな筋群もしっかりとその上に存在してしてから組み合わせていくことによって、個人の特徴や修正するポイントが明確になり、結果的に効率的に指導を進めていくことができます。

「呼吸」に限定していえば、（1）正しい姿勢づくり、（2）胸郭の可動性（特に下位胸郭のバケツハンドル＆キャリパーモーション）、（3）呼吸筋＝横隔膜の使い方やその機能向上、（4）呼吸時に横隔膜と連動や拮抗する腹横筋、骨盤底筋、起始部が共通する大腰筋を活性させること、などを考えてプログラムを組んでいます。

山本 腹式呼吸について、井上さんの考えを聞かせてください。

井上 私は腹式呼吸＝横隔膜式呼吸と考えています。横隔膜は下位胸郭の内側にお椀をひっくり返したような形で位置し、"吸気時"に平らになるように収縮します。横隔膜がしっかりと使えたら、より

（ワイズ・スポーツ＆エンターテイメント）

山本晃永 対談 井上智恵
Akihisa Yamamoto × Chie Inoue

下部胸郭の動きとアスリートにも大切な "腹式呼吸"

呼吸時の胸郭の動きは前述の通りですが、最近、スポーツ界でもアスリートがヨガやピラティスなどを取り入れるのは、"腹式呼吸"が競技に対して好影響を及ぼすと感じることが1つの理由といわれます。

そこで弊社の井上智恵に、腹式呼吸について話を聞いてみました。本書で紹介する、腹式呼吸を含むボイストレーニングメソッドは、最新科学と井上の長年の経験を融合し生み出された画期的なメソッドとして、多方面から評価・注目されています。

腹式呼吸＝横隔膜式呼吸

山本 井上さんは発声や歌の指導をされる前に必ず、身体トレーニングや呼吸のトレーニングを行います。どのような目的でどのようなトレーニングをするのですか。

井上 私もワイズのトレーナーが行うファンクショナルレーニングと同様の方法で指導しています。発声や歌の前には使用する身体機能を分解して、それぞれ個別に活性化

ます。アスリートの場合、特に先述した胸椎回旋モビリティと、それに伴って動く胸郭および肩甲帯のモビリティ、そしてそれらのパワーがパフォーマンスにとって重要です。

ワイズ・イレブンでは胸椎の回旋および胸郭の回旋モビリティも含め、ソラシックツイストとして評価しています。ここからは、胸郭の基本的な動きを確認しておきましょう。

ソラシックツイスト時、胸郭は、ねじった側は後方回旋し、反対は前方回旋しています。また、胸を張る動作では上方回旋し、丸める動きでは下方回旋します。

深く吸気を取り込め、鍛えれば"呼気時"に有効に使える能力が得られます。

一流の声楽家は吸気の取り込み量が多くて、呼気時間も長く、さらにそれらを巧みにコントロールできると研究でも報告されています。横隔膜式呼吸がしっかりできるというのは、私たち俳優・歌手のポテンシャルを高めるためには大変重要な要素なのです。

山本 横隔膜式呼吸は、俳優や歌手以外でもメリットはありますか。特にアスリートではどうでしょうか。

井上 腹式呼吸に相対するのが胸式呼吸です。その違いは「呼吸が深いか、浅いか」で表現されます。私が生きてきたミュージカルの世界では、歌やセリフの発声と、体や表情を使った表現を同時に行います。歌や発声にも横隔膜式呼吸はもちろん大切ですが、身体表現時のバランスや動きのパフォーマンスにもインナーマッスルの機能特性を活用できることから、とても重要だと思っていました。

呼吸が乱れれば動きも乱れます。呼吸が浅く胸式呼吸になりがちな役者は、やはりパフォーマンスも不安定です。武道などでも、動きのなかには呼吸のコントロールが前提として含まれて指導されることも多いと聞いています。

最近では、スタンフォード大学の山田知生アスレティックトレーナーが著書『スタンフォード式疲れない体』（サンマーク出版）で、腹圧をしっかりと保った呼吸法を提唱しており、その効果として疲労回復を挙げています。

あとは、メンタル面とも密接な関係があると思っています。横隔膜をゆっくり使って息を吐いていける能力は副交感神経を助け、極度な緊張やストレスを緩和するといわれます。2001年のアメリカ同時多発テロ事件や2011年の東日本大震災の後、被災された方々のストレス解消の一助として、腹式呼吸が行われたともいわれています。

アスリートは極度のプレッシャーと闘いながら、パフォーマンスを最大化しなければなりません。そう考えると腹式呼吸＝横隔膜式呼吸を体得して活用しない手はないと思います。特別にヨガやピラティスを学ばなくても、日々のトレーニングに簡単に導入できますよ。

山本 本当ですか。ぜひ横隔膜式呼吸の習得方法をいくつか紹介してください（p.70に紹介）。

井上智恵（いのうえ・ちえ）
俳優、ボイストレーナー、エンターテインメント・プロデューサー。東京藝術大学声楽科卒業後、劇団四季に入団。『CATS』で初舞台を踏み、以後21年間、高い歌唱力と演技力を武器に数々の主役を演じる。2016年から（株）ワイズ・スポーツ＆エンターテイメントに籍を移し、俳優活動のほか、さまざまな音楽プログラムの開発を行っている。

呼吸時にも胸郭は動いています。第1〜4肋骨は矢状面から見たときに、吸気時は上に向かって広がり、呼気時は閉じていきます。この動きを"ポンプハンドルモーション"といいます。第5〜10肋骨は前額面前方から見たときに、吸気時は外側に広がり、呼気時は内下方に戻ります。この動きを"バケツハンドルモーション"といいます。そして浮遊肋である第11、12肋骨は、吸気時は外側に開き、呼気時には閉じる"キャリパーモーション"という動きをします。

横隔膜式呼吸トレーニング

横隔膜を使っている感覚の習得

あおむけで、骨盤底筋の収縮を意識しながら息を吐き、吐ききったところで、骨盤底筋の収縮と腹壁を弛緩し、自然に呼気が取り込まれることを習得する

胸郭下部の可動性を広げる

あおむけで、吸気時は胸郭下部を広げ、呼気時は閉じる（写真）のを手でサポートする

長い呼気と、コントロールの習得

あおむけで、4秒間息を吸い、3秒間息を止め、8秒間かけて息を吐く。これを5セット続ける。呼気の8秒間は、20秒間まで段階的に延ばしていく。メディシンボールが落ちないよう、ゆっくりと息を吐く

長い呼気とコントロール、腹横筋で腹圧維持の習得

あおむけで、4秒間息を吸い、3秒間息を止め、8秒間かけて息を吐く。これを5セット続ける。呼気の8秒間は20秒間まで段階的に延ばしていく。メディシンボールの高さが吸気時と変わらないように、ゆっくりと息を吐いていく

ソラシックツイスト

エクササイズ解説

評価別の分類
①胸椎・伸展＆回旋のローカル筋強化
②胸椎の回旋モビリティ
③胸郭の可動性

[戦略のポイント]
❶胸椎・伸展＆回旋のローカル筋の筋トレ
→胸椎伸展　うつ伏せ　ヘッドウェイト
❷胸椎伸展を保ち、肩甲骨を内転する
→胸椎伸展＆回旋　うつ伏せ
❸胸椎伸展を保ち、回旋する
→ソラシックツイスト　メディシンボール

AIによる評価

代表的なエクササイズ

胸椎　　①伸展＆回旋のローカル筋の筋トレ

胸椎伸展　うつぶせ　ヘッドウェイト

胸椎伸展を保ち、肩甲骨を内転する

胸椎伸展＆回旋　うつぶせ　ヘッドウェイト

胸椎伸展を保ち、回旋する

ソラシックツイスト　メディシンボール（膝立ち）

膝立ちで胸椎伸展を保ち、メディシンボールも持ったまま回旋する

ソラシックツイスト　チューブ・プル

膝立ちで胸椎伸展を保ち、チューブを引きながら回旋する

ソラシックツイスト

②胸椎の回旋モビリティ向上

胸椎回旋（よつばい）トレーナーサポート

頭に手を当て胸椎を回旋する。その回旋をサポートして可動性を広げる

胸椎回旋（膝立ち）トレーナーサポート

膝立ちで胸椎を回旋する。その回旋をサポートして可動性を広げる

胸椎回旋 セルフ

手を合わせたところから、胸椎を回旋しながら可動性を広げる

③胸郭の可動性アップ

アップワード・ストレッチ

両手を上げながら、胸郭の上方回旋を行う

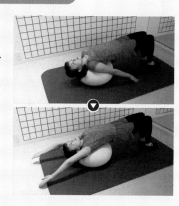

サイド＆ワイド・ストレッチ

横向きで、手を上げながら、胸郭を横に広げる

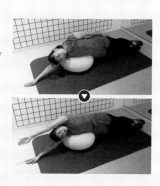

胸郭ストレッチ　座位（→p.51）

■正しい動きを習得後の強化

ソラシックツイスト メディシンボール

メディシンボールを胸の前で構え、ベントオーバー姿勢をとる。背すじを伸ばして、肘は張る（ワイドに）。骨盤は動かさず上体だけを左右に、交互にひねるようにしてメディシンボールを振る

ソラシックツイスト＆バックエクステンション メディシンボール

おなかの下にドーナツ型のバランスボールを置いてうつぶせになり、胸の前メディシンボールを構える。体を起こし、骨盤は動かさずに上体だけを左右に、交互にひねるようにしてメディシンボールを振る

72　第3節｜ファンクショナルトレーニング

マシン　ソラシックツイスト
マシンに座り、肘を張った状態でグリップを握る。骨盤と腰椎を安定させ、胸椎を回旋させる。肩に力を入れすぎないように注意

アーム＆ハンド・コーディネーション

　人類は"脳"と"手"を授かったことで発展したといわれます。それらを使うことで道具を生み出し、進化を続けてきました。手は5本の指を使えることで「握る＝グリップ」動作に適しています。ただしその機能ではなく、「拇指対向」という機能によって人類はここまで進化しました。つまり親指がすべての指と向き合うことができる、特に人さし指と向き合えることで「つまむ＝ピンチ」動作を可能にし、精密な動きが行えるようになったのです。またそれぞれの指の特徴として、母指・2指・3指は器用に動かす、4指と5指は安定させる、という役割分担までしてしまいました。

　この拇指対向に連携する動きとして、前腕の回内・回外も大切です。

　私たちは高齢者の介護予防デイサービスでも運動指導しています。体を支えたり、物をつかんだり、つまんだり、片方では支え片方では精密作業を協調しながら行ったりなど、この大切な手や指、前腕の機能を維持していくことは、生きていく上で重要と考えています。

　握力に関しては、40代から急激に落ち始め、5kg落ちることによって死亡リスクが高まるという研究論文も出ています。かといって、トレーニングで向上すれば寿命が延伸するとは考えにくいのですが、大切な機能の維持という観点で、"握る""つまむ""前腕の回内・回外"をトレーニングに入れています。

アスリートは"機能特異性"を考える

　アスリートでは、"握る"よりも"つかむ"動作が含まれる競技、例えば柔道や相撲、ロッククライミングなどでは鍛える必要があると思いますが、元体操競技選手の内村航平さんは同年代男性の平均よりも握力が弱かったという有名な話もあります。インタビューのなかで「指は引っかけてい

るという感覚なので、握力はそれほど必要ない」と話していますが、鉄棒だと拇指対向が可能なので、さほど握る力を必要としないということがいえるのでしょう。

では、ラケットスポーツや野球のバッティング、ゴルフのスイング、ボクサーのパンチなどは"インパクト"時の、野球の投手なら"リリース"時の手の機能は、どのように考えればよいでしょうか。

インパクトやリリースのときに大切なのは、末梢のスピードをいかに高めるかということです。中枢部で大きな力やエネルギーが発揮され、末梢に伝わって行く動きは、バイオメカニクスでは"ムチ運動"と呼ばれます。その最大スピード時の手の感覚として、多くのアスリートは「最初から力強く握っているのではなく、その瞬間に『ギュッ』と力を入れる」と表現します。例えばサッカーのキック時には足首の固定が大切ですが、最初から固定してしまうと連鎖のない棒のようなキックになってしまい、末梢部のスピードは上がっていきません。

メジャーリーガーの前田健太選手は「リリース時は指の腹で押すのではなく、縫い目にかけた指を引っかけるように『ギュッ』と力を入れる」と表現しています。

以上のことから、インパクト時やリリース時の「ギュッ」には、握力の強化というよりも、使う感覚とタイミングの習得のほうが重要ではないかと考えます。

アーム＆ハンド・コーディネーション

代表的なエクササイズ

■ アーム＆ハンドの筋トレ　　　回内＆回外　アームマッチョ

回内

回外

■ 回内と回外のトレーニング

グリップ力

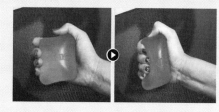

ピンチ力

第2章　適応エクササイズ＆テクニック・前編

第3節｜ファンクショナルトレーニング

〈第3項〉ワイズ・イレブンⅢ
⑤コア・スタビリティ、⑥コア・ダイナミック、⑦コア・スタビリティ＆モビリティ

「体幹＝コア」は3つのアプローチで

パーソナルトレーナーなら誰しも、「コア・トレーニングは大切」ということで、ドローインやプランク（フロントブリッジ）などを選手やクライアントに指導すると思います。

私たちはコア・トレーニングを3つに分けて体系的に指導しています。「コア・スタビリティ」はインナーマッスルのトレーニング、「コア・ダイナミック」はインナーマッスルがしっかりと働いた上でのアウターマッスルのトレーニング、そして「コア・スタビリティ＆モビリティ」はインナーマッスルがしっかり働いた上でのモビリティ関節の可動性や筋力、パワー、スピードなどのトレーニングです。

高齢者からアスリートまで、目的動作に合わせてこれら3つのトレーニングをそれぞれ行います。

コアのインナーマッスル

コアのインナーマッスルは、①横隔膜、②腹横筋、③多裂筋、④骨盤底筋群、の4つといわれます（p.76図3）。インナーマッスルが協調して働くことにより、腹腔内圧（以下、腹圧）を高め、体幹の軸を安定させて、姿勢もよくなります。

それぞれの特徴を見ていきましょう。

①横隔膜は、ソラシックツイストの横隔膜式呼吸でも紹介した呼吸筋です。胸郭の下位にお椀をひっくり返したような形で位置し、息を吸ったときに平らになるように収縮します。

②腹横筋は「天然のコルセット」と呼ばれ、腹圧上昇に重要な筋肉です。深層にあり、起始や停止が椎骨にある筋肉を"ローカル筋"といいますが（それに対し浅層にある筋肉を"グローバル筋"といいます）、腹横筋はローカル筋でしっかり機能することで、腰椎の剛性を高めることができます。代表的なエクササイズとしては、「ドローイン（引き込み法）」がよく行われます。

③多裂筋もやはりローカル筋で、骨盤前傾運動時に活動し、腰椎の剛性を高めます。代表的なエクササイズは「ペルビックチルト（骨盤前・後傾運動）」です。また、よつばいで対側の手足を伸ばす「ダイアゴナル」では挙上している手の対側がより活動しますが、うつぶせから体を上げて反らす「ハイパーエクステンション」などのように脊柱起立筋の収縮が強くなると、活動は低下します。

④骨盤底筋群は多くの筋肉がハンモックを吊り下げるように形成され、単独では収縮せず、腹部筋と共同して活動するといわれています。排尿と排便をコントロールし

75

ているので、特に高齢者で大切なトレーニング種目になります。また横隔膜の拮抗筋で、呼吸時には求心性収縮と遠心性収縮を相互に行います。呼気時にお尻の穴を締め上げるようにして筋肉を働かせ、同時に共同筋である内転筋でボールを挟んだり、腹横筋の活動を高めたりするエクササイズで強化します。

「コア・スタビリティ」はインナーマッスルの協調

ワイズ・イレブンではインナーマッスルを「コア・スタビリティ」という名前でトレーニングしていますが、ドローインのように選択的に、各筋にアプローチするのではなく、インナーマッスルの協調を大切にしています。もともとは共同筋や拮抗筋であっても、収縮と弛緩の関係でなく、求心性収縮と遠心性収縮をバランスよく行って体幹を安定化させている関係にあるからです。例えば、尿や便の漏れの予防には腹横筋と骨盤底筋の同時収縮が大切ですし、歩行時には腹横筋や骨盤底筋の収縮で安定を得ながらも、横隔膜は呼吸のために活動しています。

もう1つ、呼吸に同調してインナーマッスルを鍛えていくことも大切にしています。前出のスタンフォード大学、山田知生アスレティックトレーナーが著書で紹介している「IAP呼吸法」は、まさに呼吸に同調しながらインナーマッスルを協調させ、腹圧を高めるトレーニング方法です。また、弊社ボイストレーナーの井上智恵の呼吸法に

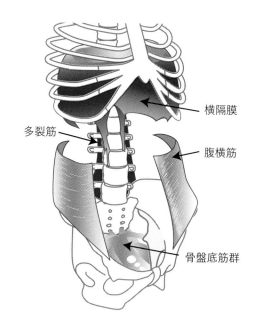

図3 | コアのインナーマッスル

「吹き矢」というメニューがあるのですが、これはブレーシングと呼ばれる横隔膜と腹横筋の筋活動を高める効果があるといわれる方法で、やはり呼吸と同調させながらインナーマッスルを鍛えることができます。

以上のように、インナーマッスルの協調と呼吸との同調という2つの考えをベースに行っている、「コア・スタビリティ」のトレーニングメニューを紹介します。

コア・スタビリティ　代表的なエクササイズ

骨盤底筋、腹横筋、横隔膜の協調

吹き矢（ブレーシング）

吹き矢を吹くイメージで、口をすぼめて息を吐きながら腹部をふくらませて腹圧を高める

ドローイン・プッシュ（座位）

息を吐きながら、挟んだボールを押しつぶす。へこんだおなかは膨らもうとするが、それを手で押さえながら小刻みに10回プッシュ。息も小刻みに強く吐く（ブレーシング）

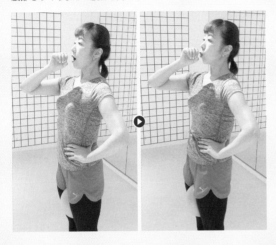

骨盤底筋、腹横筋、多裂筋の協調

ドローイン・プッシュ・アップ＆ペルビックチルト

息を吐きながら挟んだボールを押しつぶし、骨盤の前後傾を繰り返す

腹横筋、多裂筋の協調

ダイアゴナル・ドローイン・プッシュ

手と足をまっすぐに伸ばしてキープ。トレーナーがおなかを小刻み、かつ不規則に（反射も意識して）プッシュする

コア・スタビリティ

フロントブリッジ

両肩の真下に肘をつき、両脚を伸ばしてつま先をつける。頭から踵までが一直線になる姿勢をキープする。インナーマッスルの協調を意識するように指導する

フロントブリッジ　膝−肘

両肩の真下に肘をつき、両膝を地面につけた姿勢でキープ

フロントブリッジ　膝−肘−手

両肘と両膝を地面についた後、左右いずれかの腕を前方に伸ばしてキープ

サイドブリッジ

横向きになり、下側の肘を床につく。床についた前腕と足を支点に体を持ち上げ、頭からくるぶしまでが一直線になるようにキープ（**1**）。上側の脚を上げた状態でさらにキープ（**2**）

サイドブリッジ　膝−肘

下側の肘と膝を床についたサイドブリッジ。インナーマッスルの協調も意識するように指導する

「コア・ダイナミック」はインナーとアウターの協調

「コア・ダイナミック」で大切にしているのは、インナーマッスルとアウターマッスルの協調です。実際、体幹はインナーマッスルである腹横筋と、腹壁をつくる内外腹斜筋も働かせたほうが安定化するといわれています。まずはインナーマッスルをしっかりと働かせながら、腹直筋と内・外腹斜筋を鍛えていきます。

コア・ダイナミックは高齢者でも、日常生活の起き上がり動作などで大切です。またアスリートでは競技特異性動作を考慮し、パワートレーニングなどとしても取り入れていきます。

コア・ダイナミック　代表的なエクササイズ

インナーマッスルとアウターマッスルの協調

ドローイン・プッシュ&シットアップ

息を吐きながら、両膝で挟んだボールを押しつぶす。へこんだおなかは膨らもうとするが、トレーナーはそれを手で押さえる。シットアップしたら、小刻みかつ不規則に10回プッシュ

インナーマッスルを意識してシットアップ

シットアップ

うつぶせになり、両膝を立てる。両手は太ももに（1）。息を吐きながら、へそをのぞきこむようにして上体を起こす（2）

シットアップ　斜め

うつぶせになり、両膝を立てる。両手は手のひらを合わせて、左右いずれかの太ももの外に置く（1）。息を吐きながら、斜め方向に上体を起こす（2）

コア・ダイナミック

シットアップ　チューブ　座位

イスに座り、トレーナーが保持したゴムチューブの両端を胸の前で握る（**1**）。息を吐きながら、へそをのぞきこむように上体を倒す（**2**）

パワートレーニング

パワーシットアップ　メディシンボール

腹部を伸張しながらメディシンボールをキャッチし、収縮しながらパスする

バルクアップトレーニング

エキセントリック

重りを前に抱え、後ろにゆっくりと体を倒していく

80 　第3節｜ファンクショナルトレーニング

「コア・スタビリティ ＆モビリティ」は 上下のモビリティ関節と協調

「コア・スタビリティ＆モビリティ」で大切にしているのは、インナーマッスルを安定させた上で、上下のモビリティ関節を協調してトレーニングすることです。具体的には、上のモビリティ関節である胸椎の回旋・肩甲胸郭関節と肩甲上腕関節の連動と、下のモビリティ関節であるマルチな可動性とパワーを発揮できる股関節とを協調させます。

私たちはアスリートだけでなく、高齢者や一般の方のパーソナルトレーニングでも、まずはインナーマッスルを活性化することから始めます。そしてその土台を基に、上下のモビリティ関節の可動性や筋力、パワーを高めるメニューを、それぞれの目的動作に合わせて組んでいきます。

特にアスリートのトレーニングでは、競技特異性を考慮した上でさまざまなトレーニングを発想していくことができます。

体幹トレーニングで大切な フィードフォワードや 反射の能力向上

NHKの『ガッテン！』などでも紹介され話題となった「くねくね体操」をご存じでしょうか。考案者は、宝島社からも同題の書籍を出版されている荒木秀夫先生（徳島大学名誉教授）です。

荒木先生は"コオーディネーション"を長年研究されており、体幹トレーニングについても「体幹を鍛える最も大切な理由は、筋力を鍛えることでなく、胴体のバランス能力をよくするため」「人は日常的に反射をよく使っていて、脳が十分力を発揮するためには、手助けしている脊髄と末梢神経の働き＝反射を鈍らせないこと」と言及しています。そうした回路を活性化するために生まれたのが、「くねくね体操」ということです。

また、リハビリでは"予測的姿勢制御"という言葉で説明される重要な働きがあります。四肢の動き、姿勢や動きの変化、外乱などに対し、先行もしくは同時に筋肉が働き適応していく"フィードフォワード"という能力で、その初期段階で働く筋として、インナーマッスルである腹横筋の活性が重要という研究が報告されています。

これらのことから高齢者の転倒予防、子どもたちの運動神経向上、アスリートのいろいろな動きをバランスよく瞬時に適応していく上では、体幹トレーニングが重要といえます。アスリートの場合、相手からの不意なコンタクトのある競技では"反射的剛性力"も必要です。そのため私たちはバランス器具を用いたり、予期せぬ外乱を加えたりするといった体幹トレーニングも行っています。

コア・スタビリティ&モビリティ

代表的なエクササイズ

ドローイン・プッシュ&ニーアップ 座位

イスに浅く腰かけ、ドローインを意識しながら膝を左右交互に上げる

サイドブリッジ レッグスイング

横向きになり、下側の肘を90度に屈曲して床につき、両脚は伸ばしたまま体を持ち上げる。体が一直線の状態をキープしたまま、上側の脚を上下（開閉）あるいは前後に動かす

前後　　　　　　　　　　　上下

フロントブリッジ&ニーアップ バランスボール

両肘をバランスボールの上にのせる（**1**）。左右交互に膝を曲げて引きつける（**2**）

82　第3節｜ファンクショナルトレーニング

レッグアップ
ドーナツバランス

ドーナツ型のバランスボールに座り、長座姿勢をとる（**1**）。左右交互に脚を上げる（**2**）

レッグスイング
ドーナツバランス

ドーナツ型のバランスボールに座り、長座姿勢をとる（**1**）。両脚を宙に浮かせた状態で、左右交互に上下にスイングする（**2**）

ニーアップ
ドーナツバランス

ドーナツ型のバランスボールに座り、長座姿勢をとる（**1**）。両脚を宙に浮かせた状態で、左右交互に膝を引きつける（**2**）

レッグアップ
バランスポール

バランスポールに縦方向に座り、長座姿勢をとる（**1**）。左右交互に脚を上げる（**2**）

レッグスイング
バランスポール

バランスポールに縦方向に座り、長座姿勢をとる（**1**）。両脚を宙に浮かせた状態で、左右交互に上下にスイングする（**2**）

ニーアップ
バランスポール

バランスポールに縦方向に座り、長座姿勢をとる（**1**）。両脚を宙に浮かせた状態で、左右交互に膝を引きつける（**2**）

コア・スタビリティ&モビリティ

ソラシックツイスト 膝立ち ドーナツバランス

ドーナツ型のバランスボールの上で膝立ちになって、背すじを伸ばし、胸の前で手を組んで肘を張る。骨盤は動かさずに上体だけを左右に、交互にひねる

ソラシックツイスト 膝立ち メディシンボール+ドーナツバランス

ドーナツ型のバランスボールの上で膝立ちになって、背すじを伸ばし、胸の前でメディシンボールを保持し、肘を張る。骨盤は動かさずに上体だけを左右に、交互にひねる

ヒップフレクション チューブ

両足にリング状のゴムバンドをかける。あおむけになり、両肘を床について上体をやや起こす（**1**）。左右いずれかの脚を引き寄せ（**2**）、チューブを引く

ヒップフレクション チューブ+ドーナツバランス

両足にリング状のゴムバンドをかけて、ドーナツ型のバランスボールに座る（**1**）。左右いずれかの脚を引き寄せ（**2**）、チューブを引く

〈第3項〉ワイズ・イレブンⅣ
⑧エクステンサー・スラスト、⑨エキセントリック・コントロール

下半身の動力源

「エクステンサー・スラスト」と「エキセントリック・コントロール」の2つの要素は、下半身の動力源となります。アスリートではパフォーマンスに直結し、高齢者においては日常動作の維持や改善にとても大切です。

エクステンサー・スラストの代表的なエクササイズは「スクワット」、エキセントリック・コントロールの代表的なエクササイズは「ランジ」です。スクワットは大殿筋やハムストリング、ワイドスタンスにすれば内転筋も鍛えることができます。ランジはスクワットでは鍛えにくい中殿筋や、いろいろな動作の本質から考えると、より効果的に大腿四頭筋を鍛えられる種目です。

エクステンサー・スラストとは

皆さんは下半身のトレーニング種目というと、何を思い浮かべるでしょうか。多くの方はスクワットを挙げるのではないでしょうか。"King of Exercise" と表現されることからも、その重要性が感じられます。

以前、イングランドのサッカー協会が主催するメディカル資格のコースを受講した際、「リハビリではスクワットに代表されるようなエクステンサー・スラスト・タイプのエクササイズを、段階的に導入していくことが大切」と学びました。

エクステンサー・スラストというのは聞き慣れない言葉でしたが、エクステンサー＝伸展、スラスト＝強く推す・押し込む＝反力を与える、という意味です。「伸展しながら地面に反力を与えていく」という動きのイメージがとてもしっくりきたので、

マシン
コア・ヒップフレクサー
体幹を固定させた状態で左右交互に脚を引き上げる動作を行う

それ以来、使用するようになりました。

同様のニュアンスで、股関節・膝関節・足関節を伸展させる「トリプル・エクステンション」（解剖学用語では足関節は"伸展"ではありませんが、英語の"伸ばす"という意味で使われています）という用語もあり、日本のみならず、アメリカなどでもトレーニングメニューがよく紹介されます。

私たちは高齢者も指導しますので、例えば起立動作のためのトレーニングで、股関節と膝関節は伸展するけれども、足関節の「伸ばし＝底屈」が入らない場合に、地面に対してしっかりと足底で力を伝えたいということから、汎用性のあるエクステンサー・スラストの言葉で体系化しています。

エキセントリック・コントロールとは

エキセントリック・コントロールも、私たちならではの用語です。

アスリートであればストップや減速、ジャンプの着地や方向転換の接地時、日常生活動作でも階段を下りたり、坂道を下ったりする際に、大腿四頭筋はエキセントリック収縮します。ブレーキをかけるために、筋肉が伸びながら力を発揮しているということです。これらの動作もエクステンサー・スラスト同様、下半身の重要な動的筋力ということから体系化しています。

なぜこの言葉にしたのかというと、こちらも動きのイメージによるものです。多くの選手の膝関節靱帯損傷や半月板損傷のリ

ハビリを経験するなかで、特に前十字靱帯損傷の場合は手術後、なるべく早い段階からエキセントリック収縮を促します。最初は力が入りにくい状態ですが、サポートしながら安全に、スプリット・スクワットなどを行います。「エキセントリック収縮は速筋線維から動員される」という特性があるため、早期に筋力を回復していくための方法として取り入れています。

リハビリでは日々、筋の収縮を確認しながら、エキセントリックに動作をコントロールしていく能力をせめぎ合いながら引き出していくのですが、「今日はこのくらい力が入り、ここまでコントロールできるようになった」とやっていくうちに、エキセントリック・コントロールという言葉がしっくりくるものになっていました。

エクステンサー・スラストの代表スクワットについての見解

スクワットについては、いろいろな方がいろいろな見解を示しています。また、研究も多く発表されています。

例えば、私も若かりし頃に愛読していた小山裕史先生（株式会社ワールドウィングエンタープライズ代表）の著書『新トレーニング革命』（講談社）では、スクワットの重要性やトレーニングフォームの難しさ、股関節伸展筋のトレーニングとしての重要性を目的とすべき、といったことを学びました。多くのスプリンターのトレーニングを担当していた小山先生の経験から生まれたメソッドです。私もサッカーだけでなく、

アメリカンフットボールやラグビー、野球などの走力が重要なスポーツに関わってきたので、「Hip extensor（股関節伸筋群）の explosive power（爆発的なパワー）の強化」というコンセプトとして、おおいに参考にさせていただきました。

また、筋力トレーニングで日本の第一人者といえば石井直方先生（東京大学名誉教授）ですが、石井先生の門下生も多くの研究成果や出版物を発表されています。谷本道哉先生（順天堂大学教授）の著書『トレーニングのホントを知りたい！「話題の最新トレーニング法」をブッタ斬り！』（ベースボール・マガジン社）でも、スクワットについて考察されています。

例えば、ローバースクワットは股関節伸筋群に、ハイバースクワットやフロントスクワットは膝関節伸筋群に効果があり、それらの効果は競技特異性に応じて使い分けるべき、との見解を示しています。

そのほかに、「膝をつま先より前に出してはいけない」という指導についても言及していて、ケガなく安全に行うことができれば膝は前に出てもよく、意味を考えず定説的に指導してしまうことに問題があると指摘しています。私もその意見に賛成です。

イスからの起立動作を考えるとわかりやすいのですが、膝が前に出ないために、下腿があまり前傾しないように気をつけるととても立ちづらく、腰にも負担がかかります。自然な立ち上がりやジャンプでは、下腿は前傾します。指導の注意点として「つま先まで」と決めてしまうことで、自然な

動きを阻害してしまうので、間違いだと考えています。

アスレティックトレーナー界では、別の視点でスクワットの見解を示している方もいます。特に、外傷・障害予防の観点からスクワットを評価に用いるという考えで、FTEX インスティテュートの川野哲英先生は「ダイナミックアライメント」の大切さを広めました。その代表的な悪いダイナミックアライメントとして、"ニーイン・トウアウト"や"ニーアウト・トウイン"などは多くのトレーナーが参考にしています。

オリジナルの
エクステンサー・スラスト

そうした歴史的背景も踏まえた上で、私たちは正しい動作を前提とし、さらに筋力や筋パワーを目的別に鍛えていこうという考えの下、指導しています。

動作中のニーイン・トウアウトやニーアウト・トウインはもちろん NG です。疾走系の競技パフォーマンスが必要であれば、積極的に股関節伸筋群のエクスプローシブパワーのトレーニングを行い、ピストン系のスタートダッシュ力が必要であれば、股関節伸筋群に加えて膝関節伸筋群のエクスプローシブパワーと股関節屈筋群を併せて強化します。そして足関節も含むトリプル・エクステンションを加えた、パワートレーニングやプライオメトリックトレーニングも行っていきます。

高齢者の起立動作であれば、上体を一度前傾させてから真上に移動できるような股

関節と膝関節の伸展筋力や正しい姿勢、タイミングについて指導しています。

評価では「スクワット・カーフ」（p.90）を用いるのですが、そのなかで、①目的に応じた3関節の協調、②ダイナミックアライメント、③そのほかの連動する機能（特に体幹や足部機能の発揮など）に注目して見ています。

エキセントリック・コントロールのイメージと可能性

「山登りは、登りよりも下りの筋疲労が強く、筋肉痛にもなりやすい。それは、下りではブレーキをかけるために筋肉がエキセントリック収縮を繰り返しているからだ」とよくいわれます。エキセントリック収縮は筋線維に微細な損傷を与え、それが筋肉痛の原因になっているということなのですが、こうした理由から筋肉を壊すエキセントリック収縮トレーニングが敬遠されていた時代もあったそうです。

前述の通り、エキセントリック収縮は速筋線維から動員され、それに対してコンセントリック収縮は遅筋線維から徐々に速筋線維が動員されていく特徴があります。動作のなかではブレーキをかけることのほうが明らかに危険なので、瞬時にコントロールするために、エキセントリック収縮では速筋線維が優先されるそうです。

私たちトレーナーの立場からすると、筋肉の外傷である肉離れは「エキセントリック収縮時の力負け」が多くの原因となっていると考えられます。疾走時のハムストリングの肉離れや、ジャンプの着地時や方向転換の接地時の大腿四頭筋の肉離れなどが代表的でしょう。

石井先生の著書には「エキセントリック収縮は、コンセントリック収縮よりもはるかに筋力が出るのだが、筋のダメージや腱や靱帯を損傷しないようにリミッターがかかるほか、使用する筋を間引いていることもわかっている。ただし活動している筋肉自体は一生懸命働いていて、酷使され、ダメージも負っている」とのことです。

さらに、加齢による筋線維のシフトの話も大変参考になります。45歳を過ぎると急激に速筋線維が減り、遅筋線維にシフトしていくので、速筋線維を頻繁に使うことは健康寿命の延伸につながる可能性が高いと予想できるそうです。

こうしたことを踏まえると、エキセントリック・コントロール・トレーニングの重要性や可能性が感じられます。筋損傷のリスクもありますが、アスリートのパフォーマンスアップや外傷予防に必須なのはもちろんのこと、中高年の加齢対策としても効果がありそうなエキセントリック収縮トレーニングは、注目すべきといえるのではないでしょうか。

重視すべきエキセントリック・コントロール

私たちは、大腿四頭筋のエキセントリック・コントロールをとても大切にしています。アスリートではストップ、減速、着地、方向転換時などのパフォーマンスに直結し

ます。一般の方や高齢者でも、階段や下り坂などで大切になるので評価を行います。

評価はフロントランジか、膝に故障がある場合は安全な範囲でのスプリット・スクワットなどで行います。その際、膝を屈曲しながらのコントロールをより強調的に見るために、踵接地ではなく（股関節の筋力が強くなるので）、膝に負担がかからない範囲であえて前足部で接地してもらいます。

トレーニングに関しては評価レベルに基づき、"量"である回数やセット数を増やしていきます。また、"強度"という観点では、メディシンボールやダンベルなどのウェイトを使用していくこともありますが、ステップ台からのランジ動作などで吸収するためのインパクト力を上げたり、アスリートであればパワートレーニングやプライオメトリックトレーニングとして切り替えを意識させたりして、実施していきます。接地時には中殿筋なども動員してバランスをとらなければならないので、あえてその能力の向上を目的として、接地面にバランスパッドなどを利用することもあります。

もう1つ、エキセントリック収縮のトレーニングで大切にしているのが、ハムストリングです。肉離れの予防やリハビリでは必須といえますが、どのようなトレーニングが安全かつ効果的か、悩むところではないかと思います。私たちが日本スポーツ協会公認アスレティックトレーナー資格を受講した第1期の頃から、教科書でもその大切さが記されており、代表的なエクササイズとして、ロシアン・ハムストリングが紹介されていました。

これは、膝立ち姿勢で後ろからトレーナーが足を押さえ、選手は前に倒れながらハムストリングをエキセントリック・コントロールしていくという種目です。効果的な選手もいる一方で、恐怖感を覚え、緊張から筋痙攣を起こしてしまう選手も実際にいました。やはり前に倒れる体重を支えながら伸張力を制御するのは、リスクも高いのではないかということで、私たちは導入していません。

また、最近は"Lengthening Training（レングスニング・トレーニング）"というエキセントリック収縮トレーニングの用語があります。ある講習会でも紹介されていましたが、"Lengthening"が引き伸ばしていくイメージを想起させるからか、うつぶせになって膝屈曲位でハムストリングを収縮させ、トレーナーが徒手で力を加えて伸ばしていく映像が流れ、リスクを考慮する方々と意見が分かれる場面がありました。

私はリスクが高いほど、エクササイズの選択と実施方法に配慮すること、パーソナルトレーナーの技術を高めることが重要だと考えています。そのため現在は、ハムストリングの肉離れ予防やリハビリを目的とした筋トレとしてリバースSLRを、トレーナーが徒手抵抗をかけ、コンセントリック収縮と注意しながらエキセントリック収縮していくことを行っています。加えて、レッグカールは屈曲位に近い範囲、伸展位に近い範囲など角度を限定してエキセントリック収縮のトレーニングも行っています。

エクステンサー・スラストの評価

1 | スクワット・カーフ　　方法　(1)～(3)を2回行う

AIによる評価

前方から

(1) 足を腰幅に開く

(2) 股関節・膝関節・足関節の3関節を屈曲する

(3) 股関節・膝関節・足関節の3関節を伸展する

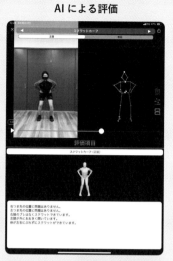

側方から

※つま先と膝は前を向いているが、高齢者で膝に構造的変化や痛みがある場合は、やや外側を向けるようにする（トレーニングも同様）

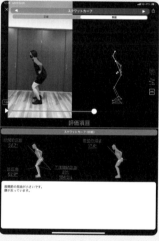

評価別の分類

❶伸びたときに前傾してしまっている

❷膝が内側に入っている（つま先が外側を向いている）

❸足趾が浮いている

[戦略のポイント]
❶**伸びたときに前傾してしまっている**
→立位時に前傾であれば姿勢の改善
→コア・スタビリティの強化
❷**膝が内側に入っている**
→正しいダイナミックアライメントの学習
❸**足趾が浮いている**
→フット・ファンクションの強化

90　第3節 | ファンクショナルトレーニング

第2章 適応エクササイズ&テクニック・前編

代表的なエクササイズ

ダイナミックアライメント修正

スクワット・カーフ PWB
平行棒などを用いて部分免荷した状態でトレーナーが修正する

スクワット・カーフ FWB
全荷重した状態でトレーナーが修正する

スクワットジャンプ メディシンボール
足は肩幅程度に開く。胸の前でメディシンボールを保持する。股関節・膝関節・足関節を屈曲した後、伸展させて真上にジャンプする

マシン トリプルエクステンサー
パッドが肩に当たるようにセットし、グリップを握る。股関節・膝関節・足関節を屈曲した後、同時に伸展させる

91

エクステンサー・スラストの評価

部位別強化　　股関節伸展

ヒップリフト　両足

あおむけになり、両膝を立てる（1）。お尻を持ち上げる（2）

ヒップリフト　片足

あおむけになり、片膝を立て、もう一方の脚は伸ばしておく（1）。お尻を持ち上げる（2）

ヒップリフト　BOX

足下にボックスを置いて、足の位置を高くした状態で両脚、あるいは片脚のヒップリフトを行う

両脚

片脚

第2章 適応エクササイズ&テクニック・前編

膝関節伸展

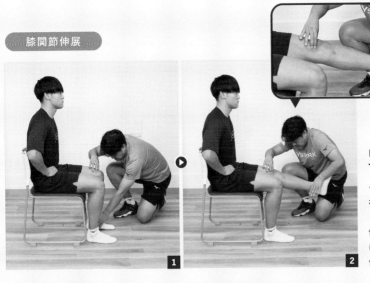

レッグエクステンション マニュアル

イスに座る。トレーナーは左右いずれかの足首に手を添える（**1**）。トレーナーが抵抗をかけながら、膝を伸ばす（**2**）。トレーナーが内側広筋に触れることで、力を入れる意識を促す

マシン
ニーエクステンサー&フレクサー

マシンに座り、片脚ずつ膝を伸展・屈曲を行う

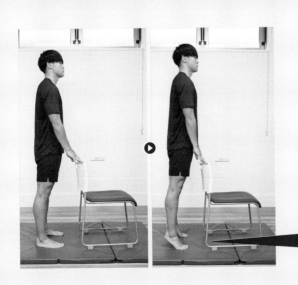

足関節底屈

カーフレイズ　両足

イスなどに軽く手を添えて体を支えながら、踵をゆっくりと上げ下げする

エクステンサー・スラストの評価

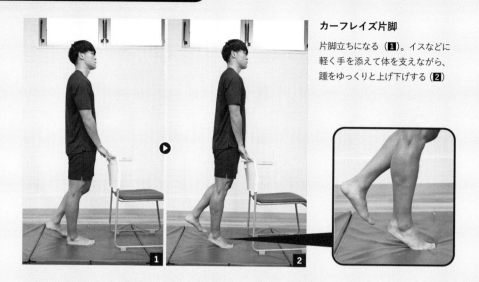

カーフレイズ片脚

片脚立ちになる（**1**）。イスなどに軽く手を添えて体を支えながら、踵をゆっくりと上げ下げする（**2**）

エキセトリック・コントロールの評価

1 | フロントランジ

1歩踏み出しながら大腿四頭筋でブレーキをかける。その際に、前足部から接地する。左右交互に2回行う

AIによる評価

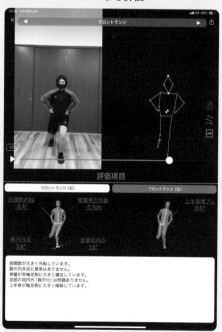

前方から

側方から

第2章 適応エクササイズ&テクニック・前編

評価別の分類

❶大腿の吸収力が弱い、膝を曲げられない

❷上半身がぐらつく、骨盤が横ブレする

❸踏み出した足のニーイン・トウアウト（左）やニーアウト・トウイン（右）

[戦略のポイント]

❶大腿の吸収力が弱い、膝を曲げられない
→段階的なエキセントリック筋力の強化

❷上半身がぐらつく
→股関節筋力 特に中殿筋のトレーニング
→コア・スタビリティの強化

❸踏み出した足のニーイン・トウアウトやニーアウト・トウイン
→正しいダイナミックアライメントの学習

代表的なエクササイズ

ダイナミックアライメントの修正＋段階的な筋トレ

スプリット・スクワット

脚を前後に開く（**1**）。後ろ側の脚は曲げず、前足に体重をかけて膝を屈曲し、元の姿勢に戻る（**2**）

スプリット・スクワット BOX

脚を前後に開き、後ろ側の足はボックスの上につく（**1**）。後ろ側の脚は曲げず、前足に体重をかけて膝を屈曲し、元の姿勢に戻る（**2**）

95

エキセトリック・コントロールの評価

フロントランジ

直立したスタートポジションから、上体をまっすぐにしたまま片足を前に踏み出す。
前足部から接地し、股関節と膝を曲げながら、吸収していく

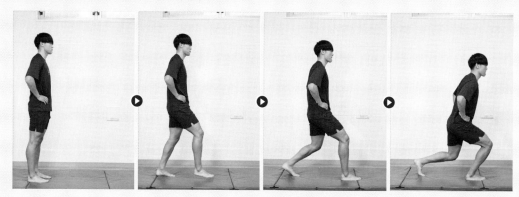

フロントランジ BOX

ボックスの上に直立したスタートポジション（**1**）から、上体をまっすぐにしたまま片足を前に踏み出す（**2**）。前足部から接地し、股関節と膝を曲げながら、吸収していく

＋中殿筋、コア・スタビリティの強化

スプリット・スクワット BOX＆バランスパッド

脚を前後に開き、後ろ側の足はボックスの上に、前側の足はバランスパッドの上につく（**1**）。後ろ側の脚は曲げず、前足に体重をかけて膝を屈曲し（**2**）、元の姿勢に戻る

フロントランジ BOX＆バランスパッド

ボックスの上に直立したスタートポジション（**1**）から、上体をまっすぐにしたまま片足を前に踏み出す（**2**）。前足部からバランスパッドの上に接地し、股関節と膝を曲げながら、吸収していく

第2章　適応エクササイズ&テクニック・前編

パワーアップ

スプリット・ジャンプ
脚を前後に開き、胸の前でメディシンボールを持つ。股関節・膝関節・足関節を屈曲して沈み込んだら、床を押してジャンプ。ジャンプと同時に左右の足を入れ替えて着地する。テンポよくジャンプを繰り返す。できるだけ高く跳び、着地で衝撃を吸収することが大切

2 | サイドランジ

1歩踏み出したとき、つま先と膝をまっすぐ同一方向にする。左右交互に2回行う

AI による評価

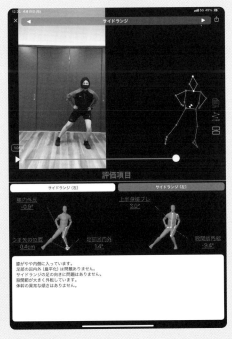

[戦略のポイント]
❶大腿の吸収力が弱い、膝を曲げられない
→段階的なエキセントリック筋力の強化
**❷踏み出した足のニーイン・トウアウトや
　ニーアウト・トウイン**
→正しいダイナミックアライメントの学習
→屈曲時に内側広筋、中殿筋を意識

97

エキセトリック・コントロールの評価

評価別の分類

❶大腿の吸収力が弱い、膝を曲げられない

❷踏み出した足のつま先と膝が外向き

代表的なエクササイズ

ダイナミックアライメントの修正＋段階的な筋トレ、内側広筋と中殿筋の意識

スプリット・サイドスクワット
脚を左右に開き、左右いずれかの足に体重をかけて膝を屈曲する

スプリット・サイドスクワット BOX
片足はボックスの上に、もう一方の足は真横に踏み出したポジションから、上体をまっすぐにしたまま、横に踏み出した足に体重をかけて股関節と膝を屈曲し、吸収する。内側広筋と中殿筋への意識を持つ

サイドランジ
足は腰幅くらいに広げて立つ（❶）。左右いずれかの足を真横に踏み出し、股関節と膝を曲げて吸収する（❷）。蹴るように力を入れて、元の姿勢に戻る

サイドランジ BOX
足を閉じてボックスの上に立つ（❶）。左右いずれかの足を真横に踏み出し、股関節と膝を曲げて吸収する（❷）。蹴るように力を入れて、元の姿勢に戻る

＋中殿筋とコア・スタビリティの強化

スプリット・サイドスクワット
BOX &バランスパッド

片足はボックスの上に、もう一方の足は真横に踏み出してバランスパッドの上に置く（**1**）。上体をまっすぐにしたまま、横に踏み出した足に体重をかけて股関節と膝を屈曲し、吸収する（**2**）

サイドランジ
BOX &バランスパッド

足を閉じてボックスの上に立つ（**1**）。左右いずれかの足を真横に踏み出し、バランスパッドの上に着地する（**2**）。股関節と膝を曲げて吸収する

パワーアップ

サイド・ベンチ・ホップ

片足をボックスの上にのせた状態から、ボックスの上で足を入れ替えて反対側に着地。これを繰り返して左右交互に着地する。接地したときは素早く反対方向に切り返す

第3節｜ファンクショナルトレーニング

〈 第3項 〉ワイズ・イレブンⅤ

⑩シングルレッグ・バランス、⑪フット・ファンクション

バランス能力に不可欠

「シングルレッグ・バランス」「フット・ファンクション」の2つの要素は、バランス能力に不可欠です。アスリートのパフォーマンスアップや外傷・障害予防に、高齢者では転倒予防などにも大切です。

シングルレッグ・バランスは静的バランスとして立位保持、そこからスクワットや競技動作、日常生活動作で必要となるモビリティや筋力など加えた動的バランスの能力を評価し、エクササイズに応用していきます。

フット・ファンクションはトレーニングとしてはあまり重要視されていないと感じますが、私たちは長年、大学研究グループと共同研究や啓発活動を行い、その大切さを訴えてきました。その活動のまとめとして書いた私の修士論文の内容も紹介します。

「シングルレッグ・バランス」での マル・ダイナミックアライメント

片脚で立ったときの代表的な悪い動的アライメントといえば、"トレンデレンブルグ肢位"と"デュシェンヌ肢位"です。

トレンデレンブルグ肢位（p.104写真）は支持脚で体重が支えることができず、骨盤が反対側に沈み込んでしまう現象です。また、デュシェンヌ肢位（p.104写真）は

低い筋力でもトレンデレンブルグ肢位を起こさないように、体幹を支持脚側に傾けることによって安定性を高めようとする現象です。

これら2つの現象は、片脚立位時に加えて歩行時の立脚相でも起こります。アスリートの場合、着地や方向転換などの片脚接地時に起こってしまうと、重篤な外傷につながることもあります。また高齢者も、片脚バランス能力の低さから転倒してしまうと、打撲のみにとどまらず大腿骨頸部骨折や橈骨遠位端骨折、脊椎圧迫骨折など、要介護につながりやすくなるといわれる骨折を起こしてしまう恐れがあります。

マル・ダイナミック アライメント修正は 中殿筋の筋トレから

トレンデレンブルグ肢位やデュシェンヌ肢位の原因として指摘されるのが、中殿筋の弱化や機能不全です。中殿筋は股関節の外転筋なので、筋トレで鍛える場合は背臥位（あおむけ）や側臥位（横向きに寝た姿勢）、あるいは立位で脚を外転させるエクササイズが一般的です。

しかしながら、そもそも強い力を発揮できる筋肉ではありません。そのため、いろいろな筋肉に力を借りて（＝代償して）外転動作をしてしまうこともあり、最大のタ

ーゲットとして鍛えていく場合には苦労します。例えば、股関節の外転時に外旋（つま先が外側を向くこと）が伴っていると、大殿筋の代償が、股関節が屈曲を伴っていると大腿筋膜張筋の代償が起こっていることがあります。

　正確に鍛えるためには側臥位でやや屈曲位からスタートし、フィニッシュではやや伸展位にもっていきます。その場合、骨盤の後方回旋の代償が起こらないように注意することも大切です。

　絶対に鍛えたい、そして動きのエクササイズを行う前にダイレクトに刺激を入れておきたい中殿筋ですが、運動の軌道が難しいのが現実です。グラウンドで両脚にチューブを引っかけて横歩きなどを行うエクササイズがよく紹介されますが、あまり効いていないのではないかと個人的には感じています。

　私たちは、先に紹介したエキセントリック収縮を使って中殿筋の筋トレを行います。まずは側臥位で、まったく代償が入っていない外転位をキープした状態をつくります。トレーナーは必ず後ろから、骨盤の後方回旋が起こらないようにサポートし（写真24）、まっすぐか、やや伸展位からゆっくりと下に押し込みます（写真25）。

　コンセントリック収縮のトレーニングだと随意的な運動なので、軌道をコントロールするのが難しいですが、エキセントリック収縮トレーニングでトレーナーのハンドスキルがあれば、正しい軌道をガイドすることができます。また、代償も瞬時に感じ

写真24　骨盤のサポート

写真25　中殿筋のエキセントリック収縮

られるので、修正も簡単です。方法としても、エキセントリック収縮トレーニングは特性上、速筋線維から動員されるため、短期間で効果的に筋力を向上させることができ、大変有効だと考えています。

　このような方法で中殿筋を鍛える、または意識して使えるように刺激を入れることで、片脚でのバランストレーニングにつなげていきます。

バランストレーニングに必要な機能と方法

　片脚立位バランスには、中殿筋のほかに、体幹のインナーマッスル（特に腹横筋）と足趾筋群も大切になります。

　コア・トレーニングで、インナーマッスルには予測的姿勢制御の機能があると説明

しました。動きのなかで、体が不安定な状態になる前に予測して調節する働きがあり、最初に活動するのがインナーマッスルということです。足趾も、実際に片脚で立ってみるとわかりますが、バランスを崩さないように働く機能があります。

まずは中殿筋・体幹インナーマッスル・足趾筋群を使えているかどうかを評価し、不十分であれば個別にトレーニングしておくことが重要です。また、片脚でのバランストレーニングを行う場合には、事前にウォームアップ刺激としてそれらの機能を活性化しておいたほうが、効率も上がります。

バランストレーニングの考え方と方法について整理していきましょう。

バランス能力は①静的姿勢保持能力、②外乱負荷応答能力、③随意運動能力、の3つの分類で紹介されることがあります。①は身体を静的に安定した状態に保持しておく能力、②は外乱に抗して身体を安定させる能力、③は運動による姿勢変化に応じて体を安定させる能力です。そして②の外乱負荷応答能力は、先ほど説明した予測的姿勢制御の能力と、予測不可能で不安定になった場合に立て直す適応的姿勢制御の能力が関与しているといわれます。

私たちは、特にアスリートに対する競技パフォーマンス向上のためのバランストレーニングとして、「オンバランスのキープ」「オフバランスからのリカバリー」という体系に分けてトレーニングを構築してきました。

オンバランスのキープは、①静的姿勢保持能力や②外乱負荷応答能力の予測的姿勢制御、また、自らの意思で姿勢を変化する際の姿勢制御とも説明される③随意運動能力も含まれます。立位だけでなく構えや体勢を変化させたり、外乱を加えたりなど、バランスを崩しやすい動きの中でも正しく適応できることを目的にトレーニングを行います。

オフバランスからのリカバリーは、②外乱負荷応答能力の適応的姿勢制御の能力を高めるために、重心を戻すだけでなく、次にどのような動作をつなげて行えば、早く安全にバランスを取り戻すことができるかなど、例えば柔道の受け身のような競技動作に合わせてトレーニングを行います。

一般の方や、特に高齢者のバランストレーニングでは、「静的バランス」と「動的バランス」という分類の考え方も知っておく必要があります。

静的バランスは、身体重心を支持基底面

写真26　片脚立位保持

写真27　片脚スクワット

の中央に位置し続けることができる能力です。そして動的バランスは、支持基底面内の中心からできるだけ遠くに身体重心移動できる能力であり、支持基底面の外へ身体重心を移動して転倒せずにバランスを保てる能力であると説明されます。

私たちはパーソナルトレーニングの際に、評価で片脚立位保持（写真26）を行い、それが容易に行える人は片脚スクワット（写真27）を行います。片脚立位保持は支持基底面が狭く、難易度の高い静的バランスの能力評価です。また、シンプルで安全な片脚スクワットも難易度の高い動的バランスの能力評価です。これらをベースアップしながら上半身の動きを入れたり、手を上方や前方に伸ばしたり（ファンクショナルリーチ・テストのように遠くへ）、外乱やウェイトを持って同時に筋力を高めたり、バランス用具を有効利用したりするなど、段階的にトレーニングを行っていきます。

シングルレッグ・バランスの評価

AIによる評価

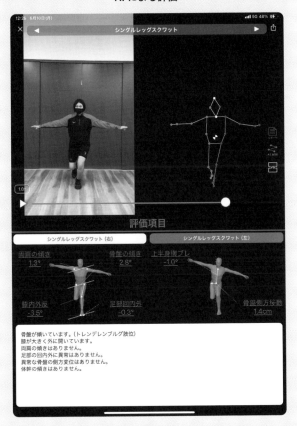

片脚立位保持〜スクワット

両手を横に広げて片脚で立ち、スクワットを行う

シングルレッグ・バランスの評価

[戦略のポイント]
❶ニーイン・トウアウト、ニーアウト・トウイン
→正しいダイナミックアライメントの学習
❷トレンデレンブルグ肢位　デュシェンヌ肢位
→中殿筋の強化
❸体幹が弱い、機能していない
→コア・スタビリティの強化
❹足趾が機能していない
→フット・ファンクションの強化

評価別の分類

正しい肢位

❶ニーイン・トウアウト、ニーアウト・トウイン

ニーイン・トウアウト

ニーアウト・トウイン

トレンデレンブルグ肢位

デュシェンヌ肢位

❷トレンデレンブルグ肢位、デュシェンヌ肢位

❸体幹が弱い、機能していない

❹足趾が機能していない（足趾が浮いている）

代表的なエクササイズ

中殿筋と内転筋の強化

内転筋マニュアル

うつぶせになり、足の裏を合わせる（**1**）。トレーナーが膝の上あたりに手を当てて押さえる力に抵抗して、脚を閉じる（**2**）

104　第3節｜ファンクショナルトレーニング

内転筋マニュアル 座位

イスに座り、両手でイスの座面をつかむ（1）。トレーナーが腕をクロスさせて、膝の内側に手のひらを当てて押す力に抵抗して、脚を閉じる（2）

内転筋ボール

うつぶせになり、両膝を立てる（1）。膝の間にゴムボールを挟み、ボールをつぶすように脚を閉じる（2）

内転筋ボール 座位

イスに座り、膝の間にゴムボールを挟む（1）。ボールをつぶすように脚を閉じる（2）

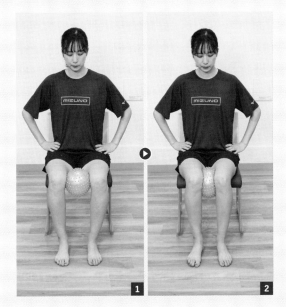

外転マニュアル

横向きに寝る（1）。トレーナーが上側の臀部と外くるぶしのあたりを押さえる力に抵抗して、脚を上げる（2）

シングルレッグ・バランスの評価

外転マニュアル　座位

イスに座り、両手でイスの座面をつかむ（**1**）。トレーナーが膝の外側から手のひらを当てて押す力に抵抗して、脚を開く（**2**）

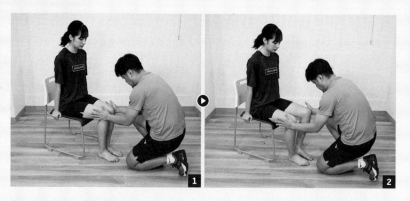

外転　チューブ

両足首にリング状のゴムバンドをかけて、横向きに寝る（**1**）。上側の脚をゆっくりと上げる（**2**）

外転　チューブ　座位

イスに座り、膝の少し上にリング状のゴムバンドをかける。両手でイスの座面をつかんだ姿勢で脚を開く

マシン
GMアブダクター＆アダクター（→p.57）

マシンに座って、股関節の外転・内転を繰り返す。外転動作で中臀筋を、内転動作で内転筋を鍛えることができ、骨盤の安定につながる

動きの習得、ダイナミックアライメントの修正　足趾機能

シングルレッグ・スクワット　ハンドスキル

両手を横に広げて片脚で立ち、スクワットを行う。トレーナーが手を添えることで、正しい姿勢や動きをサポートする

バランス能力の向上

異なるバランス用具によるシングルレッグ・スクワット

バランス・パッド

バランス・ディスク

BOSU

シングルレッグ・ソラシックツイスト（メディシンボール）

下半身、体幹のスタビリティの上に胸椎のモビリティを発揮できるかを確認する

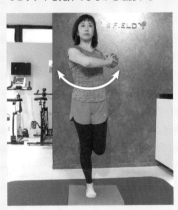

シングルレッグ・リーチ（メディシンボール）

動的バランス能力として

シングルレッグ・プッシュアップ（メディシンボール）

動的バランス能力として

シングルレッグ・トウタッチ

バランス・パッドの上に片脚で立つ（**1**）。バランスをとりながら、支持脚と反対側の手でつま先をタッチする（**2**）

もっと注目されるべき「フット・ファンクション」

足部は『カパンディ関節の生理学（下肢編）』（医歯薬出版）で「3つのアーチに支えられている建築学上の天井」と表現されているように、内側縦アーチ・外側縦アーチ・横アーチによって、衝撃吸収やバランス能力、重心の移動などを適切に機能できる構造になっています。

しかし、アーチの低下や外反母趾・内反小趾、浮指、回内足などのマル・アライメントで起こる問題、あるいはその影響から関連して起こる別の問題など、原因を掘り下げていくと、実は足部にもっと目を向ける必要があるのではないかと感じることは、非常に多いものです。

私たちは長年にわたって大学の研究チームと、子どもやユースアスリート、高齢者のデータを取り、改善するためのエクササイズを紹介する活動を行ってきました。恐ろしいことに、子どもの頃から既にマル・アライメントは始まっており、ユースアスリートでは競技の特異的な足部の慢性障害が発生し始めます。そして高齢者では、加齢に伴ってマル・アライメントはあるにせよ、機能改善エクササイズをしっかり行えば転倒予防にもつながるというデータも、たくさん収集してきました。

そのような経験のなかで、マル・アライメントを予防し、既にマル・アライメントになっている場合には、アライメントの改善自体は補助具がないと難しいものの、い

くつかの機能を高めれば関連して起こり得る問題への対策は可能ではないかと考えるようになりました。

そのことを少しでも明らかにしようと、社会人大学院生として通った順天堂大学大学院で修士論文の研究課題としたので、紹介します。

「フット・ファンクション」の研究報告

私が着目した足部の機能は、よくいわれるアーチ高低うんぬんではなく、足趾の把持筋力、MTP関節（足根中足関節）のモビリティ、そして立位や歩行時などの荷重時や動きの中なかの足底圧です。

足趾がしっかりと働くことで支持基底面が広がる、あるいは機能性が高まることでバランス能力は向上します。また、歩行時の重心移動も立脚相では踵から入り、外側を移動して、最終的には親指でプッシュするように抜けるといわれています。そのため、体の推進という意味でも足趾は重要になります。そこに股関節機能や動きの癖がどのように関係しているのかも調べ、足部の障害との関連を明らかにできないかと考えました。

研究タイトルは「ユースサッカー選手のジョーンズ骨折（第5中足骨基部の骨折）における足部機能の特徴」です。

測定した項目は、①片脚立位の足底分圧（写真28）、②足趾の把持筋力（写真29）、③足部MTP関節の可動域（写真30）、④歩行時の重心移動分圧（写真31）で、160

写真28　片脚立位の足底分圧

写真29　足趾の把持能力

写真30　足部MTP関節の可動域

写真31　歩行時の重心移動分圧

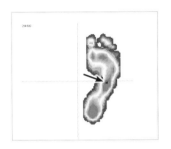
写真32
ジョーンズ骨折既往者
7人の足底分圧
片脚立位時に、第5中足骨の骨折部分に最も高い足底圧がかかっている

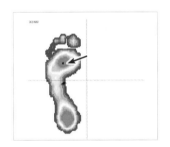
写真33
ジョーンズ骨折既往者
1人の足底分圧
片脚立位時に、前足部アーチの中央に最も高い足底圧がかかっている

人のトップユースサッカー選手（インターハイ、クラブユース上位チーム。うち既往者は8人）を対象にしました。

　結論からいうと、既往者8人中7人は「片脚立位」時に第5中足骨の骨折部分に最も高い足底圧がかかっていました（写真32）。また骨折の既往はないものの、18％の選手が同じ部分に最も高い足底圧がかかっていました。既往者の残り1人は、前足部アーチの中央に最も高い足底圧がかかっており、MTP関節の可動域も著しく低いという結果でした（写真33）。

　この現象はカパンディの書籍のなかで「前足部横アーチの逆転」として紹介されています。前足部横アーチが逆転している足部の特徴として、開張足から外反母趾になりやすく、その歩行特性は外側方向に重心が抜けてしまうとの研究報告もありますから、動きのなかで足部外側へのストレスが高いことが予想されました。

　このように見ていくと、ジョーンズ骨折の予防には足部機能、特に「MTP関節のモビリティ向上」「足趾筋群を動きのなかでしっかりと使えるようにすること」「片脚立位時にデュシェンヌ肢位などによって外側荷重にならないよう、体幹のインナーマッスルや中殿筋の筋力を高めること」などが大切ではないかと考察しました。

フット・ファンクション・エクササイズ

リハビリなどでよく行われているタオルギャザーですが、手でいうとゲンコツ部分のMTP関節が動いておらず、指先だけでたぐり寄せていることがあります。私たちは、まずはその部分のモビリティを出すことを行いながら、筋力トレーニングも並行して行っていきます。

筋力トレーニングは100円ショップなどでも売られている足趾パッドを用い、パッドを足趾で挟み込みながら屈曲する方法で行っています。一度に両足のトレーニングを行えるので、タオルギャザーよりも効率的です。

フット・ファンクションの評価

① MTP関節可動域測定　② 足趾ピンチ筋力測定

代表的なエクササイズ

MTP関節モビリゼーション

足趾パッド筋トレ

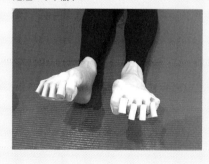

足趾パッドをつけてのバランストレーニング

※上から装着して足趾を開いている状態をつくり、足趾のバランス能力をより体感する

第4節 ストレッチ

パーソナルトレーニングとストレッチ

　パーソナルトレーニングにおいて、ストレッチはとても重要なエクササイズです。柔軟性が向上することで可動域が改善し、血行もよくなることで体が温かくなります。筋肉の短縮や拘縮も改善され、リラックス効果もあるため、健康維持・増進を目的としたプログラムでは必須といえます。

　ケガや故障の回復を目的としたパーソナルトレーニングでも、筋肉や腱の損傷であれば柔軟性は低下します。そのため、段階的なストレッチのエクササイズが必要です。また、ケガによって活動が制限されることで、患部以外の筋肉についても柔軟性や筋力が低下するため、全身、特に競技パフォーマンスに関係する部位のストレッチが重要です。

　パフォーマンス向上を目的としたパーソナルトレーニングでも、競技の特異的動作を分析して「より可動性があればパフォーマンスは上がるのではないか」「可動性が低いことでパフォーマンスが上がらないのではないか」「可動性の低さをほかの部位で代償しているため、ケガのリスクを高めているのではないか」など、ストレッチはパフォーマンスを向上・改善するための大切なエクササイズとなります。

関節可動域と柔軟性

　関節可動域（ROM：range of motion）とは動作可能な最大範囲のことで、部位によってその範囲は決まっています。制限が起こるのは、例えば関節や神経、筋肉などの疾患や定期的に動かさないことによる"不動"などが挙げられ、改善には「ROMエクササイズ」を適応します。一方、柔軟性とは、ROM内で容易に動かせる能力で、筋長や筋腱単位の伸張性と関係していると定義されています。

　ストレッチは可動範囲にかかわらず、可動域の拡大を目的としています。可動範囲の回復がROMエクササイズなら、ストレッチは「柔軟性の向上＝筋肉の伸張性の向上（厳密にいうと、筋肉を主とした軟部組織の伸張）」のためのエクササイズというのがイメージしやすいと思います。

ストレッチの分類と手法

　パーソナルトレーニングやスポーツ現場でよく使うストレッチは、以下の4つです。

①スタティックストレッチ
②バリスティックストレッチ
③ダイナミックストレッチ
④PNF（Proprioceptive neuromuscular facilitation）ストレッチ

| ストレッチの種類 | バリスティックストレッチ
反動をつけながら伸ばす。ウォーミングアップに適している | PNFストレッチ
神経筋を促通しながら筋肉を伸ばす。スキルが必要だが効果は非常に高く、パーソナルトレーニングに適している |

スタティックストレッチ
静的にゆっくり伸ばす。クールダウンや柔軟性の向上に適している

ダイナミックストレッチ
動きのなかで筋肉を伸ばす。ウォーミングアップに適している

　①は「静的ストレッチ」と呼ばれ、筋肉の抵抗がわずかに生じるくらいのポジションで、持続的（20～30秒間が一般的）に伸張するストレッチを指します。伸張性への効果とともに、安全性も高いとされています。また、一度に20～30秒間持続するのに対し、10秒間程度の伸張と弛緩を数回に分けて繰り返す「周期性ストレッチ」という方法もあります。

　②は速く、激しく、反動をつけたストレッチです。筋温が上がるので、スポーツの現場ではウォーミングアップなどでよく使われています。ただし筋肉の短縮や拘縮がある場合には、反動によって損傷を起こすことがあるので、一般の方や特に高齢者のパーソナルトレーニングでは注意が必要になります。

　③は筋肉の特性として、ある筋肉が収縮すると拮抗する筋肉が弛緩する「相反性抑制」を利用したストレッチといわれていました。しかし近年では、それに加えてスポーツの競技動作を生かした、例えばサッカーのブラジル体操のような動的・機能的ストレッチとして、ウォーミングアップで使

用されます。

④は「固有受容性神経筋促通法」ともいいます。トレーナーが徒手的に筋肉の収縮と弛緩、そこから伸張を行うストレッチです。スポーツの現場ではROMの範囲を超えた柔軟性が必要な、採点競技のアスリートやダンサーなどの柔軟性向上にも効果を発揮することから、「スーパーストレッチ」と呼ばれることもあります。なぜ効果が高いのかについては、いろいろと研究されてきましたが、最近では運動のなかで、筋腱の粘弾性適応と忍容性といった複雑な感覚の変化から伸張性が増大しているといわれています。

手法としては、筋肉をコンセントリックに収縮させる「コントラクト・リラックス法」とアイソメトリックに収縮させる「ホールド・リラックス法」が広く使われます。

ストレッチの手法は3つになります。

（1）**アクティブ**（**自動**）…自分自身で行うセルフストレッチ
（2）**アクティブ・アシスティブ**（**自動介助**）…自分のほかの筋力の助けを借りて行うストレッチ。例えばハムストリングを伸ばすときに、長座のストレッチであまり伸びなければ、タオルなどを足に引っかけて、手で引っ張りながら伸ばすといった方法
（3）**パッシブストレッチ**（**他動**）…いわゆるペアストレッチ。パーソナルトレーニングではそのハンドスキルが高ければ、お客様の満足度も上がる

大切な技術といえる

ストレッチのトレンド

近年、ストレッチに関しても研究が進み、新たな知見が得られています。トレンドとして、主なものを以下に紹介します。

●ウォーミングアップでスタティックストレッチを行うと、パフォーマンスが低下する

競技前にスタティックストレッチを行うと、跳躍力や走速度が落ちたという研究報告があります。しかし、どうやらストレッチの時間にもよるようで、分単位ではなく20〜30秒間、または周期性ストレッチであれば問題がなく、むしろ疲労の蓄積などで筋肉の短縮がある場合は、事前にスタティックストレッチを行い可動域を回復させておいたほうが、パフォーマンスは上がります。加えて、筋損傷の予防効果もあります。

●クールダウンストレッチに疲労回復効果はない

競技の後、疲れを早く回復させるためにスティックストレッチは当たり前に行われてきましたが、その効果は明らかではないという研究報告があります。

雨が降っていたり、気温が低かったりすれば行う必要はありませんが、疲労した自分の体と向き合うという目的で手短に行うのはよいと思います。私たちもチームでクールダウンを担当するときには、ストレッ

チを行うことで、その後に選手から「ストレッチをしていたらこの部分に痛みがあるのを見つけました」と言われ、早い処置に役立ったことが何度もありました。

しかし、パーソナルトレーニングではそこまで必要はないとは思います。

● **過伸張は有害、関節不安定症になることもある**

前述したように、ROM は部位によって決まっています。ストレッチを行い、その範囲を超えることができる部位もあるのですが、筋肉だけでなく、関節を支持している軟部組織も伸張していることになるので、関節に緩みや不安定性が出てしまうことがあります。

開脚して胸が床にペタッとつくのを誰もが目指す必要はありません。むしろアスリートでも柔軟性が低いことはよくあります。一般のパーソナルトレーニングでは特別な目的がない限り、関節可動域内で柔軟性を獲得していけば十分と考えます。

● **ストレッチによる刺激は筋肉の萎縮を抑える効果がある**

筋肉に刺激を与えるのは筋トレ、ということは誰でも考えますが、ストレッチでも刺激がしっかりと入り、それによって萎縮を抑えられるとの研究報告があります。このことから筋力や筋量の維持のためにも筋トレを行いたいのですが、それがリスクになりそうな場合には、代用エクササイズとしてストレッチを選択することができます。

例えば、私たちのパーソナルトレーニングでは、重度の高血圧や糖尿病の方だと筋トレのリスクがありますが、その代わりに萎縮することで生活に支障を来す下肢の筋肉のストレッチのボリュームを上げたり、ストレッチで様子を見ながら少しずつ低強度の筋トレを導入したりします。そうすることで、ストレッチを柔軟性向上だけでなく、筋萎縮の防止や段階的なエクササイズの選択肢としても活用しているのです。

パーソナルトレーニングでのストレッチ

パーソナルトレーニングのセッションでは、以下のようなルールでストレッチを行います。

（1）柔軟性の欠如があると正しいトレーニングが行えないため、ウォーミングアップでスタティックストレッチと PNF ストレッチを入れた全身のプログラムを行う

（2）筋温が高まった状態のほうが伸張性は高まるので、先に有酸素運動のプログラムを行う

（3）事前に評価を行った上で筋の短縮や拘縮がある場合は、セッションの前に「温熱療法（ホットパック）」と「ファッシア・アクティベーション（ハイパーボルトなど）」をセルフプログラムとして行ってもらう

（4）効果の高い周期性ストレッチを積極的に使用し、長い伸張時間による不

快感を軽減していく
（5）クールダウンストレッチは疲労回復効果が明確でないので、セッション内では採用せず、有酸素運動での強度ダウンをプログラム化していく。習慣的にクールダウンストレッチを好む人には、セルフストレッチを行えるように写真つきボードでメニューを提示する。また、パーソナルトレーニングではなく、セルフトレーニングのウォーミングアップとしても使用する

ストレッチの実際

1｜パーソナルトレーナーが行っているウォーミングアップのストレッチ

ハムストリング

あおむけになり、前後に開脚してスタティックストレッチを行う（1）。その後、PNFのコントラクト・リラックスを行い（2）、もう一度スタティックストレッチを行って太もも裏を伸ばす（3）。いずれもストレッチする側の膝をしっかりと伸展させて行う

内転筋1

あおむけになり、両足の裏を合わせてスタティックストレッチを行う（1）。その後、PNFのコントラクト・リラックスを行い（2）、もう一度スタティックストレッチを行って内転筋を伸ばす（3）

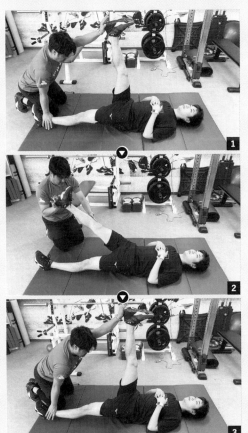

ストレッチの実際

内転筋2

あおむけになり、左右いずれかの脚を外転させる。股関節、膝、足関節を十分屈曲させて、外に開く

腰1

あおむけになり、立てた両膝を左右に倒す

腰2

あおむけになり、両膝を抱えるように丸める

腰と背中

あおむけになって手は横に開き、左右いずれかの脚を反対側に倒し、上半身はそれと反対側にひねる。トレーナーは横に位置し、一方の手で肩を押さえ、反対の手で骨盤がねじれるようにお尻を押す

大腿四頭筋

うつぶせになり片膝を曲げる。トレーナーは曲げた脚の膝を腕に乗せて、手で伸ばした脚を押さえる。反対の手は足関節に当てて膝を曲げる方向に押し、踵をお尻に近づける

股関節内旋筋

うつぶせになり片膝を曲げる。トレーナーは曲げた脚のお尻を押さえて、下腿を反対側に倒す

股関節外旋筋

うつぶせになり両膝を90度に曲げ、下腿をゆっくりと外に広げながら股関節を内旋させる

下腿三頭筋

うつぶせになり、膝関節を90度屈曲させる。トレーナーは踵を包み込むように保持し、前腕部を使って足の裏全体を固定し、ストレッチをかける

第2章 適応エクササイズ&テクニック・前編

2｜ウォーミングアップ&クールダウンで行うセルフストレッチ

開脚前屈
腰部〜殿部〜ハムストリングに加えて内転筋も伸ばすことができる

長座体前屈
腰部〜殿部〜ハムストリングを伸ばす

殿筋1
太ももの上に反対側の足をのせる。手で床を押して、上体を太もものほうへ近づける

殿筋2
ストレッチするほうの膝を曲げ、足を反対側の太ももの外側へ置く。両手で抱えるようにして上体に引きつける

肩〜腰
あおむけになり両膝を立てる。手はバンザイ。膝を左右交互に倒す

大腿四頭筋
横向きになり、上側の足首をつかんで踵をお尻に近づける

胸椎回旋
横向きに寝て上側の脚の股関節と膝を90度屈曲し、両手のひらを合わせる。上体をひねりながら、合わせた上側の手を開く

大腿四頭筋・腸腰筋
脚を前後に開いて、後ろ脚は膝を床につく。膝をついた側の足首をつかんで踵をお尻に近づける。股関節を伸展させることで腸腰筋もストレッチされる

第5節 ファッシア・アクティベーション

ファッシアとその重要性

最近は、パーソナルトレーナーの間でも「筋膜」「ファッシア」などといった言葉がよく使われるようになってきました。解剖学的な用語としても、筋膜といわれているもののなかには、筋線維を包み込む「筋内膜」、筋線維束を包み込む「筋周膜」、筋全体を包み込む「筋外膜」などといった分類があります。

また、筋は同時にすべてが収縮するわけではありません。筋線維のなかでも収縮する線維と収縮しない線維の割合を調節することで、筋出力を調整しています。収縮する線維と収縮しない線維があるわけです。筋の単位で考えても、ある筋は強く収縮して、その隣の筋の収縮が弱いこともあります。ということは筋膜間の滑り、すなわち「滑走」が重要になってきます（図4）。

筋膜間はどのような構造になっているかというと、図5、6のように弾力に富んだコラーゲン線維のフレームと、プロテオグリカンゲルの粘性膜の複合体になっています。すなわち、ある筋が収縮した場合は滑りやすく（粘性膜と弾性コラーゲン）、弛緩した場合には元に戻りやすい（弾性コラ

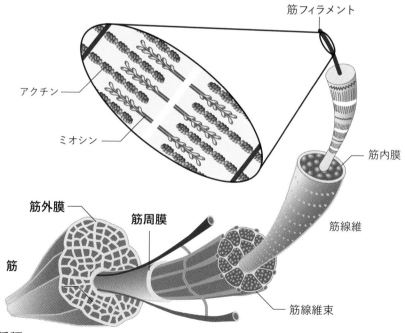

図4 │ **筋膜の種類**

ーゲン）という働きを助けていると考えられます。

この滑走が悪くなると、筋の収縮の範囲が妨げられたり、柔軟性が損なわれたりすることが想像できます。

滑走が悪くなる原因

筋間の滑走には、プロテオグリカンゲルの水分が非常に重要です。プロテオグリカンはプロテイン（タンパク質）とグルカン（多糖類）の複合体です。これに水分が加わると、大きな保水能力と粘性膜の保持能力が生まれます。

プロテインパウダーを溶かした水や砂糖が溶けたシロップは蒸発しにくく、シロップは乾いてくるとネバネバしてくることは経験があると思います。

プロテオグリカンは水分を保持しやすく、十分な水分があると滑りやすい粘性膜が形成されますが、水分が減少すると乾きかけのシロップのようにネバネバします。癒着して瘢痕化した状態になるのです。水分が損なわれた場合や、外傷などでの炎症後は、正常なファッシアのような「糸」の構造ではなく、硬い「膜」のようになってしまいます。

筋間の滑走が悪くなる原因には、（1）出血や損傷後の組織の瘢痕化、（2）固定や安静などの不動によるコラーゲン線維の構成変化、（3）組織脱水によるプロテオグリカンゲルの濃縮化、などが考えられます。

外傷からの回復の際には、筋力だけでなく柔軟性の確保が重要なのはいうまでもありません。また、普段からしっかりとストレッチをして、コラーゲン線維の柔軟性を保つことも必要です。筋収縮のエネルギー産生時には水分が不足します。十分な水分摂取と同時に、筋間組織にも水分が行き渡るような作業も重要になってきます。

納豆の糸もアミノ酸と糖質が水分を保った複合体です。製造直後の納豆はネバネバの糸が長く伸びますが、賞味期限を過ぎて干からびた納豆は固まって糸がなかなか伸

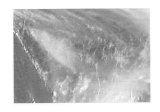

図5、6｜ファッシア

比較的強靭なⅠ型コラーゲン線維および弾性に富むエラスチンを含む線維性組織と、ヒアルロン酸などのグリコサミノグリカンを含む細胞外マトリックス（基質）で構成される。左はラット、右はブタのファッシアだが、ヒトのファッシアも形状は似ている（埼玉県立大学・今北英高氏撮影、一般社団法人日本整形内科学研究会の許可を得て転載）

びません。

滑走の改善方法

では、どのようにこの滑走を改善させていけばいいのでしょうか？

運動前から水分を意識して摂取することや、運動前後にストレッチをしっかりすることは重要ですが、激しいトレーニングをしているアスリートや、外傷後で瘢痕化の可能性が高い場合は、これだけでは十分ではありません。

ファッシアの柔軟化を促す手法としては、「筋膜リリース」という名称でたくさんの手法が行われています。テニスボールやゴルフボール、ローラーなどで体重をかけて筋を圧迫しながらずらしていくことが行われます（写真34）。簡単で効果的ですが、体重をかけすぎると打撲と同じような組織損傷が発生し、逆に瘢痕化を誘発してしまうこともあるので注意が必要です。

IASTIM(Instrument assisted soft tissue mobilization)という、アクリルや金属の棒状・板状のグッズ（写真35）を使って皮下の滑走性を出していくものも有効です。ただし、皮膚の内出血などのトラブルもあるので、専門的な手法を教育してくれるセミナーなどの受講が必要になります。

徒手療法や筋膜連結を考慮したストレッチ、エンダモロジーなど非常に多くの手法がスポーツの現場でも実施されています。

局所の柔軟性改善として、超音波─エコー下で筋膜間や筋内に生理食塩水を注射する「ハイドロリリース」も非常に効果的です。上記の種々のリリース手法や、下記に示すフロッシングバンドなどで広範囲のファッシアの改善を狙い、ハイドロリリース

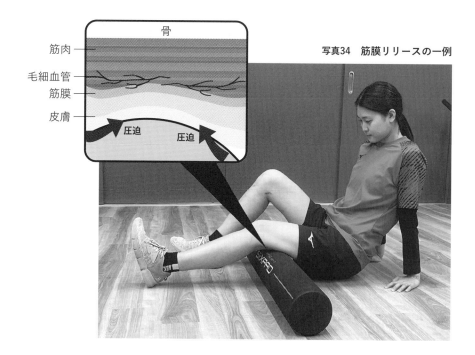

写真34　筋膜リリースの一例

写真35　IASTIMの一例

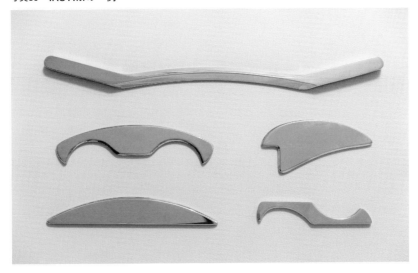

でピンポイントのリリースを実施していくと、さらに効果的だと思います。

推奨改善法1
フロッシングバンド

最近、フロッシングバンドという伸縮性のゴムバンドを使用したファッシア・アクティベーションが、プロスポーツの現場でも普及してきています（p.122）。ドイツスポーツ理学療法士会代表である Sven Kruse（スヴェン・クルーゼ）氏が、これまでにいろいろなところで経験的に行われていたテクニックを体系づけたものです。四肢に圧をかけてバンドを巻き、その状態で他動・自動運動やモビライゼーションなどを行って結合組織の柔軟性を獲得し、その後に一気に解放することで、水分や結合組織間の液体還流を促進させる方法です。

一時的に軟部組織に圧迫をかけ、運動させて解放することで、下記の効果が想定されます。

①ファッシア周囲の液体成分の還流を促す
②コラーゲン線維間のクロスリンクを断ち切り、線維の高密度化を改善する
③表層組織を固定して筋収縮させることで、筋・腱の滑走性を向上させる
④関節が安定した状態での運動を学習させる
⑤メカノレセプターへの刺激

フロッシングバンドを巻いたところだけではなく、筋膜連結によって遠隔部位の伸張も可能であり、頸部や体幹部の伸張性向上にも有効です。また、手術後の創部瘢痕部の皮下組織滑走性を誘導することも期待できます。

詳細な使用方法については、『イージー

フロッシングマニュアル』(ベースボール・マガジン社)、『スポーツ医療従事者のための本格フロッシング』(ガイアブックス)などを参考にしてほしいのですが、主な禁忌としては下記の通りです。

①皮膚炎や感染症のある場所への使用
②静脈瘤や血栓症がある場合
③悪性腫瘍のある部位
④糖尿病で皮膚障害がある場合
⑤ラテックスアレルギーのある方への使用

　実際の使用例は後述しますが、基本原則を下に示します。
　フロッシングバンドを巻いて実際に行う操作については目的にもよりますが、私たちは下記の操作手順を基本として行っています。

①回旋方向にひねり、皮下組織の滑走性を誘導する
②他動的にストレッチを行う
③自動運動で筋の滑走を誘導する
④抵抗を加え、さらに自動運動を行う
⑤ほかの関節運動や荷重運動を含めた複合運動を行う
⑥解放する

　私はフロッシングバンドを、トップアスリートから一般のパーソナルトレーニングのクライアントまで、約10年使用してきました。禁忌を守れば、大きなトラブルはありません。体の大きなアスリートのストレッチがしやすく、効果の持続時間も長いので、使用したアスリートやクライアントの印象も好評です。

フロッシングバンドの使用例

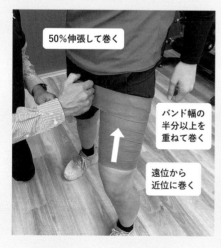

50％伸張して巻く
バンド幅の半分以上を重ねて巻く
遠位から近位に巻く

フロッシングバンド

①末梢から中枢に巻いていく
②最初はアンカーを作り、その後50％程度バンドを伸張させて巻いていく
③バンドは半分以上重ねて巻いていく
④1回の施行は2分以内で行い、一度解放する
⑤バンドを取った直後に自動・他動運動をする
⑥これを数セット繰り返す

各部位におけるフロッシングバンドの使用例

肩

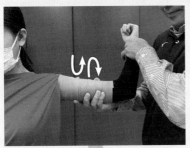

①上腕の遠位部から近位部にかけてフロッシングバンドを巻く
②外転位で上腕を内外旋方向に皮膚を誘導する（外旋の際に肩だけではなく、同側の前胸部、対側の体幹部も意識して伸張させる）

投球時やバレーボールのスパイク、テニスのサービス動作でのテイクバック時に、肩後面にインターナルインピンジメント症状や、肩前方に痛みや不安感を訴える選手は非常に多い。この場合、胸郭や肩甲帯の柔軟性欠如による、肩甲上腕関節障害が起こっていることがある。

胸郭の横方向への拡張があれば、肩甲上腕関節での水平外転負担は少なくなる。また、胸郭の上下方向の拡張性があれば肩甲帯の内転下制が誘導され、肩甲上腕関節での外旋負担も軽減できる。

フロッシングバンドは上腕に巻くが、胸郭や体幹の伸張を意識して実施するとより効果的である。

③ ②と同様に挙上位で内外旋方向に皮膚を誘導する

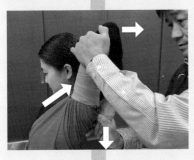

④手関節背屈・前腕回内・肘屈曲位で肩関節を屈曲誘導し、上腕三頭筋長頭を伸張すると同時に、肩甲帯を下制させ小胸筋も伸張する
⑤肩を後ろに大きく回す

⑥スクワットポジションで、両肘をつけた姿勢で両上肢を挙上、肩甲帯を下制させる（p.43のいないいないばぁ）

⑦逆バタフライ運動に抵抗を加える

各部位におけるフロッシングバンドの使用例

体幹（腰部）

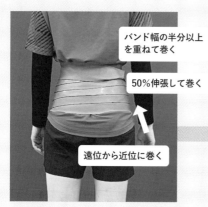

バンド幅の半分以上を重ねて巻く

50％伸張して巻く

遠位から近位に巻く

①大転子を目印に、下から上に向かってフロッシングバンドを巻いていく

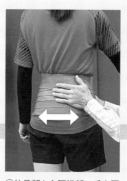

②仙骨部から腰椎部に手を置き、胸腰筋膜付近の皮膚を左右方向に誘導する

③前屈位で、同様に胸腰筋膜付近の皮膚を左右方向に誘導する

④前屈位で胸腰筋膜を肘または手で上下方向に誘導する

⑤胸腰筋膜部分を手でサポートし、体幹の前後屈運動を行う

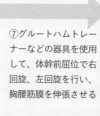

⑥同様に、胸椎を左右に回旋させる

⑦グルートハムトレーナーなどの器具を使用して、体幹前屈位で右回旋、左回旋を行い、胸腰筋膜を伸張させる

股関節1（股関節屈曲時の詰まり）

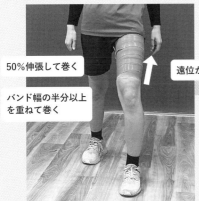

①大腿部に下から上に向かってフロッシングバンドを巻く

50％伸張して巻く

遠位から近位に巻く

バンド幅の半分以上を重ねて巻く

②足を広げたスクワットの肢位で、大腿部の皮膚を内外旋方向に誘導する

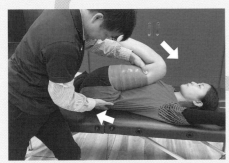

③股関節を他動的に屈曲・伸展させる。屈曲の際には、腰背部に片手を入れ腰部の屈曲を誘導する

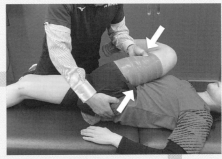

④ ③と同様に、股関節を屈曲・内転位でさらに屈曲させる。その際に腰部の屈曲を誘導する

⑤立位で、テイクバック動作を大きく意識しながらキックスイングを行う

⑥立位で股関節を大きく回旋させる。支持脚とスイング脚の両方行う

各部位におけるフロッシングバンドの使用例

股関節2（ハムストリングの伸張）

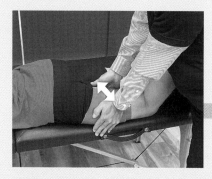

①大腿部に下から上に向かってフロッシングバンドを巻く（p.125①参照）
②立位または腹臥位で大腿部を内外旋方向に誘導する

③前屈位で大腿部を内外旋方向に誘導する

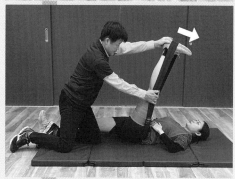

⑤ストレッチバンドを用いて、5秒間足部遠位方向に力を入れる（写真上）。膝を伸ばしたまま足をスイングさせる（写真下）。これを3〜4回繰り返す

④前後に開脚して足関節を背屈させ、骨盤を前後させてハムストリングを伸張する

⑥片脚デッドリフトを行う

第2章 適応エクササイズ&テクニック・前編

膝関節（膝蓋靱帯）

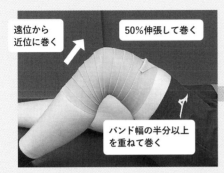

遠位から近位に巻く
50%伸張して巻く
バンド幅の半分以上を重ねて巻く

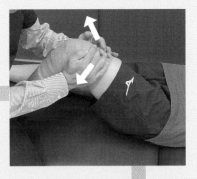

①膝の遠位から近位に向かってフロッシングバンドを巻く

②膝近位部を内外旋方向に誘導する

③膝蓋骨の両サイドを上下方向に誘導する

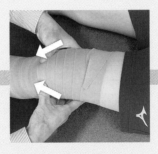

④膝伸展位で膝蓋靱帯の両サイドから膝蓋下脂肪体を前方に誘導する

⑤膝屈曲位でも同様に膝蓋下脂肪体を前方に誘導する

⑥下腿をやや内旋位で最終屈曲まで屈曲させる（写真上）。そこから大腿四頭筋に力を入れて、膝を完全伸展させる（写真下）。これを5～10回繰り返す

⑦スクワットで完全伸展まで膝を伸ばす

127

各部位におけるフロッシングバンドの使用例

足関節（前方インピンジメント、アキレス腱）

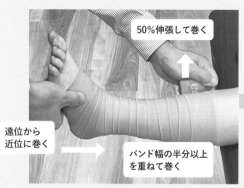

50%伸張して巻く
遠位から近位に巻く
バンド幅の半分以上を重ねて巻く

①足部から下腿に向かってフロッシングバンドを巻く

②下腿の皮膚を内外旋方向に誘導する

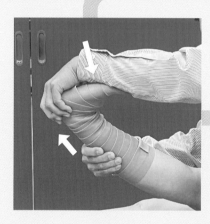

③他動的に下腿後面をストレッチする

④立位で腓腹筋ストレッチを行い、下腿を内旋方向に誘導する

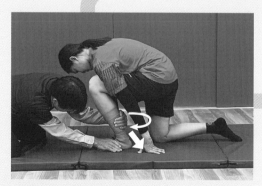

⑤片膝立ちでヒラメ筋ストレッチを行い、下腿を内旋方向に誘導する

⑥片脚立位でカーフレイズを行う

推奨改善法2
マッサージガン・振動グッズ

　各社からマッサージガンが販売され、セルフケアグッズとしてアスリートがケアしているところを見る機会も多くなりました。振動は物をかき混ぜたり、比重の違うものを分離させたりします。ファッシアは水分が十分に行き渡らないと、粘性が増してしまいます。振動を利用して水分を拡散させることは、ファッシアの滑走性に対しても大きなメリットがあります。

　また、振動は局所の血流を増加させたり、局所の体温を上昇させたりすることもわかってきました。マッサージガンを目的部位にただ当てるだけでなく、伸張方向を考えて行うとさらに効果的です。

　筋への適応の場合は、以下の順に行うのが基本です。

①筋の起始停止間をゆっくりと移動させながら振動を加える
②まずは筋を弛緩させ振動を加える
③次に他動的に筋を伸張・弛緩させ振動を加える
④「力を加える⇔緩める」を繰り返しながら振動を加える

　パーソナルセッションでの利用方法としては、トレーナーの指または手のひらで目的部位をしっかりと触診し、その手にマッサージガンヘッドを当てて行うと、正確に目的部位を振動させることができます（下囲み）。

　これらはいずれも、触診しながら振動を加えるという大きなメリットがあります。ただし、当て方によっては施術者側の手が痛くなることがあり、アタッチメントにクッションヘッドを使用したり、グローブやタオルの上から使用したりするなど、工夫して行ってください。

施術側の手にマッサージガンを当てる例

フィンガーテクニック
母指を目的部位に当て、母指側部にマッサージガンヘッドを当てる。骨―腱付着部付近への振動を加えたいときに使用する

ハンドテクニック
手のひらを目的部位に当て、母指中手骨側部にマッサージガンヘッドを当てる。広範囲の筋への振動を加えたいときに使用する

クロウハンドテクニック
2～5指のPIP（第2関節）とDIP（第1関節）を屈曲させ、指先を筋間に入れてマッサージガンを当てる。筋間に振動を加えたいときに使用する

各部位における振動グッズの使用例

投球、水泳等で生じる肩後方組織のタイトネス

投球やバレーボールなどの障害のなかでも、QLS（Quadri-Lateral space 後四辺形間隙）による腋窩神経の障害が多く見られる。QLSとは上腕骨、上腕三頭筋長頭、小円筋、大円筋で囲まれたスペースで、ここに腋窩神経が通る。投球動作などで上腕挙上時には、大円筋と小円筋が伸張され、このスペースが狭くなる（右図）。腋窩神経はこの部位のほかにも関節窩下方の骨棘に圧迫され、広背筋腱によっても絞扼を受ける。この部位の障害があると、肩の上外側のしびれや違和感、投球時に力が抜ける感じを訴えたりする。

また投手や水泳選手では、肩後方組織全体のタイトネスが生じて、肩の第3肢位での内旋が制限されてしまうことがある。肩後方には腋窩神経のほかにも橈骨神経が通過する。スリーパー・ストレッチ（Sleeper stretch）といわれる第3肢位での内旋ストレッチは、後方組織のストレッチとしてよく使われるが、振動を使うとさらに効果的である。

図｜腋窩神経が圧迫される例

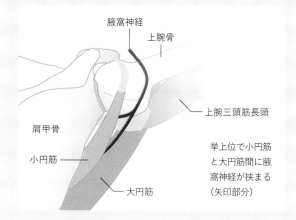

挙上位で小円筋と大円筋間に腋窩神経が挟まる（矢印部分）

スリーパー・ストレッチでの振動ボール使用例

上殿皮神経障害

腰痛のなかでも殿部周囲に痛みが走り、歩行にも障害が出る上殿皮神経（右図）の絞扼による腰痛は、アスリートでもよく起こる。強い腰痛症状でなくても、殿筋や胸腰筋膜の硬結などにより、同部位のしびれ感や痛みが出ることも考えられる。大殿筋などのストレッチとともに、この部位にマッサージガンやボール形状の振動グッズなどを使用すると、この部位の症状が軽快することも多い。

図｜上殿皮神経

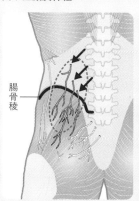

矢印は上殿皮神経の枝

上殿皮神経障害に対するマッサージガンの使用例

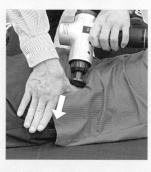

シンスプリント

シンスプリントは、下腿内側遠位部の腱膜の障害と考えられる。足部のアライメント異常を伴うことが多いが、一度発症してしまうと、その部位の硬さがなかなかとれず難渋することも少なくない。この部位には脛骨内側縁があるため、マッサージガンの使用には注意を要する。硬い場所にマッサージガンが当たると非常に痛い。クッションヘッドやフィンガーテクニックを使用して、深部下腿筋膜周囲の柔軟化を図ると、非常に効果的である。

シンスプリントに対するマッサージガンの使用例

膝蓋下脂肪体

オーバーユースのアスリートの場合、膝蓋骨下端の直下の深いあたりや膝蓋靱帯の裏側に違和感を訴えることがある。また、関節鏡などの術創部付近に、挟まり感や違和感を訴えることがある。

膝蓋靱帯の深部には、膝蓋下脂肪体がある。この脂肪体は滑膜組織で覆われており、たくさんの神経終末がある。この膝蓋下脂肪体の後方には膝蓋下滑膜ひだがあり、前十字靱帯の近くに付着している。膝蓋下滑膜ひだの硬化や組織変性が起こると伸張性が損なわれ、膝蓋下脂肪体は後方に引き込まれ、挟まり症状や伸展位付近での半月板の前方移動を妨げることも考えられる（右図）。

この周辺の組織を、徒手やフロッシングテクニックで柔軟化させることも効果的だが、さらにマッサージガンでフィンガーテクニックを使用すると、違和感が軽減することも多い。

図｜膝蓋下脂肪体と膝蓋下滑膜ひだ

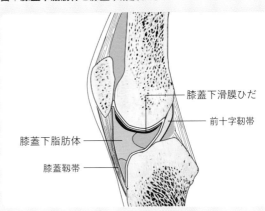

膝蓋下滑膜ひだ
前十字靱帯
膝蓋下脂肪体
膝蓋靱帯

膝蓋下脂肪体に対するマッサージガンの使用例

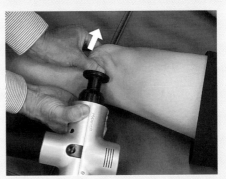

COLUMN

トップランナーに聞く「優れたトレーナーの条件」 2

▶ **城福 浩**（東京ヴェルディ監督）

「平等」の上に発揮してほしい"瞬発力"

2000年代に私がU-15〜17日本代表の監督を務めていたときのことです。サッカーでは試合中に選手がケガをしたら、トレーナーが応急処置などのためにピッチに入っていくことがありますが、私たちのチームはU-17ワールドカップを目指したアジア予選やワールドカップ本番を通じて、1回もありませんでした。

それは、私たちが目指した姿でもありました。トレーニングキャンプや親善試合、海外遠征でも、ケガをしたときにプレーが続けられるかどうかを、選手が自分で判断できるように促していたのです。

もし、ケガをして痛がったときに毎回「大丈夫か？」などとトレーナーが声を掛けていたら、選手は自分で判断しなくなるでしょう。育成年代の選手に対して、事あるごとに関与するのが素晴らしいトレーナーかというと、そうではありません。本当に求められるのは過干渉にならず、ケガを予防する意識を普段から持たせ、万が一ケガをしたときは冷静に判断できるように自立を促すことでしょう。それを具現化してくれたのが、松田直樹さんでした。

もちろん、プロの世界では話が変わります。ケガが起きたらいかに早くチームに復帰させるか、そしてケガをさせない、ケガを最小限にとどめることがトレーナーにはより求められます。ケガをしたときは患部のリハビリはもちろんですが、患部外で課題があれば強化して"新しい鎧"をまとわせることも重要です。

リハビリはすべての選手に対して平等に対応することが、トレーナーにとっての大前提になると思います。ある選手には手厚く対応するけれど、別の選手にはそこまでの対応はしないといったことが見られた場合、私たちはそのトレーナーに100％の信用を置けなくなります。

ただし、チーム状況を見て、「この選手は復帰を特に急いでいる」とわかったときに、"瞬発力"を発揮できるかどうかも重要です。チームドクターの所見を踏まえながら、自分の人脈をフルに生かして、セカンドオピニオンやサードオピニオンを仰ぐ。そして、速やかにリハビリを行う。平等はもちろんですが、こうした臨機応変な対応もトレーナーには求められると思います。

©TOKYO VERDY

じょうふく・ひろし◎1961年生まれ、徳島県出身。早稲田大卒業後、富士通（現川崎フロンターレ）でプレー。引退後は富士通のコーチ・監督を務め、社業に専念したのち東京ガス（現FC東京）へ。FC東京育成普及部門統括、JFAナショナルトレセンコーチ、U-15〜17日本代表監督を歴任後、FC東京、ヴァンフォーレ甲府、サンフレッチェ広島で監督を務め、2022年に東京ヴェルディ監督に就任。23年にはチームを16年ぶりのJ1復帰に導いている。

第 **3** 章

パーソナルトレーニングの実際

第1節 ボディメイク、ダイエットが目的の場合

体組成の管理、トレーニングの方向性について

ボディメイク、ダイエットがパーソナルトレーニングの目的の場合、まずは体組成の計測を行います。体水分量・筋肉量・除脂肪量・脂肪量が表示されますが、筋肉量を増やしながら脂肪量は減らせているか、定期的に計測を行います。

トレーニングについては第2章第1節で説明しましたが、筋肉量のアップ＝筋肥大を狙いたいので、以下の3つが原則になります。

①バリスティックなコンセントリックトレーニング
②サイズの原理の例外であるエキセントリックトレーニングを、しっかりと効かせながら
③容量をなるべく多く

パーソナルトレーナーがサポートできる場合は、高強度のコンセントリックと効かせる系のエキセントリックをフェーズごとにうまくサポートします。

セルフで行ってもらうメニューでは、エキセントリックトレーニングを実施するのが有効です。大筋群をしっかりと肥大させたいボディメイクで容量を上げるのに効果的な方法としては、対象となる筋肉に種類の異なるメニューを連続で行う、コンパウンドセット法を使うのもよいと思います。

ボディメイク、ダイエットには筋量のアップが大きなテーマとなる
©Getty Images

栄養の管理

カギといっても過言ではない栄養管理に関しては、以前は管理栄養士にお願いして、食事調査とカウンセリングを行っていたこともありました。しかし、お客様の費用負担や、管理栄養士の仕事量などをうまく調整するのがなかなか難しく、事業化したもののニーズとしては少なくなってしまっていました。

それを解決してくれたのが、AIによる栄養管理アプリの出現でした。私たちはパーソナルトレーナーにもデータが共有される「カロミルアドバイス」を導入しており、セッション中に必ず、栄養に関してもお話しするようにしています（囲み参照）。

＊　　＊　　＊

次のページに、実際のトレーニング例を紹介します。

オンライン食事指導ツール「カロミルアドバイス」

クライアントがダウンロードした健康管理アプリ「カロミル」と連携し、食事や栄養指導がオンライン上で完結できる、指導者向けのツール。クライアントの食事データの記録・蓄積が自動化されるだけでなく、AIが食事内容を自動で解析・栄養価計算することで、指導者の手間が大幅に削減される。＊詳細は公式サイト（https://advice.calomeal.com/）まで

特徴1　食事指導の業務工数を99％削減
栄養価計算など食事指導に関する業務工数を劇的に削減。短時間でより多くのクライアントを指導することが可能。

特徴2　食事・運動・体重データを自動で取得
健康管理アプリ「カロミル」を使って、クライアントは食事・運動・体重などの情報を記録。記録された内容は指導者がリアルタイムで確認でき、チャットですぐにコメントを送ることができる。

特徴3　栄養状況をグラフで可視化
栄養価計算をシステムが自動で行い、摂り過ぎ・不足の栄養素がひと目でわかる。また、栄養素を補うための食事の提案もシステムが自動で抽出するため、簡単に食事指導を行うことができる。

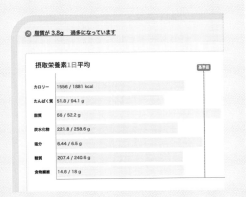

「カロミル」アドバイス管理画面
摂取栄養素がグラフでわかりやすく可視化。クライアントの食事データが一括管理できる

パーソナル・トレーニングの取り組み例（1）

ケース 1

目的 ダイエット（40代女性）

```
セッションの流れ

 0～ 5分  体組成測定＆ショートカウンセリング
         （栄養に関しても）[写真1]
 5～10分  CR&CV*[写真2]
10～15分  ストレッチ[写真3]
15～35分  フロアエクササイズ（20分）
         （コア、コレクティブ、ターゲット）[写真4～6]
35～55分  サーキット3セット（20分）[写真7・8]
55～60分  CR&CV＋ショートカウンセリング[写真9]
60分～    CR&CV継続～ダウン
```

＊呼吸器と循環器のこと。ここではこれらを高めるトレーニングをさす（P192参照）

写真1　体組成測定

写真2　CR&CV

写真3
ストレッチ

写真4
レッグスイング（BOSU）

写真5
ソラシックツイスト
（BOSU）

写真6　胸椎回旋

写真7・8　ダンスと筋トレのサーキット・トレーニング

写真9　CR&CV＋カウンセリング

第3章　パーソナルトレーニングの実際

パーソナル・トレーニングの取り組み例（1）

ケース 2

目的 ボディメイク（20代男性）

セッションの流れ（約60分）

- 0〜5分　体組成測定＆ショートカウンセリング（栄養に関しても）[写真1]
- 5〜10分　CR&CV [写真2]
- 10〜15分　ストレッチ [写真3]
- 15〜40分　フロアエクササイズ（25分）（コア、コレクティブ、ターゲット）[写真4〜6]
- 40〜55分　マシン3セット（15分）[写真7・8]
- 55〜60分　CR&CV＋ショートカウンセリング [写真9]
- 60分〜　CR&CV継続〜ダウン

写真1　カウンセリング

写真2　CR&CV

写真3
ストレッチ

写真4
シットアップ

写真5
器具を使ったファンクショナルトレーニング

写真6　プッシュアップ

写真7
レッグエクステンション

写真8
トリプルエクステンサー

写真9
CR&CV＋カウンセリング

137

第2節 健康・体力の維持・増進が目的の場合

パーソナルトレーナーは
かかりつけ医

　健康の維持・増進が目的のパーソナルトレーニングならよいのですが、不健康やその兆しから運動を始める方も多くいます。パーソナルトレーナーにはかかりつけ医のような役割が求められるため、ある程度の不健康の知識をもってアドバイスできるようになっておく必要があります。

中年期の不健康

　中年期（40〜64歳）の不健康の代表といえば、生活習慣病です。生活習慣病は不適切な食生活、運動不足、過度な飲酒や喫煙などが原因の病気で、肥満や高血圧、糖尿病、脂質異常症、動脈硬化などが含まれます。重度化や合併症によって脳血管疾患、虚血性心疾患、糖尿病の重篤な合併症として、腎疾患や網膜症などを引き起こすこともあります。生活習慣病に対して有酸素運動や筋トレは推奨されますが、脳血管疾患、虚血性心疾患、合併症が伴う糖尿病などは、医療との連携が不可欠になります。

生活習慣病と運動制限の基準

　右ページの表7に生活習慣病の数値をまとめました。それに伴って運動制限が必要になる場合がありますので、弊社での対応表も参考にしてください。私たちは評価やメニュー作成を行うためのタブレットに、こうしたデータや血液検査の標準値なども確認しやすいように入れてあります。

高齢期の不健康

　高齢者（65歳以上）の不健康は、死因の第1位にもなる病気である悪性心生物（がん）です。男性では肺がん・胃がん・大腸がんが、女性では大腸がん・肺がん・膵臓がんが多いとされています。

　がんに続いて多い病気は、咀嚼の際に食べ物が気管に詰まってしまう誤嚥性肺炎です。そのほかには心筋梗塞や狭心症などの心疾患や動脈硬化、糖尿病、慢性腎不全など、中年期からの生活習慣病が進行したことが原因による病気も多く見られます。

　また、加齢による体の変化から現れる不健康も多くなります。骨は骨粗鬆症によって骨折しやすくなり、関節は変形性関節症や腰部脊柱管狭窄症が増え、神経はパーキンソン病などを発症することがあります。私たちのデイサービスでは、こうした方々のパーソナルトレーニングやリハビリなども数多く行っていますが、高齢者にこそ「個別性」が大切だと感じています。

*　　　*　　　*

　第1節と同じように、p.140から実際のトレーニング例を紹介します。

表7 │ 生活習慣病とその対応

☑ 肥満

● BMI 計算式

$$BMI = 体重 ÷ (身長 m)^2$$

例えば170cmで80kgの場合、

$$80 ÷ (1.7 × 1.7) = 27.68$$

肥満度の判定＝22を標準　25以上肥満

- （1）18.5未満 ―――――――― やせ
- （2）18.5以上25未満 ――――― 普通
- （3）25以上30未満 ――――― 肥満1度
- （4）30以上35未満 ――――― 肥満2度
- （5）35以上40未満 ――――― 肥満3度
- （6）40以上 ――――――――― 肥満4度

● ウエスト診断（スクリーニング）

息を吐きウエスト周囲径

➡ BMI25以上　男85以上　女90以上
＝「内臓脂肪型」疑い

● CT 診断（確定診断）

➡ 男女とも内臓脂肪面積100c㎡以上
＝「内臓脂肪型肥満」

※内臓脂肪型肥満＋「高血圧」「高血糖」「脂質異常」のうち2つ以上重なる＝「メタボリックシンドローム」

☑ 糖尿病

● 糖尿病の診断

- （1）空腹時血糖126（mg/dl）以上
- （2）75gのブドウ糖を飲み2時間後の血糖200以上
- （3）随時血糖200以上
- （4）ヘモグロビン A1c 6.5％以上

● ワイズ版運動制限

- （1）空腹時血糖220以上＝運動禁止
- （2）空腹時血糖219〜180＝ストレッチ、軽度有酸素運動
- （3）空腹時血糖179〜140＝ストレッチ、有酸素運動
- （4）空腹時血糖139以下＝ストレッチ、有酸素運動、筋トレ

☑ 脂質異常症

● 脂質異常症の診断基準（空腹時採血）

- （1）高（総）コレステロール血症220mg/dl 以上
- （2）高 LDL（悪玉）コレステロール血症140mg/dl 以上
- （3）低 HDL（善玉）コレステロール血症40mg/dl 未満
- （4）高トリグリセライド（中性脂肪）血症150mg/dl 以上

☑ 高尿酸血症

血清尿酸値→7.0mg/dl 超

☑ 高血圧

● 成人における血圧分類

	最高血圧	最低血圧
（1）正常	130以下	85以下
（2）正常高置	130〜139	85〜89
（3）軽症高血圧	140〜159	90〜99
（4）中等症高血圧	160〜179	100〜109
（5）重症高血圧	180以上	110以上

● ワイズ版運動制限

- （1）185以上　115以上＝運動禁止
- （2）184〜180　114〜110＝ストレッチ、40％有酸素
- （3）179〜150（60歳以上）　140（60歳未満）
  ＝50％有酸素　軽度筋トレ
- （4）149〜140（60歳以上）　139〜130（60歳未満）
  ＝50〜60％有酸素　筋トレ（怒責は NG）

☑ 骨粗鬆症

● 診断基準

- （1）脆弱性骨折あり
- （2）脆弱性骨折なしで、
  X 線像で骨塩量が若年成人平均値の
  80％以上＝正常
  70〜80％未満＝骨量減少疑い
  70％未満＝骨粗鬆症

☑ 脳卒中と心臓病

運動を行う前に要カウンセリング、
場合によっては医師に相談

パーソナル・トレーニングの取り組み例（2）

ケース 3

目的 肩こりの改善、運動不足解消（40代男性）

セッションの流れ

- 【事前】 ホットパック、ファッシア・アクティベーション[写真1]
- 0〜5分 ショートカウンセリング[写真2]
- 5〜10分 CR&CV [写真3]
- 10〜15分 ストレッチ[写真4]
- 15〜45分 フロアエクササイズ（30分）（コア、コレクティブ〜再評価）[写真5〜7]
- 45〜55分 マシン2セット（10分）
- 55〜60分 CR&CV＋ショートカウンセリング[写真8]
- 60分〜 CR&CV継続〜ダウン

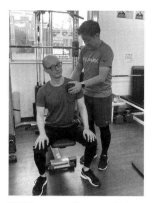
写真1　ファッシア・アクティベーション

写真2　カウンセリング

写真3　CR&CV

写真4　ストレッチ

写真5　クランチ

写真6　アップライトロウイング

写真7　動きの再評価

写真8　CR&CV＋カウンセリング

第3章　パーソナルトレーニングの実際

パーソナル・トレーニングの取り組み例（2）

ケース 4

目的 膝痛改善、体力の維持・増進（60代女性）

セッションの流れ	
【事前】	ホットパック、ファッシア・アクティベーション［写真1］
0〜5分	ショートカウンセリング［写真2］
5〜10分	CR＆CV［写真3］
10〜15分	ストレッチ［写真4］
15〜45分	フロアエクササイズ（30分） （コア、コレクティブ〜再評価）［写真5〜7］
45〜55分	マシン2セット（10分）［写真8・9］
55〜60分	CR&CV＋ショートカウンセリング［写真10］
60分〜	CR＆CV継続〜ダウン

写真1　ホットパック

写真2　カウンセリング

写真3
CR&CV

写真4
ストレッチ

写真5
レッグアップ

写真6
レッグエクステンション

写真7
動きの再評価

写真8
ヒップフレクション

写真9
アップ＆ダウン

写真10
CR&CV＋カウンセリング

パーソナル・トレーニングの取り組み例（2）

ケース 5

目的 体力の増進（60代女性〔がんサバイバー〕）

```
セッションの流れ

【事前】●    ホットパック、
             ファッシア・アクティベーション
0～5分  ●    ショートカウンセリング［写真1］
5～10分 ●    CR＆CV［写真2］
10～15分●    ストレッチ［写真3］
15～45分●    フロアエクササイズ（30分）
             （コア、コレクティブ～再評価）［写真4～6］
45～55分●    マシン2セット（10分）［写真7・8］
55～60分●    CR&CV＋ショートカウンセリング［写真9］
60分～  ●    CR＆CV継続～ダウン
```

写真1　カウンセリング

写真2　CR＆CV

写真3　ストレッチ

写真4　レッグアップ

写真5　外転マニュアル

写真6　動きの再評価

写真7
アップ＆ダウン

写真8
ソラシックツイスト

写真9
CR＆CV＋カウンセリング

第3章 パーソナルトレーニングの実際

パーソナル・トレーニングの取り組み例（2）

ケース 6

目的 パーキンソン病への対応（70代男性）

写真1　ホットパック

セッションの流れ

【事前】	ホットパック、ファッシア・アクティベーション[写真1]
0～5分	ショートカウンセリング[写真2]
5～10分	CR&CV[写真3]
10～15分	ストレッチ[写真4、5]
15～45分	フロアエクササイズ（30分）（コア、コレクティブ～再評価）[写真6～8]
45～55分	マシン2セット（10分）[写真9・10]
55～60分	CR&CV＋ショートカウンセリング
60分～	CR&CV継続～ダウン

写真2　カウンセリング

写真3
CR&CV

写真4
胸郭のストレッチ（座位）

写真5
ハムストリングのストレッチ

写真6
外転筋（マニュアル）

写真7
シングルレッグ・スクワット

写真8
動きの再評価

写真9
GMアブダクター＆アダクター

写真10
ソラシックツイスト

COLUMN

トップランナーに聞く「優れたトレーナーの条件」 ③

▶ **黒田 剛**（FC町田ゼルビア監督）

ケガ人の1日も早い復帰を、やりがいに

選手がケガをしたとき、われわれコーチングスタッフが最も気になるのは、復帰までどのくらいの時間がかかるかということです。その期間によって、代わりに出場する選手の決定や戦術の選択はもちろん、長引くようなら新たな選手の獲得といったことまで影響が及ぶからです。

ケガ人の復帰に関しては、われわれとメディカルスタッフで考えが異なることがあります。われわれが望む期間よりも、ドクターの診断によって全治までの期間が延びることも少なくありません。それは仕方ありませんが、その状況でも特別なリハビリやトレーニングを行って、復帰を1日でも早めてくれる技量や知識があるトレーナーがいると、チームはすごく助かります。

その点で、青森山田高校のときもそうですし、今もゼルビアに来てもらっている山本（晃永）さんは、われわれにとって常にポジティブな状況を生んでくれています。

青森山田高校時代には、膝の前十字靭帯を断裂した選手を3カ月半で復帰させてくれたことがあります。前十字靭帯断裂は復帰まで通常半年から8カ月ほどかかる大ケガで、ほかの医師からこの取り組みに対して否定的な声が上がるかもしれないくらいのことでした。ですが、その選手の試合に出場したい強い気持ちを汲んで、ドクターと連携をとりながらリハビリを進めてくれました。おかげで、その選手は目標としていた全国大会に間に合い、チームは準優勝することができました。

選手やドクターとコミュニケーションをとりながら、復帰に向けてギリギリのところにチャレンジしてくれるトレーナーは、どの競技やチームでも求められるでしょう。

パーソナリティーとして、負けん気があることも大切だと思います。われわれが「1日も早くチームに欲しい」と思うように、トレーナーも「1日も早く回復させたい」と思う。われわれが持っている負けん気と方向性は違いますが、トレーナーが持っている負けん気は同じくらいの熱量であってほしいです。

そして、ケガ人を1日も早く回復させる、100％のところに持っていくことにやりがいや生きがいを感じられることが、トレーナーにとって非常に重要だと思います。

©FCMZ

くろだ・ごう◎1970年生まれ、北海道出身。大阪体育大学卒業後、ホテルマン、公立高校教諭を経て、94年に青森山田高校サッカー部コーチに。翌年に監督となり、28年間にわたって全国高校選手権3度を含む、7つの全国タイトルを獲得したほか、柴崎剛、室屋成、松木玖生ら数多くのプロ選手を育成した。2023年にFC町田ゼルビアの監督に就任、1年目にもかかわらずJ2を圧倒的な戦績で制し、クラブ史上初のJ1昇格を勝ち取った。

第4章

適応エクササイズ&テクニック・後編

第1節 アスレティックリハビリテーション
〈第1項〉概論

ケガや故障の改善がニーズ

パーソナルトレーニングでは、ケガや故障の改善が目的の方も多くいます。医学的な知識やドクターとの連携が必要なので、上級編になると思いますが、これからお話しするアスレティックリハビリテーションのメソッドを理解していると、かなり役に立つと思います。本メソッドについては、『サッカー小中高生のためのメディカルサポート』（ベースボール・マガジン社）もご参照ください。

医学的には、ケガは外傷、故障は障害といいます。これらの違いは発生の性質によるのですが、外力にせよ、自己筋力にせよ、単発の力が及んで起こってしまうことを外傷といいます。脱臼、骨折、靭帯損傷、挫傷、挫創、腱断裂、肉離れなどです。一方で、同一動作の繰り返しによって痛みを主訴とする損傷を障害といいます。腰痛、膝関節痛、肩関節痛、股関節痛、足関節痛などです。

外傷や障害が発生した場合、その部分では炎症反応が行っています。炎症とは、具体的には腫脹・発赤・熱感・疼痛・機能低下の5つの反応が出ることをいいます。

例えば、強く足首をひねってしまった場合（＝足関節捻挫／外傷）、痛みを伴って、腫れが出て、赤みを帯び、熱くなってきます。そして機能として関節可動域や筋力も低下します。

また腰痛（＝障害）の場合、腫脹、発赤、熱感などはわかりませんが、痛みや機能としては可動域や筋力など、炎症の程度によって影響を与えます。

「外傷」であれ「障害」であれ、改善するためには炎症をどのように鎮静化し、機能を回復させていくかという事が基本戦略になります。

アスレティックリハビリテーション

私たちアスレティックトレーナーは、ケガをしたアスリートを安全かつ早期に競技復帰できるようサポートします。

例えば試合中にケガが起こった場合、プレーの続行が可能かを評価し、続行が不可能であれば、ケガの重症度・緊急度や処置方法を決定するために、より詳細な評価を行います。その後、医師の確定診断をもとにアスレティックリハビリテーションを開始します。

その際には、リハビリプログラムを決定するための評価を行います。患部と患部外とに分け、患部は後述するステージに合わせてトリートメント・モダリティ（＝治療や処置の方法）を決定します。そして患部外は患部の状態を考慮した上で、なるべく

フィットネスレベルが低下しないようなプログラムを作成します。

お客様が「ケガや故障の改善」を目的としてパーソナルトレーニングに来るとき、基本的には病院を受診した後か、または一定のリハビリ期間が終了した後になります。そのため、まずは患部の診断名や医師から言われていること、病院でリハビリを行っていたとしたらどのようなメニューを行っていたかなどをしっかりと確認します。患部のリハビリに関して医療との連携が必要なので、私たちは親交があってコミュニケーションがとりやすい医師を紹介し、再受診してもらい連携が出来るようにします。

そしてその後は、アスリートのリハビリと同じように、患部と患部外に分けアスレティックリハビリテーションを行っていきます。

トリートメント・モダリティの分類

1 | 物理療法

物理療法は寒冷療法・温熱療法・電気療法・超音波療法・徒手療法の5つに分類されるが、私たちのパーソナルトレーニングでは寒冷療法・温熱療法・徒手療法を活用している。

（1）寒冷療法

氷を使用するため小型の安価な製氷機をジム内に設置している。
- 適応：鎮痛、炎症の抑制
- 禁忌：寒冷アレルギーや凍傷

①アイシング（**1**）

ビニール袋に氷を入れる、またはバケツに氷水を張って、10〜15分患部を冷やす。

②アイスマッサージ（**2**）

ビニール袋に入れた氷や紙コップを使ったアイスカップで、5〜10分筋肉などをマッサージする。

③クライオキネティクス（**3**）

アイシング後、またはアイシングをしながらストレッチやROMエクササイズなどを行う。

（2）温熱療法

電気のホットパックは比較的安価なので利用しやすい。
- 適応：循環の促進
- 禁忌：強い炎症、開放創

①ホットパック（**4**）

10〜20分患部を温める。火傷などに注意すること。

（3）徒手療法

マッサージや関節モビライゼーション、ストレッチ（パッシブ）などが挙げられる。マッサージと関節モビライゼーションは、理論に基づいてオリジナルメソッドをマニュアル化しているが、並行して実技を体得しなければ使用できないため、本書では割愛する。

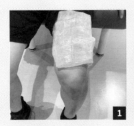
アイシング

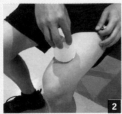
アイスマッサージ

クライオキネティクス

ホットパック

トリートメント・モダリティの分類

2｜運動療法

「運動療法」は下の通り。

（7）〜（11）はアスリート専用のリハビリで、（7）のプライオメトリックトレーニングと（11）のCR＆CVトレーニングはジム内でも行うが、（8）〜（10）は基本的にはグラウンドやコートで行うリハビリになる。また、（12）の患部外トレーニングは、直接のトリートメント・モダリティではないが、リハビリでは大切な考え方であり、パーソナルトレーニングでも取り入れるべきだと考えている。

以下に、そのほかの補足をする。

運動療法

（1）ペインコントロールエクササイズ

（2）ROM エクササイズ

（3）ストレッチ

（4）筋力トレーニング

（5）バランストレーニング

（6）ダイナミックアライメント修正トレーニング

（7）プライオメトリックトレーニング

（8）基本動作トレーニング

（9）専門技術トレーニング

（10）専門動作トレーニング

（11）CR ＆ CV トレーニング

（12）患部外トレーニング

（1）ペインコントロールエクササイズ

ペインコントロールエクササイズは、痛みをコントロールしながら行うエクササイズで、クライオキネティクスと関節モビライゼーションの理論に基づいたセルフエクササイズである。

クライオキネティクスは寒冷療法にもあったが、氷で冷却することで、痛みによって制御されている神経伝達を弱め、ROM エクササイズやストレッチ、筋トレなどを進めやすくする方法である。

関節モビライゼーションの理論に基づいたセルフエクササイズは、痛みをコントロールしながら関節を引き離したり、滑らせたり、振動を加えたり、回旋させたりといった運動を自身で行うものであり、代表的なエクササイズには腰痛体操や肩のコッドマ

ンエクササイズなどがある。

（2）ROM エクササイズ

ROM とは Range of motion（関節可動域）のことで、動きの幅はある程度決まっています。しかし、ケガや故障でその機能が低下してしまうことがある。リハビリでは ROM エクササイズで改善させていくが、方法には下記の3つがある。

①アクティブ（関節をまたがる筋の収縮によって行う方法）

②アクティブ・アシスティブ（アクティブに加え、他の筋力で介助して行う方法）

③パッシブ（セラピストやトレーナーのハンドスキルによって行う方法）

（3）ストレッチ、（4）筋力トレーニングは各節を、また（5）バランストレーニング、（6）ダイナミックアライメント修正トレーニングはファンクショナルトレーニングの章を参照のこと。

（12）患部外トレーニング

患部外のトレーニングには2つの目的がある。1つは「維持」、もう1つは「補強」である。

患部以外のフィットネスレベルをどう維持するのかはとても重要である。例えば、足首の捻挫がだいぶよくなってきて、筋力もバランス能力もジョギングができるほど回復しているのに、そのほかの筋力が落ちてしまっていては、パフォーマンスが回復しないばかりか、ほかの部位がケガをする恐れもある。そのため、ケガをしていない部分のメニューをしっかりと入れていく。

そして補強とは、アスリートなら「ケガの功名」という言葉の通り、回復後にパフォーマンスが上がるようなメニューを入れることである。例えば、サッカーのディフェンダーが膝をケガしてリハビリを行っていたとしたら、復帰後にはもっとヘディングが強くなるように、体幹や上背部、上腕部のトレーニングで強化することなどが挙げられる。

また、ファンクショナルトレーニングの身体評価やメディカルチェックを行って、外傷・障害予防のメニューを補強として取り入れることもある。

148　第1節｜アスレティックリハビリテーション

ROMエクササイズ（足関節の例）

①アクティブ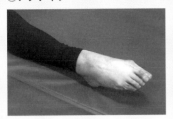

②アクティブ・アシスティブ

③パッシブ

トリートメント・モダリティの分類

　治療や処置の方法、広くいえばリハビリで行うエクササイズやトレーニングも含めてトリートメント・モダリティといいます。トリートメント・モダリティは「物理療法」と「運動療法」に大別されます。物理療法は患部の炎症を鎮静化するために、運動療法は低下した機能を改善するために使用します。

　以下、アスリートのリハビリで使用しているトリートメント・モダリティのなかから、パーソナルトレーニングでも活用できるものを整理しておきます。

アスレティックリハビリテーションでのケガの分類

　アスレティックリハビリテーションを行う上で、以下の3つにケガを分類すると、リハビリの方向性が明確になります。

（1）関節支持機構の外傷
（2）筋・腱の外傷
（3）慢性の障害

（1）関節支持機構の外傷

　関節支持機構とは、関節をサポートしている靭帯、軟骨、関節包などを指します。筋肉もサポートしていますが、ここでは除外します。

　関節支持機構を損傷するということは、関節に通常とは異なる何らかの力が加わっていることになり、これを4つのメカニカルフォースとして分類します。

①牽引力（引っ張られる力）
②圧迫力（圧縮されるような力）
③回旋力（回旋する力）
④剪断力（平行に引き違う力）

　例えば足首の内反捻挫とすると、つま先が内側に入り、外側の靭帯が伸ばされ（牽引力）、内側は圧迫されている（圧迫力）動きになります。通常は外側の靭帯を損傷

することが多いのですが、ひどくひねると内側も損傷します。

　膝の半月板は、関節の曲げ伸ばしの際に適合をよくする役割がありますが、ねじれた状態（回旋力）で屈伸を繰り返すと損傷します。

　また、前後の動揺性の安定化と回旋の制動の役割を担っている膝の前十字靭帯は、バランスを崩したジャンプの着地動作など、過度な回旋（回旋力）や前後の動き（剪断力）が加わると損傷します。

　リハビリでは、ROMや筋力といった機能回復とメカニカルフォースを考慮したメニューを段階的に行っていきます。具体的には、ファンクショナルトレーニングで行う評価とコレクティブエクササイズが中心となり、アスリートならさらに基本動作、専門技術、専門動作などを分析して、修正のためのエクササイズやトレーニングを組んでいきます。

（2）筋・腱の外傷

　筋・腱の外傷には肉離れ、打撲、アキレス腱断裂などが挙げられます。筋肉や腱を損傷すると柔軟性と弾性力、そして筋力とパワーの機能が低下します。

　柔軟性を改善するため、段階的にストレ

外傷における5つのステージ

1．急性期	2．亜急性期
【目的】 （1）腫脹、発赤、熱感のコントロール （2）痛みの緩和・鎮静 （3）二次的低酸素症・損傷の防止 （4）筋スパズムの緩和 【トリートメント・モダリティ】 ①寒冷療法 ②消炎鎮痛剤の服用 【ステージゴール】 ●炎症反応（特に熱感や発赤）が治まる ●患部の状態が維持程度の 　エクササイズが開始できる	【目的】 （1）炎症（特に腫脹や疼痛）の鎮静化 （2）治癒過程の促進 （3）関節の動きの維持 （4）筋機能の維持 （5）二次的低酸素症・損傷の防止 （6）できるだけ 　　　フィットネスレベルを維持 【トリートメント・モダリティ】 ①物理療法（寒冷、温熱） ②消炎鎮痛剤の服用 ③クライオキネティクス …………………………………… 〈関節支持機構の外傷〉 ④ROMエクササイズ（アクティブ） ⑤筋トレ（NWB、単関節、単一筋群、 　アイソメなど） 〈筋・腱の外傷〉 ④ストレッチ 　（アクティブ、スタティック） ⑤筋トレ（NWB、単関節、 　単一筋群、アイソメなど） …………………………………… ⑥患部外トレーニング 【ステージゴール】 ●炎症反応が治まる ●機能回復のエクササイズが行える

ッチを行います。また、筋肉にはゴムのように力を発揮しながら伸びる弾性力という特性もあります。アスリートならスタティックストレッチやPNFストレッチで柔軟性を回復させるだけでなく、ダイナミックストレッチやプライオメトリックトレーニングなども必要になってきます。

　筋力は、筋トレを段階的に行っていくことで回復させます。アスリートの場合は競技種目によってどのようなスピードで筋肉を収縮させるかが重要になることから、その回復のためのパワートレーニングも取り入れていきます。

（3）慢性障害

　関節支持機構であっても、筋・腱であっても、慢性障害は内的要因と外的要因を探し、対策を講じる必要があります。

　内的要因とは個に起因する要素で、例えば筋力不足、柔軟性の欠如、悪い姿勢、悪いアライメント、悪い基本動作、悪いフォームなどが挙げられます。一方、外的要因は不適切な用具やサーフェス、過度な練習量や強度、天候や気温などです。

　痛みが出た関節や筋肉の機能がよくなったとしても、特に内的要因に問題があり、それが改善されていなければ、再発してし

3．慢性期初期	4．慢性期中期	5．慢性期後期
【目的】 （1）関節の動きの回復 （2）柔軟性の回復 （3）筋力の回復 （4）段階的なバランス能力 （5）患部外トレーニング （6）下肢であれば歩行 【トリートメント・モダリティ】 ①物理療法（温熱） ……………………………… 〈関節支持機構の外傷〉 ② ROM エクササイズ 　　（アクティブ・アシスティブ） ③筋トレ（発展的な NWB、 　OKC スタティック、アイソトニック、 　ターニングフォース減少型など） 〈筋・腱の外傷〉 ②ストレッチ（アクティブ・アシスティブ、パッシブ、PNF） ③筋トレ（発展的な NWB、 　OKC スタティック、アイソトニック、 　ターニングフォース減少型など） ……………………………… ④患部外トレーニング 【ステージゴール】 ●筋トレが部分荷重で行える	【目的】 （1）関節の動きの回復 （2）柔軟性の回復 （3）筋力の回復 （4）段階的なバランス能力 （5）患部外トレーニング （6）下肢であればジョギング 【トリートメント・モダリティ】 ①物理療法（温熱） ……………………………… 〈関節支持機構の外傷〉 ② ROM エクササイズ 　　（アクティブ・アシスティブ、 　　パッシブ、PNF、バリスティック） ③筋トレ（PWB、OKC、 　エクステンサースラスト、 　エキセントリックコントロール） 〈筋・腱の外傷〉 ②ストレッチ 　　（アクティブ・アシスティブ） ③筋トレ（PWB、OKC、 　エクステンサースラスト、 　エキセントリックコントロール） ……………………………… ④患部外トレーニング 【ステージゴール】 　●筋トレが全荷重で行える	【目的】 （1）関節の動きの回復 （2）柔軟性、弾性力の回復 （3）筋力の回復～向上 （4）段階的なバランス能力 （5）患部外トレーニング （6）下肢であればランニング 【トリートメント・モダリティ】 ①物理療法（温熱） ……………………………… 〈関節支持機構の外傷〉 ② ROM エクササイズ 　　（アクティブ・アシスティブ） ③筋トレ 　　（FWB、さらにウェイトやパワー） 〈筋・腱の外傷〉 ②ストレッチ 　　（バリスティック、ダイナミック） ③筋トレ 　　（FWB、さらにウェイトやパワー） ……………………………… ④患部外トレーニング 【ステージゴール】 ●一般人であれば終了 ●アスリートであれば 　スポーツ競技別パワー、 　CR & CV の強化を継続

まいます。そのため、評価とコレクティブエクササイズが重要になります。

　内的要因の見方は外傷予防やリハビリにも必要になりますので、次項の「部位別アスリハ論と患部以外の『犯人捜し』」（p.153〜）で松田トレーナーに事例を紹介してもらいます。

アスレティックリハビリテーションのステージ分け

　アスレティックリハビリテーションを行う場合、最も大切なのはステージの理解です。ケガや故障は急には治りません。ステージを1つ1つクリアして改善に向かっていきます。

　リハビリでのミスの多くは、ステージを飛び越してしまっている場合に起こります。例えば、「膝の痛みが引いて曲げ伸ばしができるようになったから、もう走ってもいいですよ」と言われ、実際に走り出してみると、すぐに痛みが再発してしまうことがよくあります。ROM が改善しても、段階的なプログラムで筋力を改善・向上させることや、ランニングフォームで膝がねじれる癖があれば、修正のためのエクササイズを行う必要があります。

　このようなことがないように外傷と障害に分けて、ステージごとの目的、トリートメント・モダリティ、ステージゴールを表にまとめておきます。

障害における**3**つのステージ

1．炎症コントロール期

【目的】
（1）炎症の鎮静化
（2）できるだけフィットネスレベルを維持
【トリートメント・モダリティ】
①物理療法（寒冷、温熱）
②消炎鎮痛剤の服用
③クライオキネティクス
④患部外トレーニング
【ステージゴール】
●炎症反応が治まる（特に疼痛）
●機能回復のエクササイズが行える

2．身体機能回復期

【目的】
（1）関節の動きの回復
（2）日常レベルで必要な柔軟性、筋力、
　　バランス能力の回復
（3）患部外トレーニング
【トリートメント・モダリティ】
①物理療法（温熱）
・・・・・・・・・・・・・・・・・・・・・・・・・・・・・・・・・・・・・・
〈関節痛〉
② ROM エクササイズ（アクティブ、
　　アクティブ・アシスティブ）
〈筋硬縮痛〉
②ストレッチ（アクティブ、アクティブ・
　　アシスティブ、パッシブ、PNF）
・・・・・・・・・・・・・・・・・・・・・・・・・・・・・・・・・・・・・・
③筋トレ（NWB 〜 PWB 〜 FWB、
　　コアスタビリティ〜ダイナミックなど）
・・・・・・・・・・・・・・・・・・・・・・・・・・・・・・・・・・・・・・
④患部外トレーニング
【ステージゴール】
●日常レベルの活動で症状が出ない

3．運動機能回復期

【目的】
（1）目的とする活動レベルで必要な柔軟性、
　　筋力、バランス能力の回復〜向上
（2）患部外トレーニング
【トリートメント・モダリティ】
①物理療法（温熱）
②ストレッチ（バリスティック、ダイナミック）
③筋トレ（FWB 〜ウェイト、パワー、
　　コアスタビリティ〜ダイナミックなど）
④患部外トレーニング
【ステージゴール】
●目標とする活動レベルで症状が出ない
●アスリートであればスポーツ競技別パワー、
　CR & CV の強化を継続

第4章　適応エクササイズ&テクニック・後編

第1節｜アスレティックリハビリテーション

〈第2項〉 部位別のアスリハ論と患部以外の「犯人捜し」

痛みや障害の「原因（＝犯人）」を特定する

パーソナルトレーニングの現場で、利用者が痛みを訴えることはたくさんあります。痛みの部位を治療するのは医療です。私たちパーソナルトレーナーは、その痛みの原因となる姿勢の異常、使い方の間違いなどの根本的な原因を特定し、改善することが大きな役割となります。

私は、痛みや障害は"被害者"であり、結果だと思います。根本的な原因となる使い方や姿勢などの"犯人"を捕まえなければ、犯人が生き延びている限り、痛みを取ったとしても再発することは必然です。高血糖という血液の"被害者"を薬剤で改善したとしても、食べ過ぎや運動不足と行った根本の"犯人"を改善しなければ、一時

的に数値がよくなったとしても、健康な体を手に入れることはできません。

スポーツ障害に関連することも同様です。膝をケガしたとしても、障害を受けた部位は"被害者"であって、"犯人"は足部の不安定性や体幹の機能不全だったりします。これらを並行してパーソナルトレーニングで改善し、再び同じ状態にならないようにしていくことは、我々トレーナーの「評価」と「エクササイズ」で実現可能です。"被害者"である患部を医療で改善し、"犯人"である根本の原因をエクササイズで改善していく、この両輪がうまく回ることが利用者のヘルスケアに最も大切です。

ここでは、5つの部位におけるアスレティックリハビリテーションの考え方と、患部以外の「犯人捜し」におけるアプローチの例を紹介します。

部位別「犯人捜し」のアプローチ例

（1）肩

肩の動きを制限する要因

肩は非常に可動域の大きな関節である。しかしながら、大きな可動範囲で肩を繰り返し動かしていくためには、肩甲上腕関節のみの動きでは不十分である。肩甲骨と肩甲上腕関節との動きが共同して起こる「肩甲上腕リズム」によって、肩は全可動域にわたって動かすことができる。

では、肩甲骨はどのようにして動くのだろうか。肩甲骨には僧帽筋や菱形筋など、多くの筋がついている。もちろんこれらの筋の活動は大切だが、肩の挙上時に肩甲骨は上方回旋する必要がある。肩甲骨の上方回旋は、鎖骨の挙上と後方回旋がなければ起こらない。そして、鎖骨の動きは胸鎖関節で起こる。胸鎖関節の動きと鎖骨の動きが妨げられると、肩甲骨の動きは制限されてしまう。

153

部位別「犯人捜し」のアプローチ例

投球のテイクバック動作で、肩は外転・外旋位となる。このとき鎖骨は後方に後退し、後方回旋して挙上しなければならない。鎖骨には胸鎖乳突筋、大胸筋、鎖骨下筋、僧帽筋などの影響を受ける。これらの筋の機能不全があると、鎖骨の動きは妨げられてしまう。

胸椎の後弯、過伸展に着目

また、鎖骨・肩甲骨の動きは胸郭のポジショニングにも大きな影響を受ける。胸椎の後弯は肩甲帯の外転・前傾を誘導し、肩甲骨の上方回旋を制限してしまう（右写真）。大胸筋や小胸筋の短縮は胸椎後弯を引き起こし、肩甲骨の運動を制限するため、肩甲上腕関節の負担が大きくなってしまう。反対に、胸椎の過伸展（反りすぎ）も肩甲帯の運動を制限する。胸椎の肢位と肩甲骨の運動は非常に微妙である。

日常生活動作を含めたほとんどの運動は体の前で上肢を使用するため、大胸筋や小胸筋の短縮が起こりやすく、胸椎は後弯しやすくなる。

胸椎の後弯を改善し、胸郭の水平面上での拡張を誘導するためには、直接胸椎・胸郭にアプローチしてもなかなか改善しない。肩甲帯の運動を改善させる胸郭肢位改善のために、以下のようなアプローチが効果的である。

アプローチ例

①胸郭部前面・頸部周囲のファッシア・アクティベーション

胸椎の伸展を妨げる可能性のある胸郭前面の筋（大胸筋・小胸筋・鎖骨下筋、僧帽筋上部線維）、上肢内旋筋（肩甲下筋、広背筋、大円筋、大胸筋）、頸部屈筋群（胸鎖乳突筋、斜角筋）などを中心に、徒手またはマッサージガンなどを使って柔軟性を出す。

②【胸椎後弯位の改善1】いないいないばぁ

股関節・膝軽度屈曲位を保持したまま、体幹前面で両肘をつける（**1**）。その際、下肢のポジションが変わらないように（特に股関節が前方変位して骨盤が後傾しないように）注意し、両肘をつけたまま両肩を屈曲して上肢を挙上し、5秒程度保持する（**2**）。腹部の安定化と、胸椎での伸展を確認する。さらに、上肢を両脇から下げ、肩甲帯を下制下方回旋させ胸椎の伸展を誘導する（**3**）。

③【胸椎後弯位の改善2】チューブ・アップライトロウ

　股関節・膝関節軽度屈曲位をとり、両足でチューブを踏み、チューブをクロスさせて両手で持つ（**1**）。下肢のポジションが変わらないように（股関節前方変位、骨盤後傾に）注意し、両上肢を挙上させる。胸椎が後弯しないように5秒程度保持し、繰り返す（**2**）。

④【胸椎後弯位の改善3】チューブ・サイドロウ

　股関節・膝関節軽度屈曲位で垂直な柱などにチューブを固定し、両手でチューブを持つ（**1**）。肘は90度程度屈曲を保持したまま肩甲骨を内転させ、チューブを後ろに引く（**2**）。その際に肘が屈曲したり、胸椎が後弯したり、下肢のポジションが変わったりしないように注意する。ロウイングポジションを5秒程度保持し、繰り返す。

⑤【腹部安定化と深部体幹筋の促通】フロントショルダープレス

　トレーニングベンチに座り、10～20kg程度のバーベルを胸の前に持つ（**1**）。その姿勢から胸椎後弯しないように注意し、少しでも高くショルダープレスを行う（**2**）。プレスの際に胸椎が後弯しやすいので注意し、プレスの最終肢位ではドローインを意識して、視線はシャフトを見るようにする。最終肢位から背伸びをするように、さらにプレスを行う。

部位別「犯人捜し」のアプローチ例

⑥【胸椎後弯位の改善・肩甲帯下方回旋、内旋の促通】チューブ・サイドプルダウン

頭上の水平バーにトレーニングチューブを固定し、両手で持つ（**1**）。そこから胸椎が後弯しないように注意しながら、横方向に引く。肘は90度以上曲げないようにし、肩甲骨を内転・下方回旋させる（**2**）。肘を両脇腹につけるように5秒程度保持し、繰り返す。

⑦【胸椎回旋の促通と肩甲帯の非対称運動】チューブ・ツイストプル

トレーニングベンチに座り、片手でチューブを持つ。反対側の上肢は肘屈曲位で肩甲骨内転・下方回旋させる（**1**）。その姿勢から、頭部が動かないように、反対側の上肢を挙上伸展させ、チューブ側の上肢を引き、チューブ側上肢と反対側の肘を離すようにする。頭部が動かず、脊柱の軸が前後に動かないように注意する（**2**）。

（2）腰

屈曲時の腰痛の「犯人」は？

腰椎は屈曲方向の可動域は比較的あるが、回旋可動域はほとんどない。また、最終可動域まで伸展させると椎間関節へのストレスが大きくなる。とはいえ、腰椎の過屈曲が起こると椎間板には過剰な圧縮ストレスが加わり、椎間板ヘルニアの原因にもなる。

屈曲可動域は比較的大きな腰椎だが、胸椎の後弯可動域の制限があったり、ハムストリングの短縮があったりすると、胸椎や股関節での屈曲が得られず、腰椎での過屈曲が発生することがある（**1**）。

すなわち、腰椎屈曲時に腰痛が発生する場合、股関節伸展筋の短縮が"犯人"で、椎間板が"被害者"となってしまうこともある。特に股関節は、ハムストリングだけではなく大殿筋も屈曲制限の大きな要素となる。

腰椎の屈曲ストレス軽減のためには、ハムストリングや大殿筋の柔軟性を第一に獲得するべきである。ハムストリングのストレッチはさまざま存在するが、ハムストリングにタイトネスのあるアスリートはセルフでの柔軟化がなかなか難しいことがある。しゃがみ込み肢位でつま先または足首をつかみ、そこか

ら膝を伸ばしてハムストリングと脊柱後面全体を伸ばしていくジャックナイフストレッチはPNFストレッチの要素も含み、非常に効果的である（**2**、**3**）。

ハムストリングのストレッチにはPNFストレッチが効果的だが、タイトネスが強すぎる人にはかなりの痛みを伴う。また、PNFストレッチで股関節伸展方向に力を入れると、膝が屈曲してしまうことがあるので注意が必要。ストレッチバンドを使用して踵で天井を蹴るように力を入れると、膝の伸展が得られやすく、効率的なハムストリングのストレッチが行える（**4**）。

また、腰椎屈曲による椎間板への圧迫ストレスを減らすためには、腰椎後方にある胸腰筋膜を含めた後方組織の柔軟性を獲得することも重要である。胸腰筋膜は非常に強固な組織で、さまざまな方向からの筋力を腰椎・腸骨稜に伝達する組織である。この胸腰筋膜を効率よく伸張するには、グルートハムトレーナー（ニシスポーツ製）を使用して、後方からトレーナーが腰椎骨盤部の伸張をアシストしながら行うとよい（**5**）。

過度な伸展が痛みを生むことも

体幹を反らしたときに腰痛が発生することもある。腰椎は伸展可動域に乏しく、立位で最終伸展になると、腰椎椎間関節への圧迫ストレスが非常に大きくなる。椎間関節へのストレス増大は、胸椎の伸展不足と股関節屈筋群のタイトネスが原因になる。胸椎の伸展不足については、前述の胸椎の項を参照。胸椎の可動性が腰椎の過度な伸展につながり、腰痛を引き起こしている例はかなり多いといえる。

また、股関節屈筋群（腸腰筋、大腿直筋）のタイトネスにより、体幹伸展時に腰椎の過前弯が引き起こされる例もかなり多い。特にサッカーのキックやランニングでの太ももの引きつけなどは股関節屈筋群を多用するため、どうしてもタイトネスが生じやすい。これらの筋はセルフストレッチではなかなか伸ばすのが難しく、パーソナルトレーナーの役割が非常に大きくなる。股関節屈筋群のタイトネスは、腹斜筋群や大胸筋など前胸部の筋群の硬さとも関連が大きく、複合関節でのストレッチが必要になる。

ジャックナイフストレッチ

ストレッチバンドを用いたストレッチ

グルートハムトレーナーを用いたストレッチ

部位別「犯人捜し」のアプローチ例

アプローチ例

①股関節屈筋（腸腰筋ストレッチ）

ベッドの端であおむけになり、タイトネステストのトーマス肢位と同じ姿勢をとる。伸張したい側と反対側の下肢は最大屈曲させて胸の前で抱える。その姿勢を保ちながら股関節を伸展・内旋させ、腸腰筋を伸張させる（**1**）。さらに、この姿勢で膝を屈曲させると、大腿直筋を伸張することができる（**2**）。

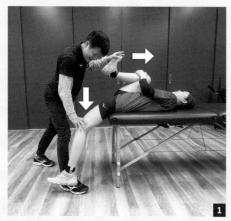

腸腰筋ストレッチ

腸腰筋、大腿直筋ストレッチ

②大腿直筋ストレッチ

ベッドの端から体を半分出した腹臥位をとる。ストレッチしたい側と反対側の下肢は体の前方に持っていく。その状態から膝を屈曲させ、大腿直筋をストレッチする（**1**）。さらに、上半身を反対側に回旋させていくと、腹斜筋や腸腰筋などがストレッチされる（**2**）。

大腿直筋ストレッチ

大腿直筋、腹斜筋、腸腰筋ストレッチ

③腹部、前胸部を含むストレッチ

伸張したい側を上にして側臥位になり、上半身はうつぶせの肢位をとる。下肢を伸展・内旋させて、股関節前面と腹部前面、前胸部を伸張する。

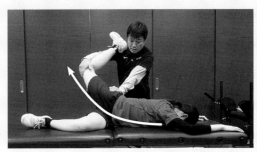

股関節屈筋、腹部、前胸部ストレッチ

胸椎の可動性に着目する

腰椎は回旋可動域がほとんどなく、各椎間で約1度、全椎間を合わせても5度程度の可動性しか有していない。スポーツでは、どの競技でも体幹の回旋が要求される。ところが腰椎は椎間関節の構造上、回旋ができる部品ではなく、スポーツ活動中の体幹の回旋は、股関節と胸椎の回旋で行わなければならない。すなわち、股関節と胸椎の可動性低下が"犯人"、腰椎が"被害者"となる。

胸椎の回旋は、胸椎の後弯または過伸展位では大きく制限される（**1**〜**3**）。また、胸椎の姿勢は頸部の肢位にも大きく影響を受ける。例えば、顎が前方に突出していると胸椎は後弯するし、頸椎の前弯が不足すると上半身の重心が前方へ行くために、背部の筋はいつも緊張しなければならなくなる（**4**）。頸椎のポジショニングには胸鎖乳突筋や斜角筋、大後頭直筋の短縮などが関係する。これらの筋のストレッチも腰痛には非常に大切である（**5**、**6**）。

| 胸椎軽度前弯位 | 胸椎後弯位 | 胸椎過前弯位 | 顎前方突出位 |

胸椎の回旋は、胸椎のポジションに大きく左右される。軽度前弯では回旋可動域は大きいが、後弯位や過前弯位では極端に胸椎回旋が制限される

胸鎖乳突筋ストレッチ　　**大後頭直筋の徒手療法**

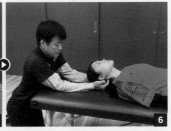

159

（3）股関節

グロインペインの原因は？

股関節は非常に可動性の大きな関節である。しかも走ったり、止まったり、跳んだり、着地したりする際の、加減速の大きな動力源になる筋が周囲についている。

グロインペインという股関節周囲筋や筋付着部周辺の障害が、サッカーなどでは非常に多く発生する。内転筋や腸腰筋などが障害されることが多いが、これらの部位も被害者である。特に内転筋は、骨盤のポジショニングに大きな影響を受ける。股関節内転筋のなかでもグロインペインに大きく関係している長・短内転筋は、内転作用とともに大きな股関節屈曲作用も有している。サッカーにおけるインサイドキックだけでなくインステップキックでも、長・短内転筋は活動する（図1）。

この長・短内転筋は、骨盤帯のポジションに大きく影響を受ける。例えばキックの際にキック肢のハ

図1｜股関節屈曲時の役割分担

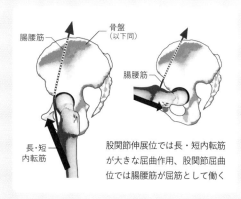

股関節伸展位では長・短内転筋が大きな屈曲作用、股関節屈曲位では腸腰筋が屈筋として働く

図2｜骨盤のポジションと内転筋の伸張

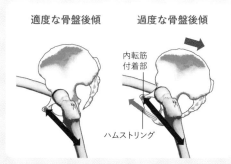

キック肢のハムストリングが硬いと骨盤が後傾し、骨盤の後傾によって内転筋付着部に伸張ストレスがかかる（右）

図3｜骨盤のポジションと大腰筋の伸張

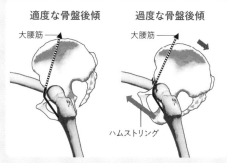

キック肢のハムストリングのタイトネスで骨盤の過度な後傾が起こり、大腰筋の恥骨稜でのストレスが増大する

図4｜骨盤のポジションと大腿直筋の伸張

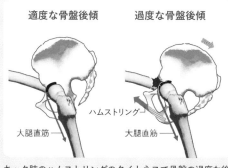

キック肢のハムストリングのタイトネスで骨盤の過度な後傾が起こり、大腿直筋付着部でのストレスが増大する

ムストリングが硬いと、骨盤は過度に後傾してしまう（図2右）。骨盤が後傾すると長・短内転筋は過度に伸張され、付着部には大きな伸張ストレスが加わる。すなわち対側のハムストリングのタイトネスが"犯人"で、内転筋が"被害者"ということになる。

また、大腰筋も骨盤の後傾に伴って伸張ストレスが大きくなる（図3右）。この場合は対側のハムストリングのタイトネスが"犯人"で、腸腰筋が"被害者"ということになる。

骨盤の肢位によって痛みが出る

股関節唇損傷には、大腿直筋の直頭付着部の損傷が合併することも知られている。この大腿直筋も、骨盤の肢位に大きく影響を受ける（図4）。骨盤の過度な後傾を誘発する対側のハムストリングの短縮などが"犯人"となり、大腿直筋直頭付着部が"被害者"になることがある。

股関節前方の関節唇の衝突の繰り返しにより、大腿骨頭側や臼蓋側に過度な骨棘が形成されて衝突する FAI（femoroacetabular impingement：大腿骨寛骨臼インピンジメント）も、スポーツではよく発生する。特にキックのフォロースルーの際の最大屈曲・内転位で違和感や痛みを訴えることが多いもの。キックの際の支持脚の胸腰筋膜や脊柱起立筋のタイトネス、支持脚のハムストリングのタイトネスがあると、フォロースルー期で骨盤後傾が制限されてしまう。

同じだけキック肢を振り上げたとき、図5左のように適度に骨盤が後傾していれば股関節前方は衝突しないのに対し、図5右のように骨盤後傾が制限されてしまうとフォロースルー期で股関節前方の衝突が生じてしまう。この場合は胸腰筋膜や脊柱起立筋、支持脚側のハムストリングのタイトネスが"犯人"で、股関節前方が"被害者"ということになる。原因となる"犯人"を退治しなければ、"被害者"の症状を取り除いたとしても、いずれ再発してしまう。

図5 ｜ 骨盤のポジションと股関節の衝突

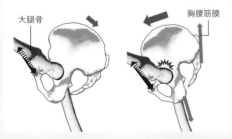

支持脚のハムストリングのタイトネスなどで骨盤後傾が制限されると、キックのフォロースルーの局面で股関節上前方での衝突が生じやすい

（4）大腿

ハムストリングの肉離れの「犯人」

大腿部のスポーツ障害では、ハムストリングの肉離れが代表的である。肉離れも実は、"犯人"が別のところにいる可能性がある。犯人は1人ではないかもしれないが、ランニングフォームが"犯人"で、ハムストリングが"被害者"であることが多く見られる。

疾走時のハムストリングの肉離れは、遊脚肢が接地する際の股関節屈曲・膝屈曲位から股関節屈曲・膝伸展位になるときに、ハムストリングに遠心性の伸張が加わり発生するといわれている。ランニングスピードは1歩で進む距離の「ストライド」と回転数である「ピッチ」で決まる。スプリントの際は、

部位別「犯人捜し」のアプローチ例

速度が増してもピッチはさほど変わらず、ストライド増加によってスピードが変わるといわれている。

足の接地位置と重心の関係

ハムストリングの肉離れが起きやすいランナーの特徴として、Foot strike（足接地）時に重心位置よりも前に接地していることが挙げられる。少しでもストライドを広げようとしているのかもしれないが、ランニングの接地直前の両足は地面から離れ、体は空中に浮いている。すなわちどこからも力を受けることはできない。そこで足をできるだけ前に接地しようとすると、重心位置は変えられないので、その分、体幹や頭部が後方に変位する（ニュートンの第1法則）。

短距離でも長距離でも無駄のない効率的なランニングでは、接地点は重心位置よりも20〜30cm前といわれている（図6）。足の接地点が重心位置よりも前にいけばいくほど、接地時の股関節屈曲角度は大きくなり、ハムストリングに伸張ストレスが加わるだけでなく、接地時のブレーキ要素も強くなってしまう。

では、どのようにストライドを広げればよいのだろうか。ストライドを広げるには地面に足がついている支持期に、支持脚の股関節の伸展・内旋作用で重心位置を少しでも前方に加速することにより、ストライドを広げることができる。支持期に下肢を真下に踏み込み、股関節を伸展・内旋させるドリルを行う（右写真）。

図6 | ランニングの接地点は重心の真下より少しだけ前方が効率的

短・中・長距離走のフォーム

200m走ペース　　800m走ペース　　3000m走ペース

チューブ・ツイストプッシュもも上げ

TRX rip trainerを使った、サムライからもも上げプッシュ

（5）膝

足部の荷重点、股関節機能に着目

膝のスポーツ障害・外傷では、ニーインやニーアウトといったマルアライメントが原因となって、半月板や靱帯の損傷が起こることがよく知られている。ニーインやニーアウトといった現象は、足部の荷重点が"犯人"で、ニーイン／アウトといった"被害者"が発生する場合がある。あるいは、股関節機能が"犯人"で、ニーイン／アウトといった"被害者"が発生することもある。

まず、股関節から考えてみたい。股関節の外転機能不全で発生するトレンデレンブルグ肢位やデュシェンヌ肢位といった姿勢がある（図7）。

姿勢の形は異なるが、原因はいずれも股関節の外転機能不全である。トレンデレンブルグ肢位は外転機能不全のため、重心が下降する回転力を支え切れずに対側骨盤が回転し、降下してしまったものと考えることができる。一方、デュシェンヌ肢位はあらかじめ重心を股関節付近に変位させる代償動作をとることで、股関節に必要な回転力（外転筋力）を減少させている代償肢位と考えることができる。すなわち股関節機能が"犯人"で膝が"被害者"ということができる。

また、足部の荷重点が外側に変位したり、足部が回外したりするとニーアウト傾向に、荷重点が内方化し足部が回内するとニーインが誘発される（図8）。パーソナルセッションでニーインやニーアウトが観察された場合は、直接アライメントを指摘するのではなく、どこに意識させるのがベストかを考えて行うと効果的である。

図7｜トレンデレンブルグ肢位とデュシェンヌ肢位

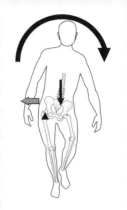
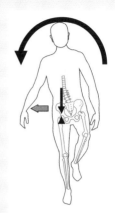

トレンデレンブルグ肢位　　デュシェンヌ肢位

股関節外転機能不全により、トレンデレンブルグ肢位やデュシェンヌ肢位が起こり、膝のストレスが増大することがある

図8｜足部荷重点とニーインとニーアウト

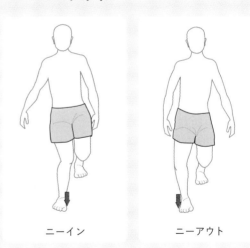

ニーイン　　　　　　ニーアウト

足部の荷重点の内側・外側の偏位や、足部内反・外反によっても膝へのストレスが変化する

第1節｜アスレティックリハビリテーション

〈第3項〉ケガや故障の回復トレーニングの実際

　本項では、第1項で紹介したアスレティックリハビリテーションの概論に基づき、実際にわれわれが実施したリハビリ例を、前半は「外傷」、後半は「障害」について計6例、紹介します。障害に関しては第1項で挙げたステージごとの取り組みではなく、第2項で述べた「犯人捜し」の考え方と実践を中心にまとめています。

事例1（外傷）：足関節内反捻挫をしたサッカー選手（高校3年生／右利き）

【経過】
3日前の練習中に、相手の切り返しについていこうとしたところ、右足を着いた際に足首を内側にひねってしまった。

【開始時の状態】
病院では右足関節捻挫と診断され、リハビリを行うことになる。患部の状態はやや腫脹があり、ROMは低下、筋力も低下している。2週間後の完全復帰を目指す。

【対応】
（1）亜急性期（1〜2日）

患部
①炎症の鎮静化、関節の動きの維持
　→クライオキネティクス
　●アイスバケツ＋アルファベット
②関節の動きの維持→ROMエクササイズ
　●4方向　アクティブ
③筋機能の維持→筋トレ
　●4方向　アイソメトリック

4方向　アクティブ

底屈　　　　　　　　　　　背屈

アイスバケツ　　アルファベット

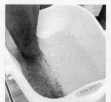 

アイシングしながら、足先でアルファベット（A〜Z）を描くように動かす

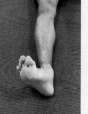

回内　　　　　　　　　　　回外

回内：背屈＋外転＋小趾側を持ち上げる動き
回外：底屈＋内転＋母趾側を持ち上げる動き

6方向　アイソメトリック

底屈

背屈

回外

回内

患部外

①筋力の維持
● コア・スタビリティ、ダイナミック
● マシン筋トレ

（2）慢性期初期（3～4日）

患部

①治癒過程の促進、局所のウォーミングアップ
　→ホットパック
②関節の動きの回復→ROMエクササイズ
● 4方向　アクティブ・アシスティブ
③筋力の回復→筋トレ
● 4方向　チューブトレーニング
④段階的なバランス能力→バランストレーニング
● 立位バランスディスク
⑤歩行

患部外

①筋力の維持
● コア・スタビリティ、ダイナミック
● マシン筋トレ（**1**、**2**）
②有酸素能力の維持
● エアロバイク

4方向　チューブトレーニング（一例）

底屈

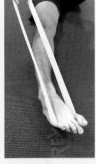
回外

背屈

コア・スタビリティ
（ドローイン・プッシュ）

ダイナミック（腹筋）

プッシュ＆プル

レッグ
エクステンション

事例1（外傷）：足関節内反捻挫をしたサッカー選手（高校3年生／右利き）

（3）慢性期中期（5〜6日）

患部

①治癒過程の促進、局所のウォーミングアップ
- ホットパック

②関節の動きの回復→ROMエクササイズ
- 4方向　アクティブ・アシスティブ

③筋力の回復→筋トレ
- 4方向　マニュアルレジスタンス
- PWB トウ・カーフレイズ

④段階的なバランス能力
　→バランストレーニング
- 立位バランスディスク
　（PWB、FWB）
- PWB 片足

⑥歩行〜ジョギング

ホットパック

4方向　アクティブ・アシスティブ（一例）

底屈

回外

PWB
カーフレイズ

PWB
トウレイズ

PWBバランス
ディスク片足

立位バランスディスク

PWB

FWB

PWB 片足

歩行

患部外

①筋力の維持
● コア・スタビリティ、ダイナミック
● マシン筋トレ
③有酸素能力の維持
● エアロバイク

エアロバイク

（4）慢性期後期（7～10日）

患部

①治癒過程の促進、局所のウォーミングアップ
　→ホットパック
②関節の動きの回復→ ROM エクササイズ
● 4方向　アクティブ・アシスティブ
③筋力の回復～向上→筋トレ
● 4方向　マニュアルレジスタンス
● FWB トウ・カーフレイズ（両足～片足）
● フロント・ランジ
● サイドランジ
〈その後〉
● アンクルホップ（両足～片足）
● スクワットジャンプ
● スプリットジャンプ
④段階的なバランス能力→バランストレーニング
● 立位バランスディスク
● FWB 片足、クロスモーション、トウタッチ
⑤ジョグ～ランニング

患部外

①筋力の維持～向上
● コア・スタビリティ、ダイナミック
● マシン筋トレ
②有酸素能力の維持～向上
● ジョグ、ランニング

FWB
カーフレイズ

フロント
ランジ

サイド
ランジ

アンクルホップ

両足　　　　　片足

スクワットジャンプ　スプリットジャンプ

FWB 片足

クロスモーション

トウタッチ

ジョグ〜ランニング

(5) 機能特異性回復期(11日)

患部

①治癒過程の促進、
　局所のウォーミングアップ
　→ホットパック
②関節の動きの回復→
　ROM エクササイズ
●4方向　アクティブ・アシスティブ
③筋力の向上→筋トレ
●4方向　マニュアルレジスタンス
④段階的なバランス能力→
　バランストレーニング
●立位バランスディスク
●トウタッチ
⑤テーピング
⑥グラウンドにて確認
●ダッシュ、ストップ、方向転換、
　ステップワーク、対人、キック
⑦練習部分参加

ダッシュ　　　ストップ　　　方向転換

ステップワーク　　対人　　　キック

(6) 機能特異性回復期(12〜13日)

患部

①治癒過程の促進、局所のウォーミングアップ
　→ホットパック
②関節の動きの回復→ ROM エクササイズ
●4方向　アクティブ・アシスティブ
③筋力の向上→筋トレ
●4方向　マニュアルレジスタンス

④段階的なバランス能力→バランストレーニング
●立位バランスディスク
●トウタッチ
⑤テーピング
⑥練習部分参加

(7) ゲーム復帰(14日)

事例2（外傷）：膝半月板損傷をしたミュージカル俳優（女性）

【経過】
公演中にダンスパートで膝に激痛が走り、翌日腫脹と ROM の低下も見られたので受診。半月板損傷との診断で手術（縫合術）を行う。術後2カ月間は病院でリハビリを行い、3カ月目からパーソナルトレーニングを開始した。

【開始時の状態】
患部の状態は腫脹、発赤、熱感はなかったので、運動療法を積極的に始める慢性期初期のステージと判断。ROM は健患差があり、筋力は入りにくく、周囲径で3センチの健患差があった。患部以外には足趾機能がうまく使えておらず、片足バランスでは中殿筋の弱さからニーインしてしまうダイナミックアライメントだった。それらの影響でシンスプリントの症状もあった。

【対応】
（1）慢性期初期

患部

①治癒過程の促進、局所のウォーミングアップ
　→ホットパック
②関節の動きの回復→ROM エクササイズ
● ヒールスライド（アクティブ）
③筋力の回復→筋トレ
● レッグエクステンション・マニュアル・アイソメ
　（加圧）
④歩行

患部外

①筋力の維持
● マシントレーニング
● コア・スタビリティ、
　ダイナミック
②補強
● 内転マニュアル、
　外転マニュアル
③有酸素能力の維持
● エアロバイク

ホットパック

ヒールスライド（アクティブ）

レッグエクステンション・
マニュアル・アイソメトリック・加圧

マシントレーニング

コア・スタビリティ　　　　　　　　　　　　　　ダイナミック

内転マニュアル　　　　　　　　　外転マニュアル

（2）慢性期中期

患部

①治癒過程の促進、局所のウォーミングアップ
　→ホットパック
②関節の動きの回復→ROMエクササイズ
● ヒールスライド
　（アクティブ・アシスティブ）
③筋力の回復→筋トレ
● レッグエクステンション・マニュアル・
　アイソメ（加圧）
● PWBスプリットスクワット
④段階的なバランス能力→バランストレーニング
● PWB立位バランスディスク
● PWBスクワット・バランスディスク
● PWBスプリットスクワット・バランスディスク
⑤歩行〜ジョグ

ヒールスライド（アクティブ・アシスティブ）

PWBスプリット
スクワット

PWB 立位
バランスディスク

両足　　　　　　片足

PWB スクワット・
バランスディスク

両足　　　　　　片足

PWB スプリットスクワット・
バランスディスク

患部外

①筋力の維持
●マシントレーニング
●コア・スタビリティ、
ダイナミック
②補強
●外転、内転マニュアル
●足趾トレーニング
③有酸素能力の維持
●エアロバイク

事例2（外傷）：膝半月板損傷をしたミュージカル俳優（女性）

（3）慢性期後期

患部

①治癒過程の促進、局所のウォーミングアップ
　→ホットパック
②関節の動きの回復→ROMエクササイズ
- ヒールスライド（アクティブ・アシスティブ）
③筋力の回復〜向上→筋トレ
- レッグエクステンション・マニュアル・アイソメ（加圧）
- FWB スプリットスクワット
- FWB スクワット〜スクワットカーフ
- FWB フロント＆サイドランジ
- 片脚スクワット

その後、
- スクワットジャンプ
- スプリットジャンプ
- サイドベンチホップ

④段階的なバランス能力→バランストレーニング
- 立位バランスディスク
- FWB スクワット・バランスディスク
- FWB スプリットスクワット・バランスディスク
- フルエクステンション BOSU

⑤ジョグ〜ランニング

FWB スプリットスクワット

FWB スクワット〜スクワットカーフ

FWB フロント＆サイドランジ

フロントランジ　　サイドランジ

立位バランスディスク

両脚　　　　　　　　　　　　　　　　片脚

FWB スクワット・バランスディスク

両脚　　　　　　　　片脚

FWB スプリットスクワット・バランスディスク

フルエクステンション BOSU

ジョグ〜ランニング

患部外

① 筋力の維持〜向上
● マシントレーニング
● コア・スタビリティ、ダイナミック
② 補強
● 足趾トレーニング
● 内転、外転マニュアル
③ 有酸素能力の維持〜向上
● ランニング
● ダンスサーキット

ダンスサーキット

（4）機能特異性回復期

　次回出演作品の演出で深屈曲のシーンがあったため、屈曲動作を段階的に上げ、ダンスでのステップやコーディネーションにつながるラダーやミニハードルのトレーニング、筋力とスタミナを強化するためにダンスサーキットトレーニングの量を増やしていった。

　トレーニング開始から6週で稽古へ部分合流し、8週で舞台復帰した。

事例3（外傷）：ハムストリングの肉離れをした陸上競技短距離選手（20代、男性）

【経過】
競技会100mスプリントに出場。レース終盤に足を接地した際に大腿部後面に激痛が走り、そのまま倒れ込みレースを棄権。その後病院に搬送され、ハムストリング肉離れⅡ型2度で、1週間後からパーソナルトレーニングを開始した。

【開始時の状態】
患部の状態としては、腫脹、発赤、熱感、圧痛がある。柔軟性は低下、筋力はほぼ力が入らない。

肉離れの分類（JISS分類）
Ⅰ型：筋線維部（筋肉内または筋間）の損傷
Ⅱ型：筋腱移行部（特に腱膜部）の損傷
　　1度：わずかな損傷（腱膜の輪郭が保たれている）
　　2度：部分断裂（腱膜が部分的に断裂）
　　3度：完全断裂（腱膜が完全に断裂）
Ⅲ型：筋腱付着部の損傷（裂離を含む）
　　1度：わずかな損傷（腱膜の輪郭が保たれている）
　　2度：部分断裂（腱膜が部分的に断裂）
　　3度：完全断裂（腱膜が完全に断裂）

スポーツ復帰の目安
Ⅰ型：2週間以内
Ⅱ型：1度：2.0週（1〜6週）
　　　2度：6.4週（3〜12週）
　　　3度：9.8週（4〜16週）
Ⅲ型：1度：Ⅱ型の2度〜3度と同程度
　　　2度／3度：16週程度だがパフォーマンス低下の可能性あり（トップアスリートなら手術を考慮）

【対応】
（1）亜急性期

患部

①炎症の鎮静化クライオストレッチ（アクティブ、スタティック）
②筋機能の維持→筋トレ
● リバースSLR（NWB、アイソメトリック）

患部外

①筋力の維持
● コア・スタビリティ
● マシントレーニング

クライオストレッチ

リバースSLR
（NWB、アイソメトリック）

コア・スタビリティ
（ドローイン・プッシュ）

(2) 慢性期初期

患部

①治癒過程の促進、局所のウォーミングアップ
　→ホットパック
●超音波
②柔軟性の回復→ストレッチ
●セルフ（スタティック～バリスティック）
●SLR（スタティック～バリスティック、PNF）
③筋力の回復→筋トレ
●リバースSLR・マニュアル（アイソメ～
　コンセントリック、エキセントリック）
④歩行

ホットパック

セルフストレッチ

SLR（スタティック）

PNF（コントラクト・リラックス～ホールド・リラックス）

羽状筋である大腿二頭筋の腱膜損傷なのでホールド・リラックスは有効
コントラクト・リラックス

リバースSLRマニュアル（コンセントリック）

ホールド・リラックス

リバースSLR（エキセントリック）

患部外

①筋力の維持
●マシントレーニング
●コア・スタビリティ、
　ダイナミック
②有酸素能力の維持
●エアロバイク

シットアップ

事例3（外傷）：ハムストリングの肉離れをした陸上競技短距離選手（20代、男性）

（3）慢性期中期

患部

①治癒過程の促進、局所のウォーミングアップ
　→ホットパック
● 超音波
②柔軟性の回復→ストレッチ
● PNF
③筋力の回復→筋トレ
● リバースSLR・マニュアル
　（アイソメ〜コンセントリック、エキセントリック）
● レッグカール・マニュアル
　（アイソメ〜コンセントリック、エキセントリック）
● ヒップリフト（両足〜片足）
④歩行〜ジョグ

患部外

①筋力の維持
● マシントレーニング
● コア・スタビリティ、ダイナミック
②有酸素能力の維持
● エアロバイク

レッグカール・マニュアル（アイソメトリック）

レッグカール・マニュアル（エキセントリック）

ヒップリフト（両脚）

ヒップリフト（片脚）

（4）慢性期後期

患部

①治癒過程の促進、局所のウォーミングアップ
　→ホットパック
● 超音波
②柔軟性・弾性力の回復→ストレッチ
● PNF
● ダイナミックストレッチ
③筋力の回復〜向上→筋トレ
● リバースSLR・マニュアル
　（アイソメ〜コンセントリック、エキセントリック）
● レッグカール・マニュアル
　（アイソメ〜コンセントリック、エキセントリック）
● ヒップリフト・高速（片足）
● ヒップリフト・ドーナツ
● スクワットカーフ〜メディシン
● スクワットジャンプ
● 片足ルーマニアン・デッドリフト
③ジョグ〜ランニング

ダイナミックストレッチ　　　　　　　　ヒップリフト・高速（片足）

ヒップリフト・ドーナツ

スクワットカーフ　　　　スクワット
（メディシン）　　　　　　ジャンプ

患部外

①筋力の維持〜向上
●マシントレーニング
●コア・スタビリティ、ダイナミック
②有酸素能力の維持〜
　向上トレッドミルジョグ、ランニング

片足ルーマニアン・
デッドリフト

マシントレーニング

トレッドミル・ランニング

（5）機能特異性回復期

　ランニングスピードを上げていき、プライオメトリックやランニングドリルも徐々に開始していく。加速走やスタートダッシュなども段階性を上げていき、4週間目で通常練習に合流した。

事例4（障害）：グロインペインで悩むサッカー選手（高校2年生／左利き）

【経過】

2年前、プレー中に左股関節が外に開いた（外転）ときから左股関節が痛くなった。数日後に近医でMRIを撮ってもらい、「恥骨筋損傷」と言われた。痛み止めを服用して1週間後の試合にも出場。その後は少しずつよくなったものの、フットサルで再燃してからはボールを蹴ると痛くなり、2年間、試合にはほぼ出場していない。その間は練習も別メニューで実施している。紹介で週に1回、パーソナルでケアとトレーニングを開始。

【開始時の状態】

- 圧痛の場所は内転筋付着部
- SLRと内転筋収縮で痛みあり（**1**、**2**）
- 腸腰筋伸張、内転筋伸張でも痛みあり
- 股関節屈曲時（100度）に股関節前面につまりあり
- 腹圧症状や感覚障害、放散痛はなし
- 腸腰筋、恥骨筋、長内転筋、大内転筋、大殿筋、大腿筋膜張筋のタイトネスあり（トーマステスト（**3**）、エリーテスト（**4**）、オーバーテスト（**5**））

SLRでの疼痛所見

内転筋収縮での疼痛所見

腸腰筋短縮（トーマステスト）

大腿直筋短縮（エリーテスト）

大腿筋膜張筋短縮（オーバーテスト）

【対応】
（1）股関節周囲筋の柔軟化

グロインペインの痛みはキックやランニング、ランジ動作など、左右の下肢が非対称な肢位にあることが多く見られる。キックの場合、キック肢は股関節屈曲位、支持脚は股関節伸展位となる。ランニングも同様である。

キックの際の支持脚の股関節屈曲拘縮があると、骨盤は過度に前傾してしまう（図1）。また、ランニング時にスイング脚のハムストリングのタイトネスがあると、支持脚の股関節は後傾してしまう（図2）。そして、支持脚の胸腰筋膜のタイトネスがあると、骨盤は前傾してしまう（図3）。

グロインペインで重症化しやすい、長内転筋や短内転筋付着部付近のストレスを軽減しなければならない。長・短内転筋は内転作用とともに、股関節屈曲作用も有する。骨盤肢位は長・短内転筋のストレスに大きく影響する（図4）。

そこで、フロッシングで股関節屈曲筋群、内転筋、大腿筋膜張筋、ハムストリングなどなどの柔軟性向上を図った（**6**〜**9**）。

また、セルフエクササイズとして、股関節関連部位のセルフストレッチを継続してもらった（**10**〜**12**）。

第4章 適応エクササイズ&テクニック・後編

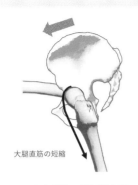
大腿直筋の短縮

図1｜支持脚の股関節屈筋短縮による骨盤前傾

ハムストリングの短縮

図2｜スイング肢のハムストリング短縮による骨盤の後傾

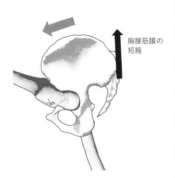
胸腰筋膜の短縮

図3｜胸腰筋膜の短縮による骨盤前傾

股関節屈筋群へのフロッシングバンド

- 長・短内転筋は恥骨を起始とする
- 股関節伸展位では股関節屈筋として働く
- 股関節伸展位で、骨盤が後傾すると大きな伸張力が働く

図4｜長・短内転筋の屈曲作用

内転筋群へのフロッシングバンド

大腿筋膜張筋へのフロッシングバンド

ハムストリングへのフロッシングバンド

腸腰筋・体幹前面のセルフストレッチ

ハムストリング、胸腰筋膜のセルフストレッチ

内転筋のセルフストレッチ

事例4（障害）：グロインペインで悩むサッカー選手（高校2年生／左利き）

（2）シングルレッグ・バランスの安定化（股関節周囲筋の機能向上）

骨盤のポジションは、立位の安定性によっても影響を受ける。そのため、立位でのエクササイズの前に、股関節伸展位および屈曲位での股関節外転筋のマットエクササイズから開始。片脚立位での静止バランスからはじめ、徐々に動的なエクササイズを導入していく。

①ループサイドレイズ　ダンベルツイスト

- 側臥位をとり、膝上にトレーニング用ループを装着する。下の手は屈曲180度の肢位（これが大切！）、上の手は1～3kgのダンベルを持ち、外転90度の肢位をとる（**1**）。
- 両脚を持ち上げ、さらに上の脚を持ち上げて5秒間キープする（**2**）。
- 下の脚を下ろすことなく、上の脚の5秒間外転を10回繰り返す。
- 両脚の外転を保持し、上体がぐらつかないように注意しながらダンベルを10回ツイストさせる（**3**）。

②ループサイドレイズ　ヒップフレクション

- トレーニング用ループを膝上に装着して側臥位をとり、背中を丸めることなく股関節を90度にする（**1**）。
- その状態から両下肢を持ち上げたまま（**2**）、上の脚を5秒間外転保持させる（**3**）。
- 下の脚を下ろすことなく、上の脚の5秒間外転保持を繰り返す。

③ダンベル　シングルレッグ・デッドリフト　ツイスト&オフセット

- 非支持脚側の手にダンベルを持ち、もも上げ肢位をとる（**1**）。
- 片脚支持のままデッドリフト肢位をとり、ダンベルを支持脚のつま先にタッチさせる（**2**）。
- もも上げ肢位に一度戻ってから、ダンベルを外転挙上させる（**3**）。
- これを繰り返す。

④ケトルベル　シングルデッドリフトから小さくジャンプ

- 両手にケトルベルを持ち、もも上げ肢位をとる（**1**）。
- 片脚支持のままデッドリフト肢位をとり、ケトルベルを支持脚のつま先にタッチさせる（**2**）。
- そこから一気にもも上げ肢位にもっていき、小さくジャンプして着地する（**3**）。
- これを10〜15回繰り返す。

　パーソナルトレーニング開始2回目から内転筋付着部付近の疼痛が軽減し、練習も部分合流が可能になったため、さらに動的なエクササイズを追加した。

（3）股関節周囲の柔軟性向上と動的エクササイズ

　両側の柔軟性とランジポジションでの骨盤帯の安定化が得られたら、ランジや切り返し、クロスモーションの動的エクササイズに移行していく。安定性が得られる前の導入は、かえって患部にストレスをかけることになるため注意が必要。

① ViPR　ニーリングでフォアバック

- ViPR（トレーニング器具）を両側ともエンドグリップで把持する。片膝立ちで前後開脚し、前方の下肢は屈曲させ、後方の膝は床についてViPRを肩に担ぐ（**1**）。
- 脚はそのままでお尻を後方に移動させ、前方の膝は伸展してハムストリングを伸張させる（**2**）。
- これを繰り返す。

事例4（障害）：グロインペインで悩むサッカー選手（高校2年生／左利き）

② ViPR　ランジでフォアバック　2ステップ

- ViPRを両側ともエンドグリップで把持する。ランジポジションをとり、ViPRを前方肢の側方に置く（**1**）。
- ランジ肢位から1歩前進しViPRを前方肢の側方に振り下ろす（**2**）。
- さらにもう1歩前進し、ViPRを肩に担ぐ（**3**）。
- 1歩戻り、中央の写真の姿勢をとり、さらに1歩戻って最初の姿勢に戻る。これを素早く繰り返す。

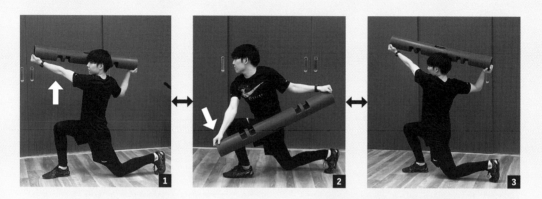

③ ViPR　もも上げからサイドランジ　振り下ろし

- ViPRをハンドルグリップまたは両側エンドグリップで把持する。肩に担いだ姿勢でもも上げする（**1**）。
- そこからもサイドジャンプし、着地する。ViPRは踏み込み足の前方に振り下ろす（**2**）。
- 最初の姿勢に戻り、繰り返す。

そのほかのインドアでのステップ系エクササイズも加えて、パーソナル開始から2カ月でボールを蹴っても痛みがなくなった。練習後、内転筋付着部にやや違和感を覚えることはあるものの、チーム練習復帰が可能となった。

【経過】

グロインペインは、患部の状態評価はもちろんだが、体幹部（特に前胸部の硬さ、胸郭での回旋可動域低下、胸腰筋膜のタイトネス、体幹筋の機能不全など）から反対側も含めた股関節周囲筋のタイトネス（腸腰筋、大腿直筋、大殿筋、大腿筋膜張筋、ハムストリングなど）、足底荷重点の外側化、頸部のポジショニングなど、体のさまざまな部分に"犯人"が隠れていて、内転筋付着部周囲が"被害者"となる。

画像による患部の評価が重要である一方、休息だけでは再発する。本項では股関節周囲のタイトネスに対するアプローチの一例を取り上げたが、胸郭や足部も含めた全身評価も含めて、パーソナルエクササイズをしていくことが大切である。"犯人"が複数存在するスポーツ障害こそ、原因にも個人差があり、パーソナルアプローチが非常に重要となる。

事例5：伸展型腰痛に悩むバレーボール選手（高校3年生女子／右利き）

【経過】

練習量が多く疲労がたまっていた。特に要因は思いつかないが、スパイクのテイクバック動作や着地で腰が痛くなった。普段は、腰を反らすと腰椎下方に痛みがある。ひねり動作でも痛みがある。以前に肩を痛めたことがあり、肩もスパイクのテイクバック動作で詰まる感じがある。

【開始時の状態】

・腰椎伸展での疼痛部位はL4-5レベルの正中よりやや右側。脊柱起立筋は全体に硬く、右殿部がいつも張ってしびれているという（上殿皮神経領域）。
・前屈では痛みはないがFFD（指床間距離）マイナス20cm（**1**）。SLRは右80度、左80度。放散痛はなく、ハムストリングのタイトネスあり。股関節も腸腰筋や大腿直筋のタイトネスがある（**2**）。
・立位・座位で体幹を右回旋させると、右側屈が入ってしまう。坐位での体幹回旋は右45度、左70度と両側とも硬い（**3**）。
・立位肩挙上で肩屈曲は150度程度、腰椎伸展で代償している（**4**）。

ハムストリング、殿筋タイトネス

ハムストリング、殿筋タイトネス
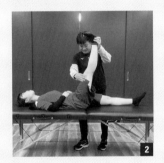

右回旋で右側屈が見られる

肩屈曲制限を腰椎で代償している

【対応】

本症例は、患部より上部では肩の可動域制限や胸椎の伸展制限、胸腰筋膜のタイトネスによる胸椎回旋制限、患部よりも下部では股関節屈筋群のタイトネスなどの要因が考えられる。その結果、スパイクのテイクバック動作の際に体幹全体で伸展しなければならず、腰椎の伸展ストレスが集中してしまっている。

さまざまな物理療法やサポーターなどで症状を緩和し、患部を保護することはもちろん大切だが、根本の"犯人"を1つ1つ解決しなければならない。

（1）腸腰筋、大腿直筋タイトネス

これについては前項のグロインペインの前半でもアプローチしている（p.178～179参照）。伸展型腰痛では、さまざまな体幹安定化エクササイズの前に股関節での伸展制限を解除しなければ、体幹安定化の効果は出ない。まずはモビリティの獲得が最大優先となる。

バレーボールの場合はサッカーなどとは異なり、スパイクのテイクバックでは腰椎と同時に両股関節の伸展が要求される。いずれかの腸腰筋や大腿直筋にタイトネスが生じると骨盤前傾が不足し、腰椎の伸展要素がさらに強くなる。バレーボールや投球系の競技では、利き手とは反対側の腸腰筋のタイトネスが現れやすいのが特徴なので、よく観察する必要がある。

事例5：伸展型腰痛に悩むバレーボール選手（高校3年生女子／右利き）

（2）胸椎の伸展・回旋制限

こちらは第4章の「部位別のアスリハ論と患部以外の『犯人捜し』」の写真を参照のこと（p.154）。胸椎での回旋は、胸椎後弯位でも前弯位でも極端に制限を受けるが、一般的に上肢を使うスポーツでは、主動作筋は大胸筋や腹筋群など体幹前面の筋である。

ということは、これらの筋の使い過ぎによって胸椎は後弯傾向になることから、まずは後弯からの開放が最優先になる。

この選手は胸椎エクササイズを実施した後、坐位右回旋が45度から90度まで拡大した。

（3）腰椎後部のタイトネス（胸腰筋膜含む）

腰椎後面には僧帽筋や脊柱起立筋、広背筋といった、非常に力が強く、筋長の長い筋群が走行している。さらにこれらの後方の筋は、腰椎後方で胸腰筋膜といった筋膜組織に移行して、非常に硬い組織になっている。これらの腰椎後方筋群の硬さや過緊張があると、当然ながら腰椎は前弯位となり、椎間関節や後部椎弓組織に負担をかけてしまうことになる。

腰椎下部の筋や筋膜組織は、セルフエクササイズのみではなかなか伸張しない。まずは徒手やファッシア・アクティベーションを利用して、柔軟性を出しやすくしてからセルフエクササイズを指導したほうが効果的である。

①フロッシングストレッチ1

- 骨盤下部から胸椎部に向かって3inch ×3.5m のフロッシングバンドを巻く（**1**）。
- 立位と座位で、側方にバンドを誘導する（**2**）。
- 座位でフロッシング部を手でサポートしながら、体幹を側屈、回旋、前後屈させる（**3**～**5**）。
- 次に、立位でも同様にフロッシング部を手でサポートしながら体幹を側屈、回旋、前後屈させる（**6**～**8**）。

腰部へのフロッシングについては、p.124にも記載しているので、参照のこと。

1 フロッシングバンドでの対応

2 立位での対応

側屈 3

4 回旋

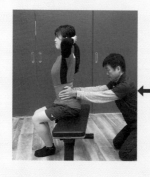

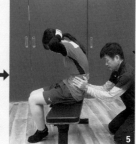
5 前後屈

第4章　適応エクササイズ&テクニック・後編

側屈　　　回旋　　　前後屈

②フロッシングストレッチ2

- 骨盤下部から胸椎部に向かって、3inch×3.5m のフロッシングバンドを巻いていく（**1**）。
- ベッド上側臥位から、ややうつ伏せに近い姿勢をとる（**2**）。
- 上の手と胸椎を回旋させて開いていく。その際、前胸部とフロッシング部を手または前腕で支持して、一側の脊柱起立筋や胸腰筋膜を伸張する（**3**）。
- 片膝立ちをとって後頭部で手を組み、手でフロッシング部を支持しながら体幹を側屈、回旋させていく（**4**、**5**）。

側臥位での対応

一側の脊柱起立筋や胸腰筋膜を伸張する

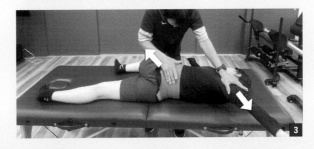

フロッシングバンドでの対応

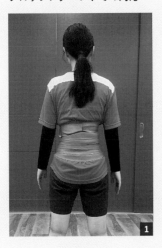

手でフロッシング部を支持し、回旋させる

体幹を側屈・回旋させる

185

事例5：伸展型腰痛に悩むバレーボール選手（高校3年生女子／右利き）

（4）肩の可動域制限の解除と胸郭伸展、回旋の誘導

　肩の可動域制限にも胸椎のポジションは大きく影響する。また、逆に胸郭は肩の痛みやタイトネスがあると、後弯傾向になりやすい傾向がある。肩の挙上制限を取り除き、胸椎での伸展を誘導し、腰椎の伸展を抑制することが、オーバーヘッド系競技の伸展型腰痛では非常に重要である。

　胸郭の後弯を誘発して肩甲帯の下制・上方回旋を妨げてしまう筋として、小胸筋が挙げられる。また、テイクバックの際には上肢挙上で外旋しなければならず、広背筋や大円筋のタイトネスはテイクバック可動域に悪影響を及ぼす。

①広背筋、大円筋、上腕三頭筋のフロッシングストレッチ

- 上腕に2inchのフロッシングバンドを巻き、上腕を最大挙上位に持って行く（**1**）。
- その状態で上腕を内外旋方向に回旋誘導し、さらに挙上させていく。同時に、対側骨盤から同側胸郭の斜め方向の伸張も誘導する（**2**）。

②肩甲骨後傾誘導、胸郭伸展誘導、小胸筋、広背筋、大円筋、上腕三頭筋のフロッシングストレッチ

- テイクバック時の胸郭の伸張と肩甲骨の後傾は、肩甲上腕関節の外旋ストレス軽減のために非常に重要。徒手やセルフストレッチでなかなか改善できない胸郭の伸張と肩甲帯の後傾誘導は、フロッシングを使うとさらに効果的である。
- 上腕に幅2inchのフロッシングを巻き、うつぶせになる。
- 肩屈曲・外旋、肘屈曲・上腕回内、手背屈で肩甲骨後傾、胸郭伸展を誘導する（**1**）。
- 立位でも同様に肩屈曲・外旋、肘屈曲・上腕回内、手背屈でさらに肩甲骨後傾、胸郭伸展を誘導する（**2**）。

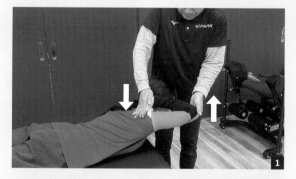

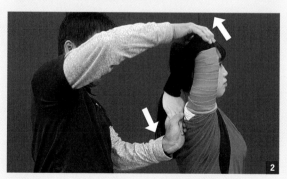

③胸郭伸展時の腹部安定化エクササイズ

- 腰部安定化エクササイズとして非常にポピュラーになったドローインだが、常に意識し続けるのはなかなか難しいもの。腹横筋を習慣化させるためには、動作と同じポジションでエクササイズすると効果的である。
- トレーニングチューブを利き手で把持し、テイクバックポジション（肩外転・外旋、肘屈曲、肩甲帯内転・下制）をとる。対側上肢は非対称の肩屈曲・内旋、肘伸展、肩甲帯外転・挙上をとる（**1**）。
- トレーニングチューブをさらに引きながら、対側の手を前方に伸ばす。その際、頭頂部がさらに上昇するように意識して、トレーナーの手を腹部に置きドローインを意識させる（**2**）。

【 対応後の状態 】
最終伸展での腰痛は若干残存するものの、無症状での伸展可動域は大きく拡大し、テイクバック時の胸椎の回旋も増大した。

対応後の可動域の改善

事例6：後上方インターナルインピンジメントの痛みに悩む野球の投手
（大学3年生男子／右投げ）

【経過】
3カ月前の合宿で投球数が増え、テイクバック時に肩の後上方の痛みが出現した。肩外側の明確な感覚障害はないが、肩の後下方も何か嫌な感じがするという訴えあり。

【開始時の状態】
肩外転位での外旋強制で、投球時と同じ肩後上方の痛みが出現。肩甲帯を徒手で内転、下制させると痛みは軽減する（**1**）。胸椎のモビリティ低下があり、特に座位での右旋は45度程度までしか回旋しない（**2**）。
座位で頸部を左回旋させると、右肩は前方に突出する（**3**）。
左大殿筋と右腸腰筋にタイトネスあり。左股関節は最大屈曲時につまり感があり、最大屈曲で110度くらいまでしか曲がらず、内旋時はさらにつまり感が強い。左股関節屈曲時に腰椎後弯の随伴がなく、腰椎後部の筋および胸腰筋膜のタイトネスが疑われる（**4**）。

肩甲骨を下制・内転させると外転・外旋時の痛みが軽減

利き手側への体幹回旋が制限

頸部左旋で右肩は前方突出

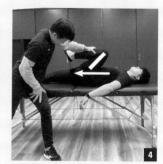
股関節屈曲に腰椎の後弯が随伴しておらず、腰椎骨盤リズム不全が見られる

【対応】
（1）踏み込み足の股関節屈曲・内旋制限からの解放と腰背部筋の柔軟化

投球動作の最大のエネルギー源は股関節と体幹の回旋力。この体幹の回旋力は、踏み込み足の股関節屈曲位における股関節内旋力と、軸足の股関節伸展位における股関節内旋力の結果として、骨盤が地面に対して回旋する力が生まれる。踏み込み足の屈曲時内旋可動域制限と、軸足の伸展時内旋可動域制限があると、体幹や上半身での代償が必要となり、ロスの大きな投球フォームになってしまう。

①股関節屈曲時のつまり感の改善

■大腿直筋と腸腰筋腱の滑走不全への対応

股関節の屈曲時の挟まりに、大腿直筋の障害が関与しているケースが多いといわれている。また股関節障害のなかには、腸腰筋腱の恥骨稜付近での滑走不全もよく起こる。この部位を股関節屈曲位で両腱とも遠位方向に徒手リリースすると、屈曲時のつまり感が軽減する（**1**）。

大腿直筋付着部の徒手リリース

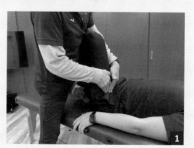

■腰椎 - 骨盤 - 股関節リズムの誘導

　股関節は単独では100度程度しか屈曲可動域がない。特に前方インピンジのある股関節は、構造的に屈曲が制限される。正常な股関節は、股関節屈曲に伴って骨盤が後傾し、腰椎は後弯する。股関節屈曲時と同時に腰椎と股関節の共同運動を誘導していく必要がある。
- 股関節と体幹に3inch×3.5mのフロッシングバンドを大腿部から巻き、股関節前面でクロスするように巻いていく。
- あおむけで骨盤部に片手を入れ、もう一方の手で大腿部を持つ。
- 大腿部を持ち上げて股関節を屈曲させるのと同時に、骨盤部の手で腰椎屈曲・骨盤後傾を誘導する（**1**）。
- 大腿部を水平内転させた位置で、股関節を屈曲させる。この場合も骨盤部の手で腰椎屈曲・骨盤後傾誘導、胸腰筋膜部の外方への誘導を行う（**2**）。
- さらに大腿部を内転させて大殿筋のストレッチを行い、同様に骨盤部の手で胸腰筋膜を外方に誘導する（**3**）。

股関節へのフロッシングバンド

（2）軸足の股関節屈筋群の伸展・内旋制限の解放と体幹前面筋の柔軟化

　軸足の腸腰筋のタイトネスがあると、早期コッキング後の各フェーズにおいて骨盤が後傾してしまい、胸椎への回旋力伝達がうまくいかず、肩甲上腕関節での外旋ストレスが増大する。軸足腸腰筋のほかに、体幹前面の斜め方向への伸張性や、前胸部の柔軟性も非常に重要である。

①軸足股関節伸展内旋の誘導と体幹筋の柔軟化

- 伸張したい側を上にした側臥位をとる。下肢を伸展、内転、内旋させ、股関節前面を伸張する（**1**）。
- 次に上半身をうつぶせにして、下肢を伸展、内転、内旋させ、股関節前面とともに腹部前面、前胸部を伸張する（**2**）。

軸足股関節伸展内旋の誘導

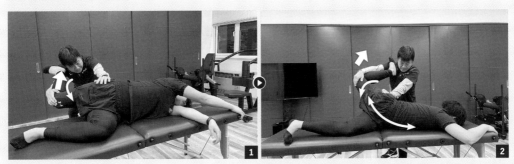

事例6：後上方インターナルインピンジメントの痛みに悩む野球の投手（大学3年生男子／右投げ）

②踏み込み脚と軸足の内旋誘導

- 踏み込み脚を下にした側臥位（サイドブリッジ肢位）をとり、踏み込み脚は股関節・膝屈曲90度、軸足は股関節伸展・膝屈曲90度とする（**1**）。
- その肢位から踏み込み脚の股関節を内旋させ、軸足の足を持ち上げる（**2**）。
- 次いで軸脚側の股関節を内旋させ、軸脚の足部を持ち上げる（**3**）。関節の屈曲時の挟まりに、大腿直筋付着部の損傷が関与していることも多い。また股関節障害のなかには、腸腰筋腱の恥骨稜付近での滑走不全もよく起こる。この部位を股関節屈曲位で両腱とも遠位方向に徒手リリースすると、屈曲時のつまり感が軽減する。

③ランジポジションでの体幹回旋誘導

- 投球動作と同じ前後開脚ポジションをとる。両上肢を肘伸展位で挙上した肢位でケーブルのハンドルを持つ（**1**）。
- 投球と同様に利き手と反対側にケーブルをツイストさせる（**2**）。

（3）頸部筋の柔軟化と胸郭の伸展回旋誘導

投球動作時には股関節回旋で骨盤が周り、胸椎回旋でさらに上腕骨が水平外転する。体幹回旋時には、頭部は投球方向を向いたままで、頸部は体幹と逆回旋する。この頸部の逆回旋が制限されると胸椎の回旋が減少してしまい、肩に過度の水平外転が発生して後上方インターナルインピンジメントの原因になってしまう。頸部の回旋の誘導は、肩の正常な機能のためにとても重要となる。

①後頸部筋（僧帽筋上部線維、頭板状筋、頭半棘筋等）の柔軟化

- ベッド上臥位で、頸部に牽引をかけながら前屈・側屈させる（**1**）。さらに側屈させると頭半棘筋と側屈側が、反対側に回旋させると頭板状筋が伸ばされる。
- 側屈位でさらに前屈させると、僧帽筋上部線維が伸張される（**2**）。側屈と同側回旋させると、さらに伸張される。

頸部筋へのアプローチ

僧帽筋上部へのアプローチ

②前頸部の筋（胸鎖乳突筋、斜角筋など）の柔軟化

- ベッド上臥位で、一方の手で後頸部・乳様突起付近を把持し、牽引し、側屈させ、側屈と逆方向へ回旋させ、もう一方の手で胸部を押し下げると、胸鎖乳突筋が伸張される（**1**）。
- 座位で本人に側屈を保持してもらい、一方の手で側屈と逆方向に回旋を加え、もう一方の手で胸部を下部に押し下げると、胸鎖乳突筋が伸張される（**2**）。
- 座位で上腕にフロッシングを巻き、一方の手で頸部を伸展させたまま側屈させ、もう一方の手でフロッシング部分を把持し上肢を下制・外旋させると、斜角筋がより伸張される（**3**）。

頸部の回旋自由度が増えると、胸郭の可動性や、肩の水平外転もしやすくなり、テイクバック動作が楽に、大きくできるようになる。

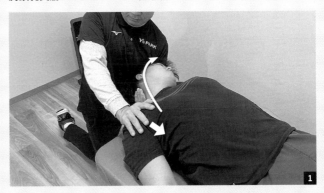

胸鎖乳突筋へのアプローチ（臥位）

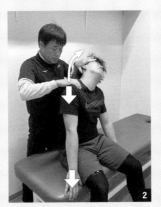

胸鎖乳突筋への
アプローチ（座位）

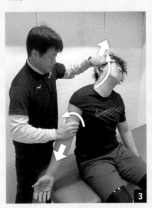

フロッシングを使った
頸部へのアプローチ

（4）胸郭伸展回旋誘導エクササイズ

部位別のアスリハ論の肩の項でも記載した胸郭伸展回旋誘導エクササイズ（p.154～156）を紹介し、セルフエクササイズとして実行。

（5）肩後方関節包の柔軟化

ファッシアアクチベーションの項で記した Sleeper stretch に振動グッズを使ったセルフケアを指導し、パーソナルセッションの間のメンテナンスを実施。

【対応後の状態】
初回パーソナル後、シャドーピッチングでは症状が消失。週1回のパーソナルを3回経過した後は、グラウンドでのピッチングでも違和感なく投球できている。

第2節	# パフォーマンスアップ・トレーニング

〈 第1項 〉概論

パフォーマンスの分析方法

パフォーマンスアップのためのパーソナルトレーニングを行う場合、選手がイメージしている向上させたいパフォーマンスと、実際に行うトレーニングが直結していることが大切になります。

私たちは、パフォーマンスを以下の3つの要素に分類して分析を行い、トレーニングを組み立てていきます。

（1）ストレングス（筋力やパワー）
（2）CR & CV（呼吸器と循環器の能力）
（2）ムーブメント（動き）

私たちは「フィールドテスト」事業を行っており、全国各地の中高生を中心とするサッカーチームに出向き、サッカーの競技体力を測定しています。20年以上行ってきて実施者は延べ9万人以上、そのなかにはプロや日本代表になっている選手もたくさんいます。

このフィールドテストはパフォーマンスをフィジカル面から見るきっかけであり、パフォーマンスを向上させるためのフィジカルトレーニングがいかに大切かを知ってもらうための活動です。

現場に行くと、「コンタクトに強くなるにはどうしたらいいですか？」「動き出しをもっと速くするには？」「オーバーラッ

サッカーのフィジカル分析

（1）ストレングス
- 動き出し　・ジャンプの高さ　・減速、ストップ、方向転換
- キック力　・コンタクトの強さ　・パワー

（2）CR&CV
- ゲームを通じて落ちない体力　・高強度の動きを繰り返す
- 高強度の動きを持続する　・高強度の動きを行ってもすぐに回復する

（3）ムーブメント
- アジリティ＝無理なく素早く動ける能力
　①ステップワーク　②スピード（スタート、加速）　③ストップ、方向転換
　④リアクションタイム　⑤バランス　⑥コーディネーション
- 対人
　①1対1　②グループの対人

フィールドテストの種目

①50m走（10m、30mタイムを含む）
→スピード、動き出し

②10m×5
→スピード、方向転換、動き出し

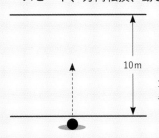

10mの距離を2往復半して前方のラインがゴールとなる

③ステップ50→ステップワーク、スピード、動き出し

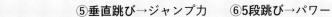

①→② 前進
②→③ バッククロスオーバー
③→① サイドクロスオーバー
①→② 前進
②→④ バッククロスオーバー
④→① サイドクロスオーバー
①→② 前進
②→① バックペダル
①→②→ゴール 前進

④20mハードル
→バランス、
コーディネーション、スピード

⑤垂直跳び→ジャンプ力

⑥5段跳び→パワー

⑦20mシャトルラン→CR＆CV

⑧ロングキック→キック力

プを繰り返しても落ちない体力をつけるには？」「キック力をつけるには？」「対人に強くなるには？」など、たくさんの質問をもらいます。

こうした質問は、先ほどの3つの要素に分類するととてもわかりやすくなります（p.192囲み参照）。また、評価のためのフィールドテスト種目の決定や、その後に行うべきトレーニングの方向性も明確になります。

経験上、選手のフィジカルに対する質問は対人以外、表の分類にほぼ当てはまります。その能力をフィールドテスト（p.193囲み参照）で見て、伸ばすためのトレーニングを指導したり、紹介したりしています。

アスリートへの指導における3つの要素

私たちが実際にパーソナル指導しているアスリートが、3つの要素のトレーニングをどのように行っているか、お話しします。

例えば、プロサッカー選手がオフの時期に来たとします。（1）のストレングスはジム内で行います。（2）のCR & CVは後述しますが、乳酸耐性トレーニングはピッチで、乳酸除去性トレーニングはジム内で行います。（3）のムーブメントは、動きのベースとなるファンクショナルトレーニングはジム内で行い、アジリティや対人はピッチで行います。選手が動くのに十分な広さのジムならよいですが、私たちのジムは狭いため、このようにするか、ジムでは行わずにピッチのみで、ストレングスは

メディシンボールを使うなどパワートレーニングで代用し、ファンクショナルはマットを敷いて行うこともあります。

プロ野球選手も同様の方法で行っていますが、サッカーよりもパワーアップが求められることが多いため、ジム内での比重は高くしています。ピッチやグラウンドで行うメニューは、『サッカー中高生のためのフィジカルトレーニング』、元プロ野球選手の仁志敏久さんとの共著『フィジカルを鍛えてうまくなる野球守備』（ともにベースボール・マガジン社）をご参照ください。

競輪選手はレースの合間に来るのですが、ニーズはペダリングのパワーアップであることが多いので、（1）のストレングスとその効率を高める（3）のムーブメントはジムで行います。あとは「レース終盤でも減速せず、むしろ加速できる」など、CR&CVの乳酸耐性トレーニングになるので、バイクなどがあればジムで行えます。

ゴルファーの場合、飛距離アップやスイングの安定性による精度アップなどがニーズになると考えられます。まずはスイングありきなので、一番大切なのはムーブメントトレーニングです。スイングを分解して、フェーズごとの身体機能を高めながら、パワー源となる動きや安定性につながるストレングストレーニングを重ねます（野球のバッティングも同様です）。CR&CVのパフォーマンスアップはあまり要求されたことがないので、3つのなかでのウェートとしては低いのかもしれません。

このように、フィジカルを3つの要素で

分類して各競技に当てはめると、特異性が明確化し、パフォーマンスアップのためのトレーニングもつくりやすくなります。

アスリートの持久力アップ

　持久力がパフォーマンスに直結するアスリートの場合、パーソナルトレーニングではどのようにメニューを組んでいけばよいでしょうか。ランナーの場合は p.210〜213で松田トレーナーが紹介しているように、いいランニングに結びつくような身体機能のトレーニングになってくると思います。また、サッカーやラグビー、バスケットボールなど、運動強度が間欠的に変わるスポーツでも持久力がパフォーマンスに直結します。

　間欠的な運動の競技では、基本的な考えとして「動きのスピードを高める」「その持続性や連続性を高める」という2つの要因を向上させることでパフォーマンスが向上します。ところが、競技によって動きの種類はもちろん競技時間、運動の持続時間、連続回数なども異なります。そこで競技ごと、さらには同じ競技でもポジションごとに、呼吸・循環器能力の効率的な向上を狙ったインターバルトレーニングのアイデアが必要になってきます。

　生理学の話について、少し触れておきましょう。運動が高強度になればエネルギーとして糖を使い、その代謝副産物として乳酸が発生します。乳酸は筋肉内で乳酸イオンと水素イオンに分かれ、水素イオンの影響で筋肉は酸性に傾き、解糖系の機能が低下するといわれています。酸性への傾きを抑える身体機能が「緩衝能力」で、陸上競技などでは間欠的スプリントトレーニングやインターバルトレーニングが、その能力アップのために行われています。

　この緩衝能力を高めるためには、競技ごとのインターバルトレーニングがあるべきだと私たちは考えています。前述した著書『サッカー　中高生のためのフィジカル・トレーニング』では、選手や指導者もイメージしやすいように、緩衝能力の向上には2つのトレーニングが必要と記しています。1つは「乳酸耐性トレーニング」、もう1つが「乳酸除去性トレーニング」です。

　乳酸耐性トレーニングはインターバル系で、サッカーは間欠的な運動＝インターミッテント・アクティビティであることから、「インターミッテント・トレーニング」と名づけてメニューを紹介しました。そして乳酸除去性トレーニングに関しては、細胞内のミトコンドリアの数や大きさ、毛細血管網の増大など、生理的な身体変化を狙ったトレーニングとしてエビデンスがあった有酸素の高いレベルでの持続的トレーニングということで、「OBLA トレーニング」と名づけて紹介しました。OBLA（Onset of Blood Lactate Accumulation）とは、血中乳酸濃度が急増し始める4mmol/ℓになるときの運動強度のことです。

　インターミッテント・トレーニングはアジリティや対人動作、技術要素も交えたインターバル走など、サッカーならでは、ポジションならではのトレーニングで、確実

にスタミナが高まり、パフォーマンスも向上していきます。

また近年は、競輪選手をパーソナルで指導することが増えています。競輪の動きは自転車のペダリングという一動作ですが、選手のタイプによってインターバルの方法を変えることもあります。例えば、長い距離を逃げなければならないタイプの選手はギア比を上げられるよう、重い負荷で長く回せることを目的にインターバルを組んだり、レース終盤で差し込むタイプの選手であれば、短時間で目標回転数に到達することを繰り返すようなインターバルを組んだりしています。

一方、乳酸除去性トレーニング＝OBLAトレーニングについては、サッカーや競輪も含めた多くのスポーツで共通して行うべき「緩衝能力」を上げるためのトレーニングの1つといえます。強度設定が簡単に行え、トレーニング中もモニタリングできるウエアラブルデバイスなども出てきています。

サッカーチームでOBLAトレーニングを行う場合、手間のかかる血中乳酸濃度測定はなかなか行えません。そのため私たちは、経験値としてLT（Lactate Threshold：乳酸性閾値）からOBLAの測定時の心拍数は140〜160回/分くらいが多かったことから、それを目安にハートレートモニターを装着したり、定常状態になった頃を見計らって触診で測定したりして、各選手のランニングスピードを決定していました。

ところが、現在ではランニングブームの影響もあり、いろいろな機能を備えたウエアラブルデバイスが出てきていて驚きます。例えばGarmin社のFore Athlete735XTJモデルは、心拍数はもちろん$\dot{V}O_2max$や乳酸性閾値の推定値まで表示してくれます。その精度はわかりませんが、可視化によってトレーニングに対するモチベーションは確実に上がるので、有効利用するのもよいと思います。

競技の特性を踏まえたインターバルトレーニングが持久力のアップには欠かせない
©Getty Images

第2節｜パフォーマンスアップ・トレーニング

〈第2項〉スペシフィックムーブメント・トレーニング

競技ならではのスペシフィックムーブメント

　ワイズ・イレブンはベーシック・ヒューマン・ムーブメントで、全世代の健康やパフォーマンスの基礎となる動きです。ワイズ・イレブンの評価を行い、戦略を立ててコレクティブ・エクササイズを行っていけば、一般の方は健康になり、アスリートもパフォーマンスアップや外傷・障害予防に十分効果を発揮すると思います。

　それをベースにアスリートのパーソナルトレーニングを行う場合は、「○○ならではの」を考慮してさらにトレーニングを行う事があります。各競技ならではの動き、各競技ならではの動きの使い方という所になり、「競技特異性動作＝スペシフィックムーブメント」と呼んでいます。

　例えば、野球のバッティングは野球ならではの動きで、サッカーのキックもサッカーならではの動きです。こうしたパフォーマンスに直結する動きの質やパワーを高めたいというパーソナルトレーニングのニーズを受けた場合、動きを分解してトレーニングを行っていきます。ただし、「ならでは」の動きなので、ワイズ・イレブンにプラスした考え方の動きや機能も必要になることがあります。

　その例として「クロスモーション」「ボ

ディターン」をご紹介します。

　またワイズ・イレブンの中でもさらにこんなトレーニングもしておいたほうがパフォーマンスは上がるのではという、競技ならではのトレーニングを考える場合があります。その例として、松田トレーナーが「シングルレッグ・バランス」を紹介します。

（1）クロスモーション

クロスモーションの重要性

　サッカーのキックモーションでは、インパクトする前に蹴り足を後方に引きます。その際に逆の腕を振り上げるのですが、その動きを「クロスモーション」といいます。上半身の動きが機能的に連動することで、キック力やキックの正確性が高まるといわれています。

　また、サッカーの競技特異的な障害の1つに「鼠径部痛症候群（グロインペイン症候群）」があります。グロインペイン症候群の主な要因として、次のことが挙げられます。

①軸脚の不安定性
②上半身と下半身がうまく連動していない
　＝クロスモーションができていない

　評価に関して、①はシングルレッグ・バ

ランスの項（p.103）を参照してください。
②は、腕を動かすために肩甲骨が連動しているか、肩甲骨が動きにくい原因は何か、胸椎のアライメントなのか小胸筋の硬縮なのか、腕や肩甲骨と連動・協調する胸椎や胸郭のモビリティはどうかなど、ワイズ・イレブンの「アッパーボディ・アップ＆ダウン」「ソラシックツイスト」を評価します。

以下に、サッカーのキック時のクロスモーショントレーニングの例を紹介します。

サッカーのキック時におけるクロスモーショントレーニング例

①筋トレ・コア・ドローインプッシュ（**1**）
　（コア・スタビリティ＆モビリティ、シングルレッグ・バランス）
②筋トレ・中殿筋・マニュアルでエキセントリック（**2**）（シングルレッグ・バランス）
③ストレッチ・小胸筋・パッシブ（**3**）（肩甲骨のモビリティ）
④胸椎回旋・アシスト（**4**）（ソラシックツイスト）
⑤クロスモーション・うつぶせ（**5**）（連動性の確認、キープ＆プッシュで筋力強化）
⑥クロスモーション・立位（**6**、**7**）（スイングからチューブで筋力強化、バランス強化）

2つのクロスモーション

　別掲のように、サッカーのキックにおけるクロスモーションという動きは、パフォーマンスアップにも障害予防にも重要ですが、上半身と下半身の連動という考えはほかの競技でも、パフォーマンスアップに大切な要素として注目されることがあります。日本の女子スピードスケート選手として一時代を築いた小平奈緒さんは、165cmという海外の選手に比べると決して大きくない身長にもかかわらず、あれだけ活躍できたのは「体の使い方、特に上半身と下半身の連動性が優れているからだ」と紹介されたことが何度もありました。

　その動きの特徴について小平さんは、ある雑誌のインタビューで「強く蹴るために、逆の上半身を引くような動きの感覚」と話していました。これもまたクロスモーションです。股関節を屈曲しながらインパクトしていく、サッカーのキック動作などを「屈曲型のクロスモーション」としたら、股関節を伸展しながら力を伝達していく走動作やスケーティング、自転車のペダリングなどは「伸展型のクロスモーション」と分類することができます。

ペダリング時のクロスモーショントレーニング

　競輪選手のトレーニングを p.216〜218 に紹介しています。その中では「伸展型のクロスモーション」の動作習得・強化も意識しています。そのベースとなっているのはワイズ・イレブンの「コア・スタビリティ＆モビリティ」です。ペダルを強く踏むためには股関節、膝関節の伸展筋力、土台となるコアのスタビリティ、脚伸展力をさらに高めるための「クロスモーション」は胸椎や肩甲帯の柔軟なムーブメントが必要になります。コアの下は強く動かし、コアの上は　助けるために柔軟に動かし、それらの土台となるコアはしっかりと安定していなければ、バラバラな動きになってしまいます。別掲に、戦略ポイントをまとめましたのでトレーニングの実際と照らし合わせてご覧ください。

［ ペダリング時のクロスモーショントレーニングにおける戦略のポイント ］

1．脚伸展パワーの強化

2．脚伸展パワーを助ける股関節屈曲力の強化

3．ペダリング後半の膝屈曲力の強化

4．コア・スタビリティの強化

5．胸椎、肩甲帯のモビリティアップ

6．胸椎、肩甲帯のパワーアップ

7．コア・スタビリティ＆モビリティの強化（筋力、バランス力）

（2）ボディターン

ボディターンとは

野球やゴルフのスイングでは、体重移動が大切です。英語では weightshift になり、体重（荷重）がシフトチェンジしていく動きといえます。

実際のスイングでは、後ろ足から前足へ体重（荷重）がシフトしていく並進運動で、そのエネルギーを前脚の股関節上での回転運動に連動させることで、大きなパワーを獲得ができます。私たちは体重移動という並進運動から回転運動までの一連の動作を、「ボディターン」と呼んでいます。

体重移動の矛盾

ゴルフのスイング時の体重（荷重）移動は、熟練者ほど大きいという研究報告があり、遠くへ飛ばすというパフォーマンスには重要な動きの要素になるようです。しかし、野球にも同様の研究があり、荷重変位は熟練者ほど小さいという逆の研究報告もありました。その理由として、投手の投げるさまざまな球種、速度、コースの変化に対応するため、ある一定の体重移動となるステップ動作では、変位を小さくすることで正確性を向上させている＝パフォーマンスアップにつなげているのではないか、という考察でした。

トッププロの感性の大切さ

確かに後ろ足に体重を乗せて、一定距離に同じリズムでステップすると、対応力は低下します。しかし、正確性のために並進運動を抑えるというのは疑問でした。実際に強打者の連続写真を見ると、必ず骨盤は左右に大きく移動して体重移動しています。

そんな疑問の中で、パーソナルトレーニングを担当していたプロ野球選手が「こんなトレーニングをよくします」と教えてくれた方法がありました。その方法は、ボックス上に後ろ足で立ち、前足はゆっくりとステップダウンしていくというものでした。まさにステップ動作をコントロールするためのトレーニングです（別掲）。

一見すると、飛距離と対応力はパフォーマンスレベルでは相反する動きだという常識から、一定リズム（単なる準備動作）ではなくコントロールできることで融合しているものが、もっと上のレベルではないか

ボディターンの トレーニング例

ステップ動作のコントロールをトレーニングする浅村栄斗選手（2023年パ・リーグホームラン王）

という新しい発想が生まれました。

体重移動から回転運動への移行

コントロールされた後ろ足（軸足）での体重移動は、前足（ステップ足）の股関節上で回旋パワーにつなげていきます。ステップ足は「軸化」して、股関節上を骨盤が回旋（内旋）していきます。軸化は「内ももの壁」とよく表現されます。これは股関節が屈曲も伸展もしていない中間位と呼ばれる状態では、内転筋が股関節内旋の働きを行うという研究報告もあることから、内もも＝内転筋の意識に直結した指導になっているのでしょう。

軸が安定したら、回転スピードを上げるためには遠い部分から押すことも大切になります。野球のバッティングでは「軸足の蹴り」「お尻の力を加える」「お尻を使った押し込み」といった表現を使うことがあります。股関節の動きとしては伸展となり、筋肉でいうとハムストリングや大殿筋を強く使います。

ボディターンをうまく調整する

メジャーリーグで大活躍している大谷翔平選手のバッティングフォームを見ると、スピードがあり、鋭く曲がるボールへの対応力を上げるため、足を上げないノーステップにしています。

しかしながら、足を上げなければ、パワー源の1つである地面反力は落ちることになります。

そこでパワーを高める工夫として、ステップ足の回旋をより高めるために、構えの段階から軸足を内旋位にして回転弧を大きくしています。

また、上半身のパワーをより引き出すために、もともと柔軟性があるソラシックツイストを有効に使えるフォームにしています。素晴らしい筋肉の増量もさることながら、メカニカルな進化も常に続け、努力していることがうかがえます。

また、ゴルフ愛好家の方のトレーニングをパフォーマンスアップ・トレーニングの実際で p.207〜209に紹介しています。そのなかでは「ボディターン」の動作習得・強化を意識しています。

別掲で戦略ポイントをまとめましたのでトレーニングの実際と照らし合わせてご覧ください。

［ **ゴルフのボディターンにおける戦略のポイント** ］

1．軸足のシングルレッグ・バランスの強化

2．体重移動のコントロール

3．軸足股関節上の回転運動のパワーアップ

4．上半身のパワー源ソラシックツイストのモビリティ＆パワーアップ

5．上下のモビリティの土台となるコア・スタビリティの強化

（3）シングルレッグ・バランス

すべての動作の基本が
シングルレッグ・バランス

　スポーツ動作の中で、ステップの切り返しは基本的に片脚で行われます。静的立位でシングルレッグ・バランスがとれなければ、動作の安定性も得られません。黙って片脚で立っているだけならば、体幹を立脚肢に傾けて立つのが楽なはずです（写真1）。

　スポーツ動作では、右片脚立位の次に左片脚立位となることがほとんどです。立脚肢の上に頭がある条件だと、頭部が足を踏み換えるたびに左右に動かなければなりません。それでは重量のある体幹も左右にぶれてしまうため、ステップは遅くなりますし、運動効率も低下します。ターンなどもうまく行うことはできなくなるでしょう。

　シングルレッグ・バランスの評価としては、両脚立位の重心位置からの変動ができるだけ少ない肢位で、前額面上の水平位を保ちながら、安定して支えられることが重要な要件となります（写真2）。

どのように評価するか

　とはいえ、シングルレッグ・バランスをどのように評価すればよいでしょうか。平衡感覚を評価する方法として、片脚立ちを重心移動距離や保持時間で測る方法もあります。スポーツ動作の場合はシングルレッグになった瞬間の姿勢のブレが、スポーツ障害につながったり、パフォーマンス低下の原因になったりします。

　シングルレッグ・スクワットの際の姿勢をスマホで撮影して、ニーイン／アウトや骨盤傾斜、足部のアライメント異常を、AIを用いて計測するアプリを弊社では開発し使用しています（写真3）。こうしたアプリを使用して、客観的な評価からどこにシングルレッグ・バランスの問題が生じているのかを明確化していくことが大切です。

片脚でただバランスが
とれればいいわけではない

　シングルレッグ・バランスは、ただ単にバランスを崩さずに立っていればいいわけ

写真1　立脚足に重心が偏位した立位

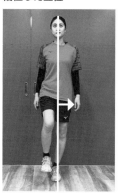

写真2　左右への重心変動が少ない立位

写真3　AIでの姿勢分析

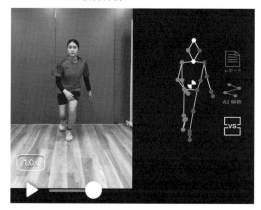

ではありません。実際のスポーツ動作時には片脚立位で下肢を屈伸させなければならなかったり、シングルレッグ・スクワットの姿勢で体幹の回旋を要求されたりします。あるいは外力で回旋させられながら、安定した片脚スクワットの姿勢を瞬間的に強いられることもあります。

私は、実際のフィールドでの活動に生かせるシングルレッグ・バランスエクササイズとして、次の3つのテーマをもって組み立てています。

①重心位置の変位があっても耐えられるシングルレッグ・バランス
②側方からの力が加わっても耐えられるシングルレッグ・バランス
③回旋力が加わっても耐えられるシングルレッグ・バランス

以下で、それぞれのトレーニング例を紹介します。

1 | 重心の変動があっても耐えられるシングルレッグ・バランス

物理の法則から考えると、足底支持面の真上に重量物があれば、シングルレッグはもちろん安定する。とはいえ、スポーツ活動中にはその姿勢が必ずしもベストとは限らない。先述した通り、左右の足を踏み換えるたびに上半身や頭の位置を変位させなければならず、静止時はよくても、次のステップへの移行はうまくいかない。重心変動があっても安定したシングルレッグ・バランスを保てるようにする必要がある。

①シングルレッグ・バランス　ダンベルローテーション

- 荷重点が外側偏位しないように注意しながら、片脚バランスをとる。外側偏位しそうな場合は足部内側でバンドを踏みながら行うなど、足部全面接地を意識させる。
- 一方の手で1〜3kg程度のダンベルを持ち、ダンベルを支持脚つま先の位置に保持させる（**1**）。
- その姿勢からダンベルを非支持脚側に回旋させ、その姿勢でもブレないようにバランスをとる（**2**）。
- ダンベルスイングを10〜15回繰り返す。

② ViPR　シングルレッグ・スクワット　オフセットグリップ

- 6〜10kgのViPRをオフセットグリップで把持する。
- 体の前にViPRの中央がくるようにしてしゃがみ込み、床の上まで下ろす（**1**）。
- ViPRを胸の位置まで片脚のままクリーン動作をする（**2**）。
- そこから膝を伸ばし頭上までViPRを持ち上げる（**3**）。
- 10〜15回繰り返す。

2 | 側方からの力が加わっても耐えられるシングルレッグ・バランス

　サッカーやバスケットボールでの相手選手との競り合いでは、側方から不規則な外力を受けながら瞬間、瞬間でシングルレッグ・バランスを保たなければならない。高重心位置でも低重心位置でも、側方外力に対してバランス保持をしていく必要がある。

① TRX rip trainer　バンザイもも上げ

- TRX rip trainerをバンザイの姿勢で持つ。
- バンザイと体の鉛直位を保持しつつ支持脚をまっすぐにして、反対側の脚を高くもも上げして足踏みを繰り返す（ **1**、**2**）。
- 体幹が側方に傾斜しないように注意する（**3**）。

②バランスボール壁押し　シングルレッグ・スクワット

- 支持脚を前にしたシングルレッグ・スクワット肢位をとり、反対側の足の外側にバランスボールを置いて壁との間に挟む（**1**）。
- 体幹が傾斜しないように注意しながらしゃがみ込む（**2**）。
- 鏡などでフィードバックしながらシングルレッグ・スクワット動作を繰り返す。

③ハンドプッシュバックランジ

- もも上げ肢位で、トレーナーは肩を押さえる（**1**）。
- ハンドプッシュを加えながらゆっくりとバックランジする（**2**）。
- ハンドプッシュを加えながら、再びもも上げまで立ち上がる。

3 | 回旋力が加わっても耐えられるシングルレッグ・バランス

サッカーでは、ファウルとはいえ相手選手からユニフォームや体を引っ張られることがよくある。また、しゃがみ込んだ姿勢から方向転換しなければならないことも非常に多い。回旋力に耐えられるシングルレッグ・バランスは非常に重要であり、パフォーマンスにも直結する。

① ViPR　床置きからもも上げ　肩かつぎ

- 6〜10kg の ViPR を持ち、もも上げ肢位をとる（**1**）。
- シングルレッグ・スクワットでしゃがみ込み、支持脚横に ViPR を置く（**2**）。
- 再びもも上げ肢位まで戻し、ViPR を非支持脚側の肩の上で水平まで持ってくる。

② TRX rip trainer　もも上げから片脚デッドリフト

- TRX rip trainer を肩に担ぎ、もも上げ肢位をとる（**1**）。
- 膝伸展位を保持しながら体幹を前方に倒し、TRX は少しでも前方に持ってくる（**2**）。
- これを10〜15回繰り返す。

③ ViPR　シングルレッグ・スケーティング　振り下ろし

- 非支持脚のつま先の下にスライドディスクを置き、ViPR を肩に担いだ姿勢をとる（**1**）。
- 重心位置を変えないように安定させて、ViPR を支持脚前方に振り下ろす。同時に、非支持脚のつま先を後外側にスライドさせる（**2**）。
- これを素早く繰り返す。
- 回旋力を増加させるには、オフセットグリップで実施する（**3**）。

3　オフセットグリップ

④シングルレッグ・バランス　チューブツイスト

- トレーニングチューブを安定したマシンなどに結び、支持脚側に上肢を伸ばしたツイスト肢位をとる。非支持脚はやや外側に置く（**1**）。
- 重心位置を変えず、非支持脚側にチューブを引っ張る。非支持脚はもも上げを行い、支持脚でバランスをとる（**2**）。
- この姿勢を5秒間保持し、元の姿勢に戻す。

⑤TRX rip trainer　ランジからもも上げ

- 支持脚をボックス上に置いたランジ姿勢をとる。TRX rip trainer は後ろ足側の体幹側方に把持する（**1**）。
- TRX rip trainer を前方に回旋させながら、体の前方にプッシュし、ボックス上もも上げの肢位をとる（**2**）。
- この動作を、バランスをとりながら繰り返す。

⑥ペアでシングルレッグ・バランス　ツイストプル

- トレーナーと対面した肢位でシングルレッグ姿勢をとって、相手の手を引っ張りバランスを崩すようにする（**1**）。
- 外力を加えながらトレーナーの重心位置に合わせて姿勢を上下させる（**2**）。

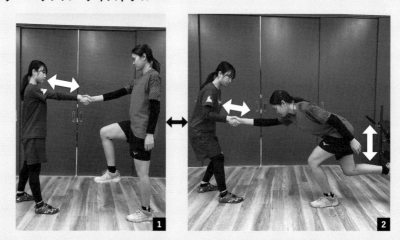

第2節｜パフォーマンスアップ・トレーニング

〈第3項〉パフォーマンスアップ・トレーニングの実際

本項では、パフォーマンスアップを目的にした取り組みの事例を4つ紹介します。対象者のレベルや目的に合わせたメニューを実施しているので参考にしてください。

事例1：アマチュアゴルファー

【 状況と要望 】
多いときは週3回ほどゴルフを行っている。以前、転倒した際に肩を強打し、腕が挙がりづらくなったことで、スイング時に上半身がうまく使えていないような気がする。もっと飛距離をアップしたい。

【 パーソナルトレーニングの目的 】
（1）軸足のシングルレッグ・バランスの強化
（2）体重移動のコントロール
（3）軸足股関節上の回転運動のパワーアップ
（4）上半身のパワー源
　　ソラシックツイストの
　　モビリティ＆パワーアップ
（5）上下のモビリティの土台となる
　　コア・スタビリティの強化

【 問題点 】
肩の可動域は問題ないが、円背のため肩甲胸郭関節とソラシックツイストのモビリティが低い。後ろ脚の片脚バランスも安定性がなく、うまくボディターンができていない。ゴルフの特異性を考慮した筋力も向上できる余地がある。

【パーソナルトレーニングのメニュー】

①ウォーミングアップ
　（バイク、パッシブ＆PNFストレッチ）

②筋トレ・コア・ドローインプッシュ
　（コア・スタビリティの強化）
③筋トレ・内転筋マニュアル（骨盤の安定性）

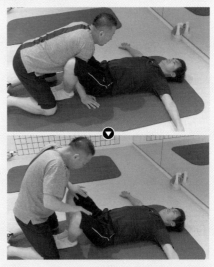

事例1：アマチュアゴルファー

④筋トレ・外転筋マニュアル（骨盤の安定性）　　⑤筋トレ・片脚ヒップリフト
（前脚の回転運動を高める）

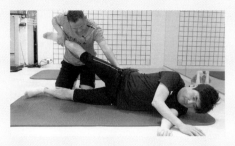

⑥ストレッチ・
　小胸筋・パッシブ
（肩甲骨のモビリティ）

⑦モビリティ・
　ソラシックツイスト・
　アシスト
（ソラシックツイストの
　モビリティ）

⑧バランス・
　ソラシックツイスト・
　バランスドーナツ
（コア・スタビリティと
　モビリティの融合）

⑨筋トレ・フロントランジ
（下半身の安定性）

⑩バランス・片脚ソラシック
　ツイスト・バランスパッド
（片脚バランスとコア・スタビリティ＆
　モビリティの融合）

⑪筋トレ・片手プルダウン＆
　インパクト時グリップ・チューブ（上半身パワー）

⑫筋トレ・ロウイング＆
　ソラシックツイスト（上半身パワー）

⑬バランス・片脚テイクバック
（後ろ脚の安定）

⑭筋トレ&バランス・片脚ステップダウン（ステップ動作コントロール）

⑮筋トレ・片脚股関節上回旋（前脚回転運動パワーアップ）　⑯筋トレ・プッシュ&プル・マシン
（上半身パワー）

⑰筋トレ・アップ&ダウン・マシン（上半身パワー）

⑱筋トレ・ソラシックツイスト・マシン（ソラシックツイスト・パワー）

⑲クールダウン（バイク）

【 パーソナルトレーニングの効果 】
ドライバーの飛距離が平均20ヤード伸び、アイアンのショットも安定した。以前は週に3日ゴルフをすると疲労がかなり残っていたが、それも感じなくなった。

事例2：市民フルマラソンランナー

【状況と要望】
50代男性、フルマラソン歴20年、ベストタイムは3時間30分（10年以上前）。ベストタイムを狙うというよりは、ケガをせず今後も長く走りたい。最近時々走ると右膝腸脛靱帯付近が痛くなることがある。休めばよくなる。ケガせず、楽に、ずーっと走れる体を手に入れたい。

【問題点】
・片脚立位でデュシェンヌ肢位（**1**）。股関節外転筋力低下あり。
・ランニングフォームは前傾、低重心で接地点は重心位置よりもかなり前方（**2**）。
・ランニング支持期とくにミッドサポートで膝の屈伸量やや多い（**3**）。

片脚立位

接地時のフォーム

ミッドサポートの膝屈曲

【パーソナルトレーニングの目的と内容】

（1）股関節外転筋力の強化とシングルレッグ・バランスの安定化

　ランニングは両脚支持期のないシングルレッグ・バランスからジャンプの繰り返し。当然静止時のバランスが悪ければ、ランニング時のアライメントにも影響が出る。シングルレッグ・バランスの要点は、私は股関節屈曲角度に依存しない外転筋力の安定性と足底接地点の安定化だといえる。

　まずは股関節外転筋力のアクティベーションが基本になる。ランニングでは広い屈曲可動域での外転筋の活動が必要である。中殿筋のみではなく、大腿筋膜張筋や小殿筋の機能も重要になる。ただし、外転筋群が鍛えられたからといってシングルレッグ・バランスが向上するわけではない。収縮筋力が改善されて、シングルレッグ・バランスの安定性を運動学習してはじめてランニングに生きてくる。

　特にランニング時には支持脚は外転機能だけではなく、股関節伸展、内旋で重心を前方へ進行させる。立位でのエクササイズはこの点についても考慮して実施すると効果的である。

①マットエクササイズ（側臥位足スイング）

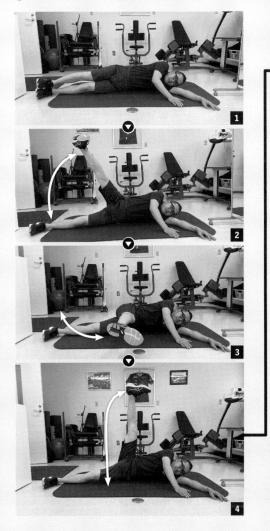

体が開かないように注意して側臥位をとる。負荷が軽い場合は足首に1～3kgの重錘ベルトを装着する（**1**）。上の足を可動域いっぱい外転させる×10回（**2**）。上の足を可動域いっぱい屈曲伸展させる×10回（**3**）。上の足を屈曲90°から水平外転方向に可動域いっぱい動かす×10回（**4**）。上の足を最大外転位に保ったまま、下の足を上下に内転させる×10回（**5**）。上の足をそのまま外転位に保ったまま、下の足を水平方向に屈曲伸展させる（**6**）。上の足をそのまま外転位に保ったまま、下の足を屈曲位から水平内転方向に可動域いっぱいに動かす（**7**）

②チューブ　内転バランス

チューブを両手で把持し、上半身はチューブの方向に回旋させ、非軸足は伸展やや外転位をとる（**1**）。チューブを両手で水平内転方向に牽引し上半身を回旋させると同時に、非軸足をもも上げさせ5秒間キープする（**2**）。これを繰り返す

③チューブ　ツイストプッシュでボックスランジ

20～30cmのボックスに前方の足を置き、反対側の上肢でチューブを持つ（**1**）。その姿勢からチューブを前方に押し、前方の足を伸展させ、反対の足をもも上げでキープする（**2**）。ボックス上でこの姿勢を5秒間キープ。これを繰り返す

事例2：市民フルマラソンランナー

（2）ランニング時の接地点の適正化と
　　体幹後傾の改善と高重心保持でのランニング効率の向上

　ランニングのフットコンタクトの地点はスピードによっても異なるが、通常は重心位置から20〜30cm前方といわれている。これよりも前方に接地した場合は体幹がその分後傾してしまう。

　ランニングは足が接地している支持期の間に、いかに前方に重心を進めるかがポイント。そのポイントは接地期に膝の屈曲をいかに小さくするかということでもある。実際は若干前方に接地するが、意識のなかでは「体の真下」に足を振り下ろし、「体を上方に伸ばしきる」意識が効果的である。

①チューブ　ツイストプッシュ交互

体の後方にチューブを固定して、両手にそれぞれチューブを持ちもも上げ肢位をとる（**1**）。もも上げの足を真下に強く振り下ろし、反対の足を素速く引き上げる。足の振り下ろし側の手を前方に伸展させてチューブをプッシュする（**2**）。これを素速く交互に、振り降ろしを強く真下に意識繰り返す

②チューブ　ツイストプッシュ上下

同側の手と足にチューブを固定し、もも上げ肢位をとる（**1**）。もも上げの足を真下に強く振り下ろし、反対の足を素速く引き上げる。振り下ろした側の上肢は真上に挙上し内旋させる（**2**）。振り下ろした足と上方に伸ばした上肢を少しでも離すように意識し、少しでも高い重心位置を保持できるよう注意する。またもも上げ側の上肢の肩甲帯は下制・内転し体幹の回旋を誘導する

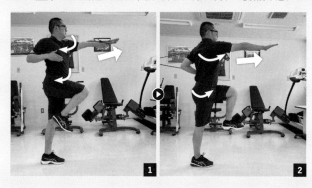

③直下踏み込み（ブラジル体操）

高重心を意識したもも上げ肢位をとる（**1**）。もも上げの足を真下に強く振り下ろし、反対側の股関節を屈曲外転位に持っていく（**2**）。引き上げた脚の股関節を水平内転させて（**3**）、そこから足を下ろす（**4**）。真下に踏むことと、高重心を意識しながら繰り返す

【 パーソナルトレーニングの効果 】
　1回のセッションでランニングフォームのフットコンタクト時の接地位置と、ミッドサポート時の沈み込みが大きく変化した（下写真）。体幹前傾が改善され、接地位置が重心の真下付近に移行し、ミッドサポート時の重心位置も高くなった。同様のランニングフォームを意識したエクササイズのセッションを月に1度継続し、現在は膝の痛みもなくフルマラソンのトレーニングを継続している。

フットストライク時の接地ポジションの改善（AIでの計測）
体幹の前傾が改善され、接地位置が重心の真下付近に移行した

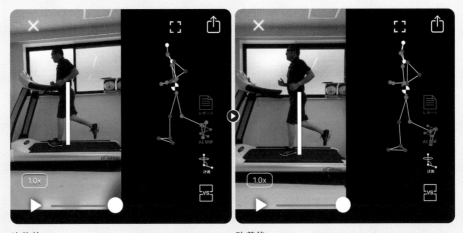

改善前　　　　　　　　　　　　改善後

ミッドサポート時の接地ポジションの改善（AIでの計測）
足底が地面と接して踵が地面から離れるまでの間（ミッドサポート時）の沈み込みが減り、重心位置が高くなった

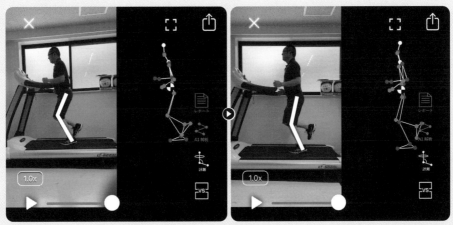

改善前　　　　　　　　　　　　改善後

事例3：プロサッカー選手（ゴールキーパー）

【状況と要望】
12月3週〜1月2週の1カ月間でパフォーマンスをさらに上げる。昨シーズンは股関節痛に悩まされる時期があったため、オフ期間に、シーズンを通して痛みやケガがないことを目的にパーソナルトレーニング。

【問題点】
右内転筋の柔軟性、筋力ともにやや低下。軸脚の片脚バランスが悪く、上半身のソラシックツイストがうまく使えていない。

【パーソナルトレーニングの目的】
- 右内転筋の柔軟性および弾性力を向上
- 右内転筋の筋力アップ、パワーアップ
- 片脚バランスの安定性の向上
- ソラシックツイストのモビリティアップ
- サッカーの競技特異性を考慮した筋力アップ
- サッカーの競技特異性を考慮したムーブメントアップ

【パーソナルトレーニングのメニュー】

①温熱治療器で局所的なウォームアップ

②ストレッチ
（パッシブストレッチで確認後PNFストレッチ）

③筋トレ・内転筋
（マニュアルレジスタンスでコンセントリック〜アイソメトリック）

④筋トレ・コア・ドローインプッシュ
（コア・スタビリティ＆モビリティ、シングルレッグ・バランス）

⑤筋トレ・中殿筋・
マニュアルで
エキセントリック
（シングルレッグ・
バランス）

⑥ストレッチ・小胸筋・パッシブ
（肩甲骨のモビリティ）

⑦モビリティ・
胸椎回旋・アシスト
（ソラシックツイスト）

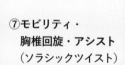

第4章 適応エクササイズ&テクニック・後編

⑧クロスモーション・うつぶせ
（連動性の確認、キープ&プッシュで筋力強化）

⑨クロスモーション・立位
（スイングからチューブで筋力強化、バランス強化）

⑩ヒップフレクション・メディシンボール
（コア・スタビリティ&モビリティ、屈曲時のパワー）

⑪サイド・スプリットスクワット

キック以外で内転筋にストレスがかかる「横への動き」を段階的に

⑫サイドランジ

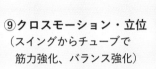

⑬サイドベンチホップ

⑭メディシンボール外力

⑮ドーナツバランス　膝立ちメディシンボールキャッチ

⑯筋トレマシン

⑰ジョギング
（有酸素トレーニングとして）

【 パーソナルトレーニングの効果 】
最初の2週間で内転筋の柔軟性と筋力が回復し、残りの2週間はピッチでゴールキーパーのフィジカルトレーニング（ステップワーク、ジャンプ、リカバリー）やキックなども行い、コンディションもよくチームの始動に合流。

事例4：競輪選手

【状況と要望】
自身でフリーウェイトを使って脚力の強化を行ってきたが、なかなか成績に結びつかず、専門家の意見も取り入れたいということでパーソナルトレーニングを依頼。現在A級だが、1年以内にS級2班、2年以内にS級1班に昇給し、トップを目指せる体づくりを行いたい。

【問題点】
脚伸展パワーはある程度有しているが、コア・スタビリティが弱く、ペダリングに伝わっていない。脚伸展パワーももっと向上できる。先行して逃げ切るスタイルのため、乳酸耐性能力を向上させていく。ペダリングの効率を高める「クロスモーション」の習得、そのために上下のコア・スタビリティ＆モビリティを強化。

【パーソナルトレーニングの目的】
①脚伸展パワーの強化
②脚伸展パワーを助ける股関節屈曲力の強化
③ペダリング後半の膝屈曲力の強化
④コア・スタビリティの強化
⑤胸椎、肩甲帯のモビリティアップ
⑥胸椎、肩甲帯のパワーアップ
⑦コア・スタビリティ＆モビリティの強化
　（筋力、バランス力）
⑧乳酸耐性力の強化

【パーソナルトレーニングのメニュー】

①ウォーミングアップ
　（スピンバイク、パッシブ＆ＰＮＦストレッチ）

②筋トレ・コア・
　ドローインプッシュ
　（コア・スタビリティ）

③筋トレ・ヒップフレクション・マニュアル
　（脚伸展パワーにつなげるため）

④筋トレ・内転筋マニュアル
　（骨盤の安定性）

⑤筋トレ・外転筋マニュアル
　（骨盤の安定性）

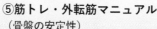

⑥筋トレ・
　レッグカールマニュアル
　（ペダリング・パワー）

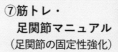

⑦筋トレ・
　足関節マニュアル
　（足関節の固定性強化）

第4章　適応エクササイズ＆テクニック・後編

⑧筋トレ・股関節求心プッシュ
（コーナーでかかる股関節の求心力強化）

⑨ストレッチ・小胸筋・パッシブ（肩甲骨のモビリティ）

⑩モビリティ・
　胸椎回旋・アシスト
　（ソラシックツイスト）

⑪バランス・ペダリング・
　バランスボール
　（コア・スタビリティ＆モビリティ）

⑫バランス＆筋トレ・
　ソラシックツイスト・
　バランスドーナツ
　（コア・スタビリティ＆
　モビリティ、
　ソラシックツイスト・パワー）

⑬バランス＆筋トレ・ブリッジ＆
　レッグカール・バランスボール
　（コア・スタビリティ＆モビリティ・パワー）

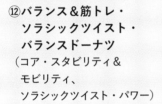

⑭バランス＆
　筋トレ・プッシュアップ＆
　ニーアップ
　（コア・スタビリティ＆
　モビリティ・パワー）

⑮バランス＆筋トレ・バックエクステンション＆
　ソラシックツイスト・メディシンボール
　（コア・スタビリティ＆モビリティ、ソラシックツイスト・パワー）

217

事例4:競輪選手

⑯バランス&筋トレ・サイドシットアップ&
　ニーアップ・バランスボール
　(コア・スタビリティ&モビリティ)

⑰筋トレ・ドローインプッシュ&
　ニーアップ・チューブ
　(コア・スタビリティ&モビリティ・パワー)

⑱筋トレ・
　シングルレッグスクワット・
　マシン
　(エクステンサースラスト・パワー)

⑲筋トレ・
　ソラシックツイスト・マシン
　(ソラシックツイスト・パワー)

⑳筋トレ・ヒップフレクション・マシン
　(コア・スタビリティ&モビリティ・パワー)

㉑筋トレ・
　プッシュ&プル・
　マシン
　(アッパーボディ・
　パワー)

㉒筋トレ・レッグエクステンション&カール (ペダリング・パワー)

㉓乳酸耐性トレーニング

【 パーソナルトレーニングの効果 】
パーソナルトレーニング開始3カ月ほどで体がうまく使えるようになってきた。成績も上がり始め、連勝を伸ばすことができ、予定より早くS級2班に昇格。その後も順調にS級1班まで昇格できた。

第 5 章

パーソナルジムの事業展開例

トレーニングメソッドを事業化する（1）
劇団四季に学ぶこと

　私たちの会社には、井上智恵というミュージカル俳優が在籍しています。マイクロジムの直営第1号店「ワイズパークあざみ野」は横浜市青葉区に開業したのですが、その目と鼻の先には劇団四季の広大な施設があります。井上は劇団四季時代に膝半月板損傷の手術を行い、その後のリハビリ施設を探していたところ、もともとお世話になっていた私の先輩トレーナーから当店を紹介されて通うようになりました。それをきっかけに劇団四季の方も、リハビリを中心に何人かいらっしゃるようになりました。

　団員の方たちとお話ししていると、代表であった浅利慶太先生のお話がよく出てきます。浅利先生は「食えない役者を魅力ある職業に」という信念をもち、大企業に成長させました。私も「食えないトレーナーはどうしたら魅力ある職業にできるか」と悩んできましたので、書籍や記事などを探し、大変興味深く読ませていただきました。

　劇団を企業化するため、浅利先生を中心に劇団四季は3つの経営戦略を打ち立てました。

①専用劇場を大都市部に作る

　それまでの「劇場は借りるもの」という概念を覆し、浅利先生のもつ政財界の広い人脈を活かして、大都市部に専用劇場や準専用劇場を作っていきました。こうすることで東京へ行く必要がなく、公演が身近に

なり、ファンは全国へと広がりました。また経営面では、準備や移動などの無駄なコストが削減でき、ロングラン公演も可能になったことで収益性が高まりました。

②研究所、劇団四季芸術センターを作る

　これだけ多くの公演を行っていくためには、人材を確保して育成していかなければなりません。横浜市青葉区にある「劇団四季芸術センター」では、劇場と同規模の施設や練習室、食堂、トレーニングルーム、ケアルームなどが完備されており、1年目の研究生と公演に出演していない劇団員は、こちらで日々、稽古や作品オーディションを行っているそうです。

③作品至上主義

　浅利先生は「作品の芸術性を伝える。そのためには戯曲の素晴らしさが最も重要。俳優のタレント性は必要なく、話題性のある芸能人を起用しても長続きしない」という考えの下、役者にも作品、役柄、作品がつくられた背景まで学ばせ、徹底的に役作りを指導したそうです。

　これら3つの戦略によって、劇団四季は全国各地でコンスタントに、クオリティの高いミュージカルを展開していくことができるようになったということです。

　この戦略は、トレーナーの会社でもおおいに参考にできるのではないかと思っています。

　①の専用劇場は「マイクロジム」です。マイクロジムを全国展開できれば、全国各地でトレーナーが活躍でき、地域に質の高

優れたコンテンツをクライアントに提供することが事業化のカギの1つとなる（写真は、著者が展開するジュニア年代の運動神経向上スクール「GAPS」での1コマ）

いスポーツ医科学サービスを提供する場ができます。

②の研究所、四季芸術センターは「アカデミー」です。トレーナーを養成するためには、まずメソッドや事業コンテンツを構築し、次に育成していくための仕組みができ上がれば、それを学んだトレーナーのレベルとサービスは標準化されます。さらに、そこから段階的にレベルアップしていけるアカデミーや、スーパーバイズしていくシステムを構築していけば、トレーナーの成長とサービスクオリティも常にアップしていきます。

そして、③の作品至上主義の作品は「事業コンテンツ」です。メソッドは言ってみれば作者の思想で、事業コンテンツはそのメソッド＝思想を最大限に活かした作品。それをつくり上げるのは、まさに脚本家のような仕事です。パーソナルトレーニング、チームでのフィジカルトレーニング、ジュニアの運動神経向上スクール「GAPS」、アクティブシニアの健康運動教室「SPEC・ワイ」、ワイズパーク・デイサービスなど、すべて決められた時間のなかでメソッドを用いて、いかに効果的な事業にするか、構成や内容を1つの作品のようにつくっていきます。

トレーナーは、その作品の役者として練習に励み、スキルを高め、お客様や選手の前でパフォーマンスしていくということです。役者にも、一流もいれば三流もいます。まだ入りたての若いトレーナーは、事業をスケジュール通り遂行するのに精いっぱいの三流から始まり、メソッドを物差しにして選手やご利用者様を評価しながら、臨機応変に指導できるように、時間をかけて成長していきます。

取り組みとしてはまだまだ中途半端です

が、この3つの戦略は、私のなかでとても参考になりました。ここからはその作品＝事業コンテンツのいくつかをご紹介します。

トレーニングメソッドを事業化する（2）
ワイズパーク・デイサービス

2012年、マイクロジム1号店を開業したのと同時に、高齢者介護事業に参入しました。当時、私は契約していたアスリートのトレーニングとチームのリハビリ環境が自前で欲しかったのですが、経営を考えるとそれでは成り立たないということで、どうせやるのなら地域の方々の健康や福祉にも貢献し、それらの仕事を含めてアスレティックトレーナーの「職業化」を目指していこうと始めました。

一般の方のパーソナルトレーニングと高齢者のデイサービスはゼロからの新規事業だったので、数年は暗中模索状態でした。特に高齢者のデイサービスは、介護保険すらよくわかっていない状態でしたから、学びながら事業化を進めていきました。

日本は超高齢社会の真っただ中にあります。今後も高齢者数は増加し、支える働き手は減少することからバランスが保てなくなり、国の財政を圧迫していくことが見えています。そうならないためにも、元気で自立している高齢者を増やす取り組みと、介護する側の人的負担を軽減していく取り組みが重要になります。

介護認定者がサービス提供を受けるのは80代からが多いといわれています。2050年までは85歳以上の人口が増え続けるこ

とが予想されているので、デイサービスのニーズはさらに高まっていきます。また介護認定者の約7割は軽度要介護者（要支援1から要介護2）で、しっかりとリハビリや機能訓練を行えば自立に戻ることもあり、機能維持・改善も可能といわれています。

私たちの行っているデイサービスも軽度要介護者向けで、機能の維持・改善を目指し、総合的に体力を向上させながら健康寿命を延伸していくことを目的にしています。

デイサービスは、スポーツトレーナーがつくった「最適運動＆リハビリ」と、ミュージカル俳優がつくった「エンタメプログラム」で、「心も体も輝くデイサービス」というキャッチフレーズにしています。

提供時間は3時間で、体調チェックの後は25分間の「オープニングエンタメ」というプログラムから始まります。感情表現力や口腔機能の活性化を目的にしているプログラムで、劇団四季の俳優が毎日行う訓練法や音楽、身体表現なども使った、見学に訪れる専門家も圧巻のプログラムです。そこからは「最適運動＆リハビリ」を2時間行います。パーソナルトレーニング、マシントレーニング、フットケアの3グループに分けて40分ずつすべてのプログラムを行います。

高齢者ほど個別性が重要であり、パーソナルトレーニングのステーションではアカデミーのレベル2まで合格したトレーナーが、デイサービスで必要となる特定疾病の評価やエクササイズを学び、パーソナルトレーニングとリハビリのメソッド、AI身

体評価システムなどをフル活用して指導しています。マシンとフットケアはアルバイトスタッフが担当しています。パーソナルトレーナーが決めたマシンの強度や量に沿ってご利用者様をサポートし、高濃度炭酸泉の足浴やオイルマッサージをして、足部機能向上のエクササイズなど行います。

デイサービスの最後は25分間の「フィナーレエンタメ」です。ハンドベルやコーラスの音楽プログラムで、脳活性を目的にしています。介護老人保健施設における脳活性リハビリの5原則として提唱される①快、②役割、③双方向コミュニケーション、④褒め合う、⑤失敗のフォローのすべてを包含した素晴らしいプログラムです。

私たちのデイサービスは身体機能や認知機能の維持・改善のデータも高く、またプログラムも専門的かつユーモラスということで、メディアにもよく取り上げていただくようになりました。2022年には、日本を代表する「デイサービス5選」という賞をいただくまでに成長できました。

何年もかけてデイサービスという3時間の事業コンテンツをつくり上げてきました。しかし広めるためには「仕組み化」です。スタッフの育成では、全ての時間の業務と役割を明確に構築するなどで時間がかかったのと、そのほかにも介護事業には膨大なバックオフィス業務があり、その仕組み化にも時間がかかりました。まだまだ改良していきますが、とりあえず全体的には整ってきたので、フランチャイズ展開を本格化していこうと進めています。

トレーニングメソッドを事業化する（3）
自治体や公共施設と 共同できる2つの事業

①アクティブシニアの健康運動教室 「SPEC ワイ！」

日本には世代ごとにスポーツや健康の問題があります。子どもたちの体力低下、中高生の部活離れや部活動におけるスポーツ医科学環境の未整備、一般成人の運動不足や企業の健康経営の未実践、中高年の運動不足と生活習慣病、アクティブシニアの介護予防、要介護シニアの自立支援と重度化防止などです。こうした問題に一スポーツ企業としてメソッドをつくり、それを最大限に活かす事業コンテンツをつくって、社会に貢献していこうと努力しています。

要介護シニアには「ワイズパーク・デイサービス」を事業化しましたが、この運営にはマイクロジムが最適です。しかし、これから紹介するアクティブシニア向けの事業とジュニア向けの事業は、私たちの経験からしても、自治体や公共施設などとのコラボレーションが適していると考えます。

まず、アクティブシニアが要介護になってしまうと、医療費や介護保険料など国や地方自治体の負担も増えていくことから、健康を維持していくためのいろいろな取り組みがなされています（一般介護予防事業）。しかし、事業コンテンツをつくることはなかなか難しいものですし、そのベースとなるメソッドをしっかりつくり上げるには、相当な専門性や経験が必要になりま

す。アクティブシニアの健康運動教室は、そこが得意な私たちに依頼していただくことで、いくつかの市や公共スポーツ施設を管理する指定管理者との共同事業として実施しました。

事業コンテンツとしては、「SPECワイ！」というネーミングの教室を開きました。自治体や公共施設で行われているアクティブシニアのための健康教室は、集団指導がほとんどです。年齢差や体力差があるにもかかわらず、60代の方と90代近い方が同じメニューを行っていることもあるそうです。

私たちはどうにかして個別性を出すために、年齢や体力が近い方を数人のグループにしてトレーナーがエクササイズ指導を担当するほか、運動を習慣化するために、家でもできるメニューをもち帰っていただきたいと考えました。また、運動を楽しんでいただくために、エンタメの要素も私たちの武器として入れました。そして「セミ・パーソナル・エクササイズ・クラス・(楽しく)ワイワイ」ということで、「SPECワイ！」という事業コンテンツができ上がりました。

教室は60分間か90分間です。最初はエンタメ活動でウォーミングアップし、セミパーソナルトレーニングとサーキットトレーニングに分かれて交代で行い、最後はコーディネーションダンスを皆さんで楽しむという構成です。

本事業もデイサービスと同様に全ての時間の業務と役割がしっかりと構築できたため、若手スタッフやアルバイト、指定管理者のスタッフに研修を行えば実施できるように仕組み化ができました。今後は開発したAI身体評価システムや、筋トレマシンも導入していくことができれば、さらに効果は上がり、データも活用していけるのではないかと思っています。

アクティブシニアのための運動教室「SPECワイ！」。エンタメの要素も採り入れ、参加者が楽しく取り組めるのが特長

②ジュニアの運動神経向上スクール
「GAPS」

　もう1つ、自治体や公共施設と共同で事業化しているのが、ジュニアの運動神経向上スクール「GAPS」です。もともとサッカーの指導者向け専門誌『サッカークリニック』（ベースボール・マガジン社）でジュニアのためのフィジカルトレーニングの連載をさせていただき、それを書籍『ジュニアサッカーフィジカル改善プロジェクト』として出版できたことで、メソッドもしっかりと体系化しました。それを事業化したものが「GAPS」です。

　最初はフットサルコートを借りて、サッカースクールに通う子どもたちを中心に実施していたものが、いつからか競技は多岐にわたり、運動習慣のない子どもの保護者が健全な成長を願って通わせてくれるようにもなりました。そこでベースは変わらないものの、広くジュニア全般を対象にメソッドを改訂しました。『どんな子も運動神経が必ず良くなる』（日東書院）という書籍も出版させてもらいました。現在、自治体や公共施設で行っている「GAPS」は、そのメソッドを事業化しています。

　そもそも「GAPS」とは、「ゴールデンエイジ・フィジカル・スクール」の頭文字を取っています。子どもたちの体力低下が社会問題として取り上げられる一方で、小学校中学年から高学年の子どもたちを発育発達過程において「ゴールデンエイジ」と呼び、体力要素としては「神経系が最も発達する時期で、この時期の神経系に対する

アプローチ、例えば技術や身のこなしなどは即座に習得できる」といわれています。しかしながら、神経系にアプローチした書籍（メソッド）などはあまりなく、それならば科学的根拠に基づいて、自分のアイデアを体系化してみようとメソッドをつくっていきました。

　「GAPS」の事業化に当たっては、1時間のなかでの各メソッドの構成や運動強度を考慮しながら、子どもたちが楽しさを実感できるようにコンテンツ化しました。実際には、ウォーミングアップではコーディネーションやアジリティ、その後はステーションに分けてテーマとする神経系の要素に取り組みます。対人動作のトレーニングやいろいろなボールを投げるドッジボール、最後はタッチフットゲームなど、1時間で総合的に神経系と体力を向上させる教室になっています。また、これも研修さえ修了すれば、若いトレーナーや指定管理者のスタッフでも指導できるように仕組み化しています。

　なぜ自治体や公共施設向けなのかというと、年に一度の「新体力テスト」が学校で義務化され、その結果は全国比較でフィードバックされ、課題があれば自治体としてどう取り組むかが問われることもあると思うからです。実際に、ある自治体から「この市の子どもたちの体力は全国平均を下回っているので、体力を向上させる取り組みがしたい」と依頼を受けたこともあります。「GAPS」では定期的に「フィールドテスト」という体力評価を行っています。新体

力テストの結果も確実に向上しますが、何よりどのような競技においてもベースとなり、健全な成長につながる運動神経が向上します。

これからも自治体や公共施設の指定管理者とタッグを組み、全国の子どもたちの運動神経と体力を向上させるべく取り組んでいきたいと思います。

マイクロジム「Y's PARK」は3つのモデル

大都市には1時間1万円はざらで、高いトレーナーでは3〜5万円のパーソナルジムもあります。お客様からすれば、「価値はそれぞれが決めることだから構わない」という考えももちろんあるでしょう。しかしながら私たちは、素晴らしいパーソナルトレーニングが全国に広まり、地域にジムが存在することで、日本の健康や福祉、スポーツの発展に貢献したいと願っています。

全国的なパーソナルトレーニングの単価は、1分100円とよくいわれます。私のジムは60分間が基本なので、6000円が相場だと思いますが、レベル2のスタッフは5000円、レベル3のスタッフは6000円、レベル4のスタッフは7000円にしていますので、世間的にも高いという値段ではないと思います。

私たちが大都市に出店したとして、物件の値段は当然異なるものの、同じサービスが2倍や3倍になってしまうのはどうなのかと感じ、その競争に参加する気持ちはありませんでした。

序章でも書きましたが、同じ寿司でもスーパーの寿司、回転寿司、カウンターの高級寿司などいろいろあります。お金がある方は週2〜3回、高級寿司のようなパーソナルトレーニングを行えばよいですし、そうでない方でも週1回、あるいは月に2回など、予算に応じてパーソナルトレーニングを予約して、それ以外はセルフで行えるメニューをトレーナーが作成して実施すればよいと思っています。

経営的な側面からいうと、コロナ禍以降、業界全体的にパーソナルトレーニングジムの経営は難しくなった感がありました。私たちのマイクロジムもコロナの影響は大きくありましたが、現在は回復し、増収していっています。その要因は、高齢者デイサービスにあります。

横浜市青葉区の第1号店や青森のフランチャイズ1号店は、朝はパーソナルとフリーのお客様、10〜13時はデイサービス、13時からはパーソナルやフリー、夕方からは部活動の選手やアスリートがリハビリやトレーニングに来ます。以前、ある新聞社の方が取材に来てくださったときに、それぞれの生活習慣を考えて、1日中有効に施設を活用する「ハイブリット型マイクロジム」と評していただきました。トレーナーも、朝デイサービスでパーソナルトレーニングを担当し、午後はチームやジュニアの「GAPS」に指導に行ったり、ジムでパーソナルトレーナーとして勤務したり、シフトはさまざまです。

デイサービスは介護保険事業なので、お

客様からはサービスの1〜2割の料金をいただきますが、残りは国が負担します。ケアマネジャーからの紹介による集客なので時間はかかりますが、目標値に到達すれば、かなり安定したビジネスになります。

当社のマイクロジムはデイサービスを導入するのは必須で、時間によってパーソナルトレーニング、デイサービス、アスリートのリハビリなど行う施設を「ハイブリッドモデル」と呼んでいます。また、収益性が高いデイサービスを午前と午後の2回行う「ダブルデイモデル」、そして2021年に札幌に出店した店舗は施設を2つに区切り、片方は午前と午後の「ダブルデイ」、もう片方は「パーソナルとフィットネス」を同時運営する3つ目のモデル「スーパーハイブリッドモデル」もつくりました。「ハイブリッドモデル」や「スーパーハイブリッドモデル」はもちろん、「ダブルデイモデル」も夕方からは自由に使用できるので、地域のスポーツ発展にも貢献してくれると願っています。

青森の「ハイブリッドモデル」フランチャイズは、2016年に青森山田高校の教員が退職して起業し、ジムを開業しました。青森山田高校のいろいろな部活動の選手がリハビリで利用し、サッカー部は何度も日本一に輝くなど、貢献しています。

また、アスリートのセカンドキャリアやデュアルキャリアのビジネスモデルにもなるのではないかと、横浜市青葉区の直営第1号店は、現役時代にサポートしていた元プロ野球選手で、侍ジャパン（野球日本代表）や横浜 DeNA ベイスターズで指導してきた仁志敏久が共同オーナーになってくれました。

全国各地にいろいろなモデルの私たちのジムが開業され、メソッドと事業コンテンツを武器に地域の健康や福祉への貢献、スポーツの発展に役立ってくれることを夢見ています。

スポーツ医療サポート「青森モデル」

2004年に前身のワイズ・アスリート・サポートという会社を設立しました。同社では特に育成年代のスポーツで組織的に医科学サポートしていくことをミッションに掲げました。トレーナーを育成してチームに派遣し、フィールドテストという体力テストを考案して全国各地を回りました。そうした活動のなかで、何かよいモデルケースができないかと悩んでいたのがケガ人へのリハビリの環境です。ケガをして病院へ行ったものの、何もせずにただ見学している選手をたくさん見てきました。

スポーツが大好きなドクターは全国各地にいます。しかし、スポーツ専門の病院やリハビリ施設が少ないのは、スポーツ選手は診断やリハビリに手間がかかる割に早く回復するので、経営的には難しくなるからだろうと思います。

ところが、青森に素晴らしいモデルケースができたのでご紹介します。

青森に小松尚先生という整形外科医がいらっしゃいます。小松先生とは2001年〜

227

小松整形外科スポーツクリニックでのリハビリの様子。医師、理学療法士、トレーナーが同じ場所で選手の復帰に向け連携をとっている

　2004年に育成年代のサッカー日本代表で、ドクターとトレーナーという立場でお仕事をさせていただきました。代表合宿で選手のサポートをする合間に、日本の育成環境のリアルな話をしているうち、それは「いつか青森からスポーツ医療モデルを発信していきたい」という2人の願いになっていきました。

　当時、小松先生が勤務していた病院で週に一度、スポーツリハビリを設置していただき、ケガ人を特別に呼んでメニューづくりを行いました。毎週こちらからトレーナーを派遣するだけでなく、私も月に一度は足を運びました。

　そこから小松先生は、アスリートをさらにしっかりと診たい、リハビリのレベルを上げたいという思いから、2023年4月に小松整形外科スポーツクリニックを開業されました。月曜日の午後にスポーツ外来を設け、まずは診察や精密検査を行い、その情報に従って小松先生、私たち、病院の理学療法士でリハビリのプログラムデザインをする仕組みをつくりました。小松先生と私も親交がある青森山田高校サッカー部はもちろん、サッカー部以外にも新体操部やバドミントン部、野球部、地域の部活選手や子どもたち、JFLのラインメール青森の選手たち、遠方からも評判を聞いたいろいろな選手が来院しています。

　青森山田高校サッカー部とラインメール青森の選手は、翌日からは店舗でリハビリを継続し、経過の報告やイレギュラーなことがあれば相談がくるようになっています。

　私は月2回（隔週）、青森のフランチャイズ店のトレーナーは毎週、勤務させてもらっています。松田トレーナーも小松先生のリハビリのレベルアップへの強い思いから、月に1回スタッフ教育に行っています。

　青森山田高校サッカー部の前監督だった黒田剛さん（現・FC町田ゼルビア監督）からは大変感謝していただいていましたが、サッカー部が全国で安定的にトップクラス

になってきた背景には、小松先生が構築したスポーツ医療モデルとフランチャイズ店の連携が大きいと考えています。ケガをした選手には理想的な環境が整えられましたし、病院としても、週に1回のスポーツ外来なら経営面でも問題にならず、むしろ若手の優秀な理学療法士の人材確保に役立ち、活気があふれるリハビリ室になっています。

スポーツチーム、スポーツドクター、リハビリを行うマイクロジム、それとアスレティックリハビリテーションやファンクショナルトレーニングをしっかりと学んだトレーナーがいて、それらがうまくリンクすれば、日本のスポーツ医療の問題は解決できると思います。ぜひ、この「青森モデル」を参考にしていただけたらと思います。

目指すものと夢について

最後は私たちが今進めている、また今後進めていきたい事業についてお話ししたいと思います。

まず1つめは、医療と介護の連携です。日本は超高齢社会であり、厚生労働省はその対策として、2025年を目標に「地域包括ケアシステム」をつくろうとしています。これは、高齢者が住み慣れた地域で自立した生活を送っていけるような、包括的な支援・サービス体制で、具体的には住まい、医療、介護、予防などが一体的に提供されるシステムを各自治体でつくっていこうというものです。

そのようななかで課題となっているのが「多職種連携」で、特に医療と介護の連携

が難しいといわれています。その理由として、介護事業者の医学的知識不足と、医療機関の時間的余裕のなさが挙げられます。

私たちアスレティックトレーナーは、スポーツ現場でドクターと連携しながら仕事をしています。それが強みの介護事業者として、この「医療との連携」の問題に対し何か提言していけたらという思いがありました。

今、実際に進めているのが、病院、病院リハビリ、デイケアリハビリ、デイサービスが共存し連携し合っていくための仕組み作りです。培ってきたワイズパーク・デイサービスの事業コンテンツや教育システムを最大限に活かし、また開発した AI による身体計測システムや筋力測定システムのデータも有効活用しながら情報連携することで、患者から利用者、利用者から患者になっても、その人の健康をずっとサポートしていこうとする取り組みで、いくつかの医療法人と話を進めています。

2つめは、札幌のワイズパークで松田トレーナーが中心となり行っている、がんサバイバーのためのエクササイズ事業です。近隣にある、がんの診断や治療を専門で行う最先端の病院とタッグを組みながら進め始めました。

ひと昔前までは、がんサバイバーへの運動はあまり積極的でなかったそうですが、いろいろな研究から、筋力トレーニングは予後がよくなるとか、有酸素トレーニングはメンタル面や QOL が向上するなどといった報告がされています。そうしたことも

あり、海外ではいろいろな取り組みがされているそうですが、日本では先行事例があまりありません。

松田トレーナーが研究データをまとめながらメソッドをつくり、ワイズパークではパーソナルトレーニングやデイサービスのパーソナルトレーニングでもがんサバイバーの方が、病院からのご紹介で通われるようになりました。また、スタッフが病院で行われる市民講座などで、運動教室を行わせていただくようにもなってきました。これも日本の健康に貢献できる素晴らしい事業に発展していきそうで今後が楽しみです。

最後の３つめは、スポーツによる社会貢献と新たなる人材活用（夢のお話）です。

2023年、私はFC町田ゼルビアの、松田トレーナーは東京ヴェルディのメディカルスタッフとして契約し、久しぶりに国内サッカーのトップレベルの緊張感あふれる現場で仕事をしました。運よく2チームともJ1昇格を果たし、2024年シーズンも継続しています。

Jリーグチームに入ってわかったこととして、Jリーグでは「シャレン！」という取り組みを行っています。Jクラブが地域で育んできたスポーツの価値とリソースを活用してもらい、社会課題や共通のテーマ（教育、ダイバーシティ、まちづくり、健康、世代交流など）に、地域の人・企業や団体（営利、非営利問わず）・自治体・学校などとJリーグ・Jクラブが連携して取り組む活動の事で、毎年募集してアワードの表彰を行っています。

各クラブの「シャレン！」をホームページで見ると、どれも素晴らしい取り組みです。

ここからは今後の夢になります。私たちのマイクロジムも地域貢献、日本の社会貢献につながる素晴らしい事業です。この事業を広げるためにはいろいろなパートナーが必要だと感じています。それが例えばJクラブとご一緒できたらどうでしょう。いろいろなイメージが湧き上がってきます。

マイクロジムはダブルデイにして、夕方からは育成年代の選手のトレーニングやリハビリができる環境をつくる。あるいは、青森山田高校そばの店舗のようにハイブリッドにして地域の方のパーソナルフィットネス、デイサービス、夕方からは育成選手も利用する。あざみ野店の元野球選手・仁志敏久が共同オーナーのように、トップで賛同しぜひという選手は出資してセカンドキャリアの収入源とする。

育成チームのスタッフを中心に社会貢献活動としてデイサービスを運営し収益を上げることで、スポンサー頼みだけではなく、自活した持続可能なクラブづくりの一助としていく。デイサービスではユニフォームTシャツを着た高齢者の方々が健康増進のために運動やエンタメ活動を行い、週末に行われるホームゲームを楽しみに観戦に訪れる。

まだまだイメージが膨らみますが、そんな取り組みをサッカーだけでなく、ほかのスポーツともコラボして行っていけたらと夢見ています。

COLUMN

トップランナーに聞く「優れたトレーナーの条件」 4

▶ **小松 尚**（小松整形外科スポーツクリニック理事長・院長）

医学的知識に基づき、物事を柔軟に考える力

優れたトレーナーの条件は、まず医学的な知識が豊富であるということです。解剖学や生理学など基礎的な医学に関することはもちろん、画像診断や治療の知識も豊富であれば、ドクターとの共通理解が進み、予想される回復に合わせて復帰のためのリハビリ、トレーニングを組み立てることができると思います。

次に、選手の復帰のためのリハビリや治療、医療チームのシステムづくりに対して、常に新しいアイデアを模索していることです。スポーツ医学もMRIの普及や治療の多様化など進歩していますが、リハビリも機器や方法は常に進歩しており、AIの導入など常にアンテナを張って、最良のリハビリを行うように考えている人です。

3つ目に、ドクターをリスペクトしてくれて、仲よくできること。私と松田（直樹）さん、山本（晃永）さんは24年来、代表チームや地元のチームで関わったり、医学会に参加したり、時には酒を酌み交わしたりしていて、こんな私でもリスペクトをいただいています。ドクターとトレーナーは意思統一されていないとチームにとってうまくいかないと思いますが、そのためには互いにリスペクトすることが欠かせません。

現在、チームドクターとして青森山田高校サッカー部をサポートしていますが、ある年、全国選手権の2カ月前にレギュラー2人が膝の前十字靭帯を損傷したことがありました。山本さんとの協力で、1人は2年生だったので手術を選択して翌年の活躍を目指し、もう1人は3年生だったこともあって手術をせずにリハビリで復帰を目指しました。決勝の最後、短い時間でしたが、彼がピッチに立ち優勝を迎えられたのはメディカルチームとしての喜びでした。

私は『ダイヤモンド・サッカー』というテレビ番組を見ていて、ケガ人のところに走って処置に行く、その仕事が趣味と実益を兼ねていていいなと小学生ながらに考えていました。そのとき見たスタッフがドクターかトレーナーかも分かっていませんでしたが、サッカードクターになろうと医学の道を目指しました。

今の若い人は、何のためにトレーナーになるのか、何がやりたいのかがわからないという人が多い気がします。「目的を持って取り組むことが、長続きするためにも大切」と周囲には指導しています。

こまつ・たかし◎東京都出身。1988年に弘前大学医学部卒業後、同整形外科委員を経て国立弘前病院、弘前記念病院、青森県立中央病院整形外科にて勤務。2014年から青森厚生病院整形外科部長・スポーツリハビリセンター長を務め、23年に現職。青森山田高校サッカー部、ラインメール青森（JFL）のチームドクターも務める。日本整形外科学会専門医、日本体育協会認定スポーツドクター。

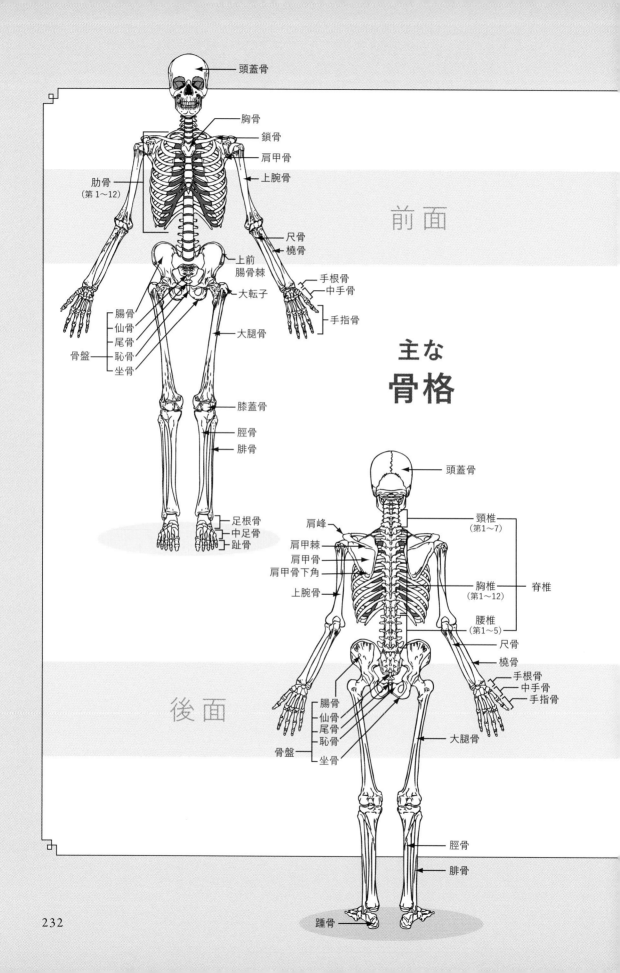

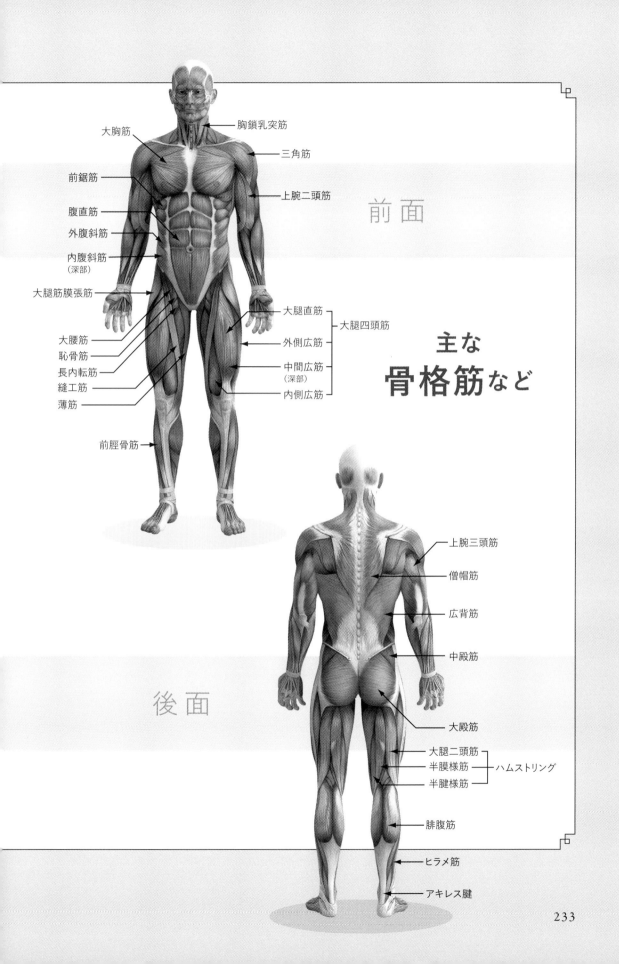

さくいん

- 数字は主な掲載ページを、「☆」は具体的なトレーニングやエクササイズを示します
- トレーニングやエクササイズは、方法などを紹介しているものをピックアップしています
- トレーニングやエクササイズは該当ページの表記と一部異なるものもあります

あ

アームカール★ 28
アーム＆ハンド・コーディネーション 73
アイシング 147
アイスマッサージ 147
アイソメトリック（収縮） 27
亜急性期 150
アクティブ（ストレッチ） 113
アクティブ（ROMエクササイズ） 149
アクティブ・アシスティブ（ストレッチ） 113
アクティブ・アシスティブ（ROMエクササイズ） 149
足の接地位置と重心の関係 162
アスレティックリハビリテーション 146
アッパーボディ・アップ＆ダウン 60
アッパーボディ・ソラシックツイスト 67
アッパーボディ・プッシュ＆プル 60
アップワード・ストレッチ★ 72
アップ＆ダウン（マシン）★ 66
アップライトロウ（伸展位）★ 64
アップライトロウ（チューブ）★ 43・155
アライメント 45
いないいないばぁ★ 43・154
イニシャルスティミュレーション 18
IASTIM（Instrument assisted soft tissue mobilization） 120
インターミッテント・トレーニング 195
ウィンギング 61
ウォーミングアップのストレッチ★ 115
うつぶせのクロスモーション★ 47
運動機能回復期 152
運動療法 148
腋窩神経の障害 130
エキセントリック★ 80
エキセントリック・コントロール 86
エキセントリック収縮 27
エクササイズ 17
エクスクローシブパワー 23
エクステンサー・スラスト 85
X脚（姿勢） 55
EBAT（Evidence Based Athletic Training） 60
FMS（Functional Movement Screen） 17
エリーテスト 178
遠位抵抗 28
炎症コントロール期 152
横隔膜 75
横隔膜式呼吸トレーニング★ 70

オーバーテスト 178
オーバーヘッドスポーツ 24
オープンキネティックチェーン（OKC） 26
OBLAトレーニング 195
温熱療法 147

か

カーフレイズ★ 93
カーフレイズ（片脚）★ 94
外転（チューブ）★ 106
外転（チューブ、座位）★ 106
外転（マニュアル）★ 105
外転（マニュアル、座位）★ 106
壁押しシングルレッグ・スクワット（バランスボール）★ 204
カルボーネン法 16・37
関節支持機構の外傷 149
患部以外の「犯人捜し」 153
患部外トレーニング 148
寒冷療法 147
キネティックチェーン 45
キャリパーモーション 68・70
急性期 150
胸郭ストレッチ（座位）★ 51
胸郭ストレッチ（側屈）★ 51
胸郭の動き 68
胸鎖乳突筋ストレッチ★ 159
胸椎回旋（セルフ）★ 72
胸椎回旋（膝立ち、トレーナーサポート）★ 72
胸椎回旋（よつばい、トレーナーサポート）★ 72
胸椎後弯（姿勢） 50
胸椎伸展うつぶせ（ヘッドウェイト）★ 71
胸椎伸展＆回旋うつぶせ（ヘッドウェイト）★ 71
胸椎の回旋 67・159
強度（筋トレ） 24
近位抵抗 28
筋外膜 118
筋・腱の外傷 150
筋持久力アップ 22
筋周膜 118
筋トレの科学 24
筋内膜 118
筋肥大 22
筋肥大のメカニズム 24
筋膜 118
筋膜リリース 120
筋力アップ 22
筋力トレーニング 22
クライオキネティクス 147
グロインペイン 160
クローズドキネティックチェーン（CKC） 26
クロスモーション 197
ケトルベル・シングルデッドリフトから
小さくジャンプ★ 181
肩甲骨エキセントリック★ 65
肩甲骨上方回旋＆後傾のサポート★ 64

健康・体力の維持・
増進が目的のパーソナルトレーニング ……… 138
コア・スタビリティ ……………………… 75・77
コア・スタビリティ＆モビリティ ……… 75・81
コア・ダイナミック …………………… 75・79
コアのインナーマッスル …………………… 75
コア・ヒップフレクサー（マシン）★ ……… 55・85
股関節屈筋、腹部、前胸部ストレッチ★ …… 159
骨盤底筋群 ……………………………………… 75
骨盤の前後傾（姿勢）……………………… 53
コレクティブ・エクササイズ …………… 45
コンセントリック（収縮）……………… 25・27

さ

サーキットトレーニング ……………………… 38
サイズの原理 ……………………………… 25
サイド＆ワイド・ストレッチ★ …………… 72
サイドブリッジ★ ……………………………… 78
サイドブリッジ（膝－肘）★ ………………… 78
サイドブリッジ（レッグスイング）★ ……… 82
サイドプルダウン（チューブ）★ ……… 44・156
サイド・ベンチ・ホップ★ ………………… 99
サイドランジ★ …………………………… 97・98
サイドランジ（BOX）★ …………………… 98
サイドランジ（BOX＆バランスパッド）★ … 99
サイドレイズ★ …………………………… 28
サイドロウ（チューブ）★ ……………… 43・155
サムライからもも上げプッシュ（TRX rip trainer）★ … 162
酸素環境 …………………………………… 25
CR & CV（トレーニング）………………… 192
GM アブダクター＆アダクター（マシン）★ … 57・106
自覚的運動強度 …………………………… 35
矢状面 ……………………………………… 50
姿勢 ………………………………………… 50
膝蓋下脂肪体 ……………………………… 131
シットアップ★ …………………………… 79
シットアップ（チューブ、座位）………… 80
シットアップ（斜め）★ …………………… 79
ジャックナイフストレッチ★ …………… 157
小円筋ストレッチ（セルフ）★ …………… 51
小円筋ストレッチ（ハンドスキル）★ …… 51
上肢の外転（評価）………………………… 62
上肢の前方挙上（評価）…………………… 62
上殿皮神経障害 …………………………… 130
シングルレッグ・スクワット（ハンドスキル）★ 106
シングルレッグ・スクワット
（ViPR、オフセットグリップ）★ ……… 203
シングルレッグ・スケーティング振り下ろし（ViPR）★ … 205
シングルレッグ・ソラシックツイスト（メディシンボール）★ … 107
シングルレッグ・トウタッチ★ ………… 107
シングルレッグ・バランス ……… 100・103・202
シングルレッグ・バランス（ダンベルローテーション）★ 203
シングルレッグ・バランス（チューブツイスト）★ … 206
シングルレッグ・プッシュアップ（メディシンボール）★ … 107
シングルレッグ・リーチ（メディシンボール）★ …… 107

シンスプリント …………………………… 131
身体機能回復期 …………………………… 152
振動グッズの使用例★ ……………… 129・130
心拍数（有酸素能力）……………………… 36
スキャピュラー・ディスキネシス ……… 61
スクワット★ ……………………………… 27
スクワットカーフ★ ……………………… 90
スクワットカーフ（PWB）★ …………… 91
スクワットカーフ（FWB）★ …………… 91
スクワットジャンプ★ …………………… 30
スクワットジャンプ（メディシンボール）★ … 91
スタティックアライメント ……………… 45
スタティックストレッチ ………………… 111
ストレートレッグレイズ★ ……………… 27
ストレートレッグレイズ　ストレッチ（セルフ）★…… 54
ストレートレッグレイズ　ストレッチ
（ハンドスキル）★ …………………… 54
ストレッチ ………………………………… 111
スプリット・サイドスクワット★ ……… 98
スプリット・サイドスクワット（BOX）★ … 98
スプリット・サイドスクワット
（BOX＆バランスパッド）★ …………… 99
スプリット・スクワット★ ……… 30・56・59・95
スプリット・スクワット（BOX）★ …… 95
スプリット・スクワット（BOX＆バランスパッド）★ … 96
スプリット・ジャンプ（メディシンボール）★ … 97
スペシフィックムーブメント・トレーニング … 197
スポーツ・スペシフィックムーブメント … 49
スポッティング …………………………… 18
スリーパー・ストレッチ ………………… 130
生活習慣病とその対応（表）……………… 139
セルフストレッチ★ ……………………… 117
前額面（姿勢）……………………………… 55
前鋸筋フロントブリッジ★ ……………… 64
足部アライメント（姿勢）………………… 57
ソラシックツイスト …………………… 67・71
ソラシックツイスト（チューブ・プル）★ … 71
ソラシックツイスト（膝立ち、ドーナツバランス）★… 84
ソラシックツイスト（膝立ち、メディシンボール）★ … 71
ソラシックツイスト
（膝立ち、メディシンボール、ドーナツバランス）★ … 84
ソラシックツイスト（マシン）★ ……… 73
ソラシックツイスト（メディシンボール）… 72
ソラシックツイスト＆バックエクステンション
（メディシンボール）★ ………………… 72

た

ターニングフォース …………………… 28
ダイアゴナル・ドローイン・プッシュ★ … 77
ダイエットが目的のパーソナルトレーニング … 134
代謝環境 …………………………………… 25
大腿直筋ストレッチ★ …………………… 158
大腿直筋、腹斜筋、腸腰筋ストレッチ★ … 158
ダイナミックアライメント …………… 45・87
ダイナミックストレッチ ………………… 111

235

多裂筋······75
段階性の原則(筋トレ)······26
ダンベル・シングルレッグ・デッドリフト・ツイスト＆
オフセット*······181
中殿筋エキセントリック(マニュアル)*······56・59
中殿筋コンセントリック(セルフ、チューブ)*······56
腸腰筋ストレッチ*······158
腸腰筋、大腿直筋ストレッチ*······158
直下踏み込み(ブラジル体操)*······212
ツイストプッシュ交互(チューブ)*······212
ツイストプッシュ上下(チューブ)*······212
ツイストプッシュでボックスランジ(チューブ)*······211
ツイストプッシュもも上げ(チューブ)*······162
ツイストプル(チューブ)*······44・156
デイリームーブメント······49
適応エクササイズ＆テクニック······15
デュシェンヌ肢位······100・104・163
頭部前方位(姿勢)······51
トーマステスト······178
徒手療法······147
トリートメント・モダリティ······147
ドローイン・プッシュ(座位)*······52・77
ドローイン・プッシュ(セルフ)*······52
ドローイン・プッシュ(ハンドスキル)*······52
ドローイン・プッシュ＆シットアップ*······79
ドローイン・プッシュ＆ニーアップ(座位)*······82
ドローイン・プッシュ・アップ＆ペルビックチルト*······77
トリプル・エクステンサー(マシン)*······91
トリプル・エクステンション······86
トレンデレンブルグ肢位······100・104・163

な

内転筋(ボール)*······105
内転筋(ボール、座位)*······105
内転筋(マニュアル)*······104
内転筋(マニュアル、座位)*······105
内転バランス(チューブ)*······211
ニーアウト・トウイン······104
ニーアップ(ドーナツバランス)*······83
ニーアップ(バランスボール)*······83
ニーイン・トウアウト······104
ニーエクステンサー＆フレクサー(マシン)*······93
ニーリングでフォアバック(ViPR)*······181
肉離れの分類······174
ノンウェイトベアリング(NWB)······27

は

パーシャルウェイトベアリング(PWB)······27
%1RM······31・32
パーソナルトレーニングの目的······12
ハイインパクト······30
ハイパーアンギュレーション······24
バケツハンドルモーション······70
パッシブ(ストレッチ)······113
パッシブ(ROMエクササイズ)······149

パフォーマンスアップ・トレーニング······192
バランストレーニング······101
バリスティックストレッチ······111
パワーアップ······22
パワーアップシットアップ(メディシンボール)*······80
バンザイもも上げ(TRX rip trainer)*······204
ハンドスキル······17
ハンドプッシュバックランジ*······204
PNFストレッチ······111
BMI計算式······139
PBT(Percent Based Training)······31
ヒールアップ*······54
膝屈曲・股関節伸展ストレッチ(セルフ)*······53
膝屈曲・股関節伸展ストレッチ(ハンドスキル)*······53
ヒップフレクション(セルフ)*······54
ヒップフレクション(チューブ)*······84
ヒップフレクション(チューブ＋ドーナツバランス)*······84
ヒップフレクション(マニュアル)*······54
ヒップフレクション(メディシンボール)*······47
ヒップリフト*······59・92
ヒップリフト(片脚)*······28・92
ヒップリフト(BOX)*······92
評価(仕組み化)······16
ファッシア······118
ファッシア・アクティベーション······118
ファンクショナルトレーニング······40
フィードフォワード······81
フィールドテスト······193
VBT(Velocity Baced Training)······16
負荷(筋トレ)······24
吹き矢(ブレーシング)*······77
腹横筋······75
プッシュ(チューブ)*······64
プッシュアップ*······65
プッシュアップ(エキセントリック)*······66
プッシュアップ(壁押し)*······65
プッシュアップ(膝つき)*······65
プッシュ＆プル(マシン)*······66
フットファンクション······100・108
物理療法······147
フルウェイトベアリング(FWB)······27
プルダウン(伸展位)*······64
フロッシングバンド······122
フロッシングバンドの使用例*······123
フロントショルダープレス*······44・155
フロントブリッジ*······78
フロントブリッジ(膝－肘)*······78
フロントブリッジ(膝－肘－手)*······78
フロントブリッジ＆ニーアップ(バランスポール)*······82
フロントランジ*······30・94・96
フロントランジ(BOX)*······96
フロントランジ(BOX＆バランスパッド)*······96
ペアでシングルレッグ・バランス(ツイストプル)*······206
ペインコントロールエクササイズ······148
ベーシック・ヒューマンムーブメント······49

ベントオーバー・シュラッグ ……… 65
ボディターン ……… 200
ボディメイクが目的のパーソナルトレーニング … 134
ホットパック ……… 147
ボルグスケール ……… 35
ポンプハンドルモーション ……… 70

ま

マイオカイン ……… 22
マッサージガン ……… 129
マットエクササイズ（側臥位足スイング）★ … 211
マニュアルレジスタンス ……… 18
マル・アライメント ……… 45
マル・ダイナミックアライメント ……… 100
慢性期後期 ……… 151
慢性期初期 ……… 151
慢性期中期 ……… 151
慢性障害 ……… 151
メカニカルストレス ……… 25
METs ……… 35
もも上げから片脚デッドリフト（TRX rip trainer）★ 205
もも上げからサイドランジ振り下ろし（ViPR）★ 182

や

有酸素トレーニング ……… 35
有酸素トレーニングの運動強度 ……… 37
床置きからもも上げ・肩かつぎ（ViPR）★ … 205
予測的姿勢制御 ……… 81・101

ら

ランジからもも上げ（TRX rip trainer）… 206
ランジでフォアバック・2ステップ（ViPR）★ … 182
リバース SLR（アンクルウェイト）★ … 53
リバース SLR（マニュアル）★ … 53
量（筋トレ）……… 24
ループサイドレイズ（ダンベルツイスト）★ … 180
ループサイドレイズ（ヒップフレクション）★ … 180
レッグアップ（ドーナツバランス）★ … 83
レッグアップ（バランスポール）★ … 83
レッグエクステンション★ … 27
レッグエクステンション（アイソメトリック）★ … 56
レッグエクステンション（マニュアル）★ … 93
レッグスイング（ドーナツバランス）★ … 83
レッグスイング（バランスポール）★ … 83
レバーアーム ……… 28
レングスニング・トレーニング ……… 89
ロウイング（チューブ）★ … 52
ローインパクト ……… 30
ロシアン・ハムストリング ……… 89
ROM エクササイズ ……… 148
ROM エクササイズ　ウォールウオーク★ … 63
ROM エクササイズ　バランスポール★ … 63

わ

ワーキング＆アクティビティムーブメント … 49
ワイズ・イレブン ……… 46

参考文献

第1章
- BJ・フォッグ：『習慣超大全』，ダイヤモンド社，2021.
- マイケル・E・バーガー『はじめの一歩を踏み出そう　成功する人たちの起業術』，世界文化社，2003

第2章　第3節
- 山田知生：『スタンフォード式疲れない体』，サンマーク出版，2018.
- 小山裕史：『新トレーニング革命』，講談社，1994.
- 谷本道哉：『トレーニングのホントを知りたい！「話題のトレーニング法」をブッタ斬り』，ベースボール・マガジン社，2007.
- I・A・KAPANDJI：『カパンディ関節の生理学』，医歯薬出版，1986.
- 松田直樹：「18スポーツ場面における胸椎の回旋可動性を拡大する」『新ブラッシュアップ理学療法─新たな技術を創造する臨床家88の挑戦』，p.72-75，ヒューマン・プレス，2017.
- 竹井仁：『姿勢の教科書』，ナツメ社，2015.
- 藤縄理、高崎博司：『姿勢と体幹の科学』，新星出版社，2017.
- 石井直方：『石井直方の筋肉の科学』，ベースボール・マガジン社，2017.
- 石井直方：『究極のトレーニング　最新スポーツ生理学と効率的カラダづくり』，講談社，2007.

第5節
- DonaldA.Neumann：『筋骨格系のキネシオロジー　原著第3版』，医歯薬出版，2018.

- Jean-claudeGuimberteau,ColinArmstrongら：『ArchitectureofHuman LivingFascia:CellsandExtracellularMatrixasRevealedbyEndoscopy』,HandspringPublishing,2015.
- https://muellerjapan.com/triggerpoint/　ミューラージャパン株式会社HP
- 大野有三：『イージーフロッシングマニュアル』，ベースボール・マガジン社，2019.
- スヴェン・クルーゼ：『スポーツ医療従事者のための本格フロッシング』，ガイアブックス，2020.
- 工藤慎太郎：『運動器疾患の「なぜ？」がわかる臨床解剖学』，医学書院，2012
- 坂井建雄：『プロメテウス解剖学アトラス解剖学総論／運動器系』，医学書院，2016
- 金景成ら：『上殿皮神経障害のレビュー』，脊髄外科I30(2)141-145,2016,日本脊髄外科学会
- ThomasVictorSmallmanら：『ArthroscopicUntetheringoftheFatPad oftheKnee:ReleaseorResectionoftheInfrapatellarPlica(Ligamentum Mucosum)andRelatedStructuresforAnteriorKneePain』,Arthroscopy Techniques.Apr30;7(5):575-588,2018

第4章
- 山本晃永：『サッカー　小中高生のためのフィジカル・トレーニング』，ベースボール・マガジン社，2005.
- 山本晃永、松田直樹：『サッカー　小中高生のためのメディカル・サポート』，ベースボール・マガジン社，2008.

おわりに

　先日、あるフィットネスビジネス誌から「パーソナルジムの新戦略　レッドオーシャン化するパーソナルジム市場でのブルーオーシャン戦略」という特集を組むので、取材させてもらえないかと依頼を受けました。

　ここ数年、パーソナルジムチェーンが増え、市場がレッドオーシャン化して競合が激しくなり、淘汰されるジムがある一方で、独自の市場を見いだし、事業を伸長させているジムもあります。その「高付加価値戦略」および「ソートリーダーシップ戦略」を、数人のパーソナルトレーナーに聞くという内容の企画でした。

　「付加価値」とは、製品やサービスに独自の機能や特徴を付与することです。「ソートリーダーシップ」とは、ある特定分野において革新的な思考やアイデアでその分野を主導する人や活動のことだそうです。

　私たちの「付加価値」は、一般のパーソナルトレーニングジムにデイサービスとスポーツ選手のケアという独自の事業コンテンツを加えていること。そして「ソートリーダーシップ」は、トレーナーという分野において革新的な思考やアイデア（＝オリジナルメソッド）をつくり出して事業を成長させているということで、話を聞きたかったそうです。

　こうしたメソッドですが、つくり出し、体系化して、さらに伝えるために言語化するのは本当に手間と時間がかかります。

　これまでサッカーのフィジカル、メディカルに関するメソッドは、『サッカークリニック』という専門誌に連載を企画し、連載終了後に加筆修正を行って2005年、2008年に書籍化する機会に恵まれました。

　その後、ファンクショナルトレーニングのメソッドもまとめる必要性を感じていました。折しもトレーニング業界では、「筋トレ派vsファンクショナルトレーニング派」のような論争が起きていたので、「どっちも大事だよ！」という思いを込めて「ファンクショナル筋トレMOVE★Y！」という連載を、『コーチング・クリニック』という月刊誌で担当させていただきました。

　こちらも書籍化のお話をいただいたのですが、「どうせやるなら、この1冊でパーソナルトレーニングに必要な筋トレや有酸素トレーニング、ファンクショナルトレーニング、ストレッチなどもまとめよう」と、壮大な計画がスタートしてしまいました。

　この計画に付き合ってくれるメンバーは、サッカーのフィジカル、メディカルの連載から書籍化まですべてお願いした星野有治さん、またファンクショナル筋トレの連載でお世話になった森永祐子さん以外にいないと思いました。長期間にわたる大変な道のりで、お2人の情熱がなければ出版されていません。本当に感謝しています。

　そして最後にもう1人、「ファッシア・アクティベーション」という最新科学メソッドや「障害における犯人捜し」のほか、数々の事例報告など理論化された素晴らしいメソッドを紹介していただき、この本の価値を何倍にもしてくださった松田直樹さん。心からの感謝をお伝えするとともに、今後も楽しくいろいろなメソッドや事業コンテンツをつくっていきましょう。

　皆さん、本当にありがとうございました。
2024年8月　山本晃永

著者紹介

山本晃永
（やまもと・あきひさ）

1967年生まれ、神奈川県出身。法政大学卒業後、大手フィットネスクラブに就職したのち、プロスポーツトレーナーを目指し米国・ワシントン州立大学、アイダホ大学に留学。帰国後、現場で経験を積みながら国内外で資格を取得し、2015年には順天堂大学大学院スポーツ科学研究科修士課程を修了。これまで、ヴェルディ川崎（現・東京ヴェルディ）、読売ジャイアンツ、ベガルタ仙台、U-15〜17サッカー日本代表、日本高校選抜、ラグビートップリーグなどで選手を指導。現在は、ワイズ・スポーツ＆エンターテイメント代表取締役、FC町田ゼルビアメディカル・コーディネーター、青森山田高校サッカー部トレーナー、トップアスリートおよび俳優のパーソナルトレーナー、小松整形外科スポーツクリニックのトレーナーを務める。

- 全米アスレティックトレーナー協会認定アスレティックトレーナー
- 日本スポーツ協会公認アスレティックトレーナー
- イングランドサッカー協会メディカル資格レベル4Aコース

©TOKYO VERDY

松田直樹
（まつだ・なおき）

1963年生まれ、北海道出身。北海道大学医療技術短大理学療法学科を卒業後、筑波大学大学院体育研究科修士課程を修了。茨城西南医療センター病院を経て2000年にJリーグ・ヴェルディ川崎（現・東京ヴェルディ）のフィジオセラピストを務めた。2001〜2019年には国立スポーツ科学センター（JISS）のトレーナーとして勤務し、アテネ・北京五輪の日本選手団本部トレーナー、ソチ・ロンドン・平昌・リオ五輪では日本選手団のサポート施設で活動した。同時にU-15〜17サッカー日本代表チームやアイスホッケー女子日本代表チームなどのトレーナーとしてサポートした。現在はエムスポルト代表、ワイズ・スポーツ＆エンターテイメント取締役、山手クリニック顧問、小松整形外科スポーツクリニック・トレーナーなどを務める。2023年からはJ1東京ヴェルディ・メディカルアドバイザーとしても活動。

- 日本スポーツ協会公認アスレティックトレーナー
- 理学療法士

協力スタッフ

堤 成彦
株式会社ワイズスポーツ＆エンターテイメント

若松佑弥
株式会社AKcompany

撮影協力

大戸太陽

堤 知南

写　　真／馬場高志、
　　　　　株式会社ワイズスポーツ＆エンターテイメント、エムスポルト
イラスト／田中祐子
デザイン／藤本麻衣、田中ひさえ、
　　　　　黄川田洋志・井上菜奈美（有限会社ライトハウス）
編　　集／森永祐子、星野有治

パーソナルトレーニング・バイブル
クライアントのあらゆるニーズに応える超実践メソッド

2024年8月31日　第1版第1刷発行

著　　者　　山本晃永、松田直樹
発 行 人　　池田 哲雄
発 行 所　　株式会社ベースボール・マガジン社
　　　　　　〒103-8482 東京都中央区日本橋浜町 2-61-9 TIE 浜町ビル
　　　　　　電　　話　03-5643-3930（販売部）
　　　　　　　　　　　03-5643-3885（出版部）
　　　　　　振替口座　00180-6-46620
　　　　　　https://www.bbm-japan.com/

印刷・製本　　共同印刷株式会社

©Akihisa Yamamoto、Naoki Matsuda 2024
Printed in Japan
ISBN978-4-583-11692-1　C2075

＊定価はカバーに表示してあります。
＊本書の文章、写真、図版の無断転載を禁じます。
＊本書を無断で複製する行為（コピー、スキャン、デジタルデータ化など）は、私的使用の
ための複製など著作権法上の限られた例外を除き、禁じられています。業務上使用する目的
で上記行為を行うことは、使用範囲が内部に限られる場合であっても私的使用には該当せず、
違法です。また、私的使用に該当する場合であっても、代行業者等の第三者に依頼して上記
行為を行うことは違法となります。
＊落丁・乱丁が万一ございましたら、お取り替えいたします。